TROCANDO AS LENTES
Justiça Restaurativa para o nosso tempo

Howard Zehr

Trocando as Lentes
Justiça Restaurativa para o nosso tempo

Edição de 25º aniversário

Tradução de Tônia Van Acker

Palas Athena

Edição original publicada sob o título:
Changing Lenses: Restorative Justice for Our Times – Twenty-Fifth Anniversary Edition
© 1990, 1995, 2005, 2015 by Herald Press
Harrisonburg, Virginia 22802, U.S.A
Todos os direitos reservados.

Grafia segundo o Acordo Ortográfico da Língua Portuguesa de 1990,
que entrou em vigor no Brasil em 2009.

Projeto editorial: Lia Diskin
Tradução: Tônia Van Acker
Revisão: Rejane Moura
Coordenação editorial: Daniela Baudouin
Projeto gráfico: Luciano Pessoa
Produção e diagramação: Tony Rodrigues
Capa: Jonas Gonçalves

Dados Internacionais de Catalogação na Publicação (CIP)
(Câmara Brasileira do Livro, SP, Brasil)

Zehr, Howard
 Trocando as lentes: justiça restaurativa para o nosso tempo / Howard Zehr; tradução de Tônia Van Acker. -- São Paulo: Palas Athena, 2008.

 Título original: Changing lenses : restorative justice for our times - Twenty-fifth anniversary edition.
 Bibliografia.
 ISBN 978-85-60804-05-4

 1. Crimes e criminosos 2. Justiça criminal - Administração 3. Punição 4. Reconciliação 5. Vítimas de crimes I. Título.

08-02407   CDD-340.114

Índices para catálogo sistemático:
1. Justiça restaurativa : Direito   340.114

5ª edição – **fevereiro de 2024** • Edição de 25º aniversário

Todos os direitos reservados e protegidos pela Lei 9.610 de 19 de fevereiro de 1998.
É proibida a reprodução total ou parcial por quaisquer meios
sem autorização prévia, por escrito, da Editora.

Direitos adquiridos para a língua portuguesa por Palas Athena Editora
Alameda Lorena, 355 – Jardim Paulista
01424-001 São Paulo – SP – Brasil – Fone: (11) 3050-6188
www.palasathena.org.br   editora@palasathena.org.br

Deus é compaixão e piedade,
Lento para a cólera e cheio de amor.
Deus não disputa perpetuamente,
E seu rancor não dura para sempre.
Nunca nos trata conforme nossos pecados,
Nem nos devolve segundo nossas faltas.

Salmo 103:8-10, *Bíblia de Jerusalém*, 2006

Sumário

Apresentação	11
Prefácio à edição de 25º aniversário	15

Parte I – A experiência do crime

Capítulo 1 – Uma ilustração	21
O caso	23
Capítulo 2 – A vítima	27
A vivência	27
Por que tão traumático?	32
O processo de recuperação	33
Nossa reação	37
Capítulo 3 – O ofensor	41
A experiência da prisão	41
O que precisa acontecer?	48
O que acontecerá?	51
Capítulo 4 – Alguns temas comuns	53
Arrependimento e perdão	53
A questão do poder	59
A mistificação do crime	65

Parte II – O paradigma de justiça

Capítulo 5 – Justiça retributiva   69
   Estabelecimento da culpa   71
   O "merecido castigo" e a imposição de dor   79
   A justiça é medida pelo processo   82
   O crime como violação da lei   85
   Quem é a vítima?   86

Capítulo 6 – Justiça como paradigma   89
   A importância do paradigma   90
   Aplicando os paradigmas   93
   Os paradigmas mudam   95

Parte III – Raízes e marcos

Capítulo 7 – Justiça comunitária: a alternativa histórica   103
   Justiça comunitária   104
   A opção retributiva   107
   A opção judicial   110
   Uma avaliação   112
   A revolução jurídica   113
   O papel da lei canônica   115
   A vitória da justiça do Estado   120
   As dimensões da revolução jurídica   126
   Uma mudança de paradigma   128

Capítulo 8 – Justiça da aliança: a alternativa bíblica   131
   O que diz a Bíblia?   131
   Shalom: uma visão unificadora   135

Aliança: a base para *shalom* 137
Shalom e aliança como forças transformadoras 139
A justiça da aliança 140
Direito da aliança 146
O paradigma bíblico 151
Conceitos de justiça, bíblicos e contemporâneos 154
Um curto-circuito histórico 157

Capítulo 9 – VORP e além: práticas emergentes 161
Os programas de reconciliação vítima-ofensor – conferências vítima-ofensor 161
O conceito VOC – Conferência Vítima-Ofensor 163
O que aprendemos 166
Os objetivos são importantes 168
VOC como catalisador 170
Conferências e círculos de grupos familiares 173

Parte IV – Lentes novas

Capítulo 10 – Uma lente restaurativa 183
Crime: violação de pessoas e relacionamentos 186
Formas de ver o crime 189
Restauração: o objetivo 190
A justiça começa nas necessidades 195
O crime gera obrigações 200
Ofensores também têm necessidades 203
Uma questão de responsabilidade 204
Visões da responsabilidade 206
O processo deve empoderar e informar 206
A justiça envolve rituais 212

Há lugar para punição?	212
Duas lentes	214
Visões de justiça	215

Capítulo 11 – Implementando um sistema restaurativo — 219
- Possibilidades sistêmicas — 219
- Enquanto isso — 226
- O novo dentro do antigo — 228
- No mínimo — 230
- A importância das visões — 231

Capítulo 12 – Reflexões 25 anos depois — 233
- Questões pertinentes às partes interessadas — 235
- História e origens — 238
- O conceito de justiça restaurativa — 239
- Na prática — 246
- E agora, qual o caminho a seguir? — 248
- Um modo de vida? — 250
- Valores — 251

Recursos
- Ensaios — 255
  - Salvaguarda da visão de justiça restaurativa — 255
  - Indicadores de justiça restaurativa — 259
  - Dez modos de viver restaurativamente — 261
- Grupos de estudo e sugestões pedagógicas — 263
- Exercícios de grupo adicionais — 277

Ensaio bibliográfico — 315
Agradecimentos — 329

Apresentação

Conheci Howard Zehr em 2007 quando o convidei a ser palestrante na conferência sobre vítimas de crime no Centro de Justiça Criminal da Faculdade de Direito de Stanford. No final de sua fala, Robert Weisberg, que fora diretor do centro por longos anos, sussurrou entusiasmado no meu ouvido: "Descobri o que quero ser quando crescer: Howard Zehr!".

Naquele dia, concordei sem hesitação com o Dr. Weisberg. Nos anos que se seguiram, aproveitei todas as oportunidades para aprender com Howard, na esperança de que eu pudesse de algum modo absorver por osmose seu prodigioso coração e intelecto.

Não é exagero dizer que, ao nos incitar a trocar as lentes, Howard Zehr mudou inumeráveis vidas. A minha é uma delas. Como advogada de defesa que virou defensora pública, me sentia dividida pelas pressões que sofria dentro de nosso sistema jurídico. As reformas em prol de "um lado" sempre eram feitas às custas do outro, e nenhuma delas atacava a ineficácia da punição como estratégia para reduzir a criminalidade. *Trocando as Lentes* representou a única verdadeira mudança de paradigma que encontrei no âmbito da reforma do judiciário. Ao colocar o foco nas necessidades manifestadas pelas vítimas de crimes, Howard reestruturou a responsabilização, transformando-a numa empoderadora versão da regra de ouro: *Faça aos outros o que gostaria que eles fizessem a você.*

Descobri nas ideias de Zehr uma visão de justiça que atendia melhor às necessidades das vítimas, enquanto ao mesmo tempo punha fim ao nosso vício de punir com o confinamento – graças à crença no poder que as comunidades têm de dar apoio a seus membros quando algo vai mal. A visão de Howard era tão convincente que logo depois de conhecê-lo deixei a carreira jurídica para ver como essas ideias podiam ser operacionalizadas em Oakland, Califórnia. Howard tem sido um amigo e mentor de meu trabalho em cada passo do caminho.

Nesta obra, Howard escreveu: "Nossa compreensão do que é possível ou impossível se funda nas nossas construções da realidade. Essas construções podem mudar, e de fato mudam". Para transformar esses construtos é preciso coragem para substituir visões muito enraizadas que não nos servem mais por outras que serão úteis. Howard Zehr é um pensador desse tipo. É muito significativo que ele tenha se transferido para o Morehouse College no início dos anos 1960 e sido o primeiro homem branco a se formar numa universidade historicamente dedicada aos negros. Esse ato foi uma expressão precoce de seu compromisso com a mudança de paradigmas, com o colocar-se ao lado de pessoas que foram marginalizadas pela história, e colocar-se em situações desconfortáveis que o forçariam a aprender, crescer e em última instância beneficiar aqueles que vivem experiências diferentes das dele. Como verão nas páginas que seguem, esse empenho pessoal se reflete nas suas visões da justiça.

Creio que foram justamente essas experiências que o levaram a mergulhar na prática direta desse campo de atuação que ele ajudou a criar. Howard é um daqueles raros acadêmicos que colocam a mão na massa. Nos anos que se passaram desde a primeira publicação deste livro, ele facilitou pessoalmente diálogos entre vítimas de crime e aqueles que as ofenderam, e esteve em incontáveis círculos restaurativos em comunidades por todo o país. Sua dedicação à educação continuada – especialmente quanto à natureza racista da punição nos Estados Unidos – está refletida nesta edição de 25º aniversário.

Porém, esta edição reteve as mensagens atemporais que ele ofereceu há 25 anos. *Trocando as Lentes* preserva as fundações teológicas profundas que estruturam as contribuições mais concretas de Howard que vieram depois, e que orientam os profissionais de justiça restaurativa dos dias de hoje. Embora o texto seja cristão em sua estrutura, como budista e ateia que sou, entendo que Trocando as Lentes é um chamado universal à compaixão, dirigida igualmente aos que sofreram e aos que causaram danos.

A capacidade que Howard tem de ver as coisas por um ângulo diferente nasceu, sem dúvida, de seus interesses ecléticos tanto no campo pessoal quanto profissional. Em primeiro lugar vem seu interesse pela fotografia, seguido de perto por seu amor às picapes, à restauração de rádios antigos, à criação de abelhas, e muitas outras coisas curiosas. Ele aporta tudo que aprendeu de fontes diversas ao seu trabalho jurídico, e isto se reflete nas suas obras. Outro elemento presente nos livros de Howard é seu senso de humor discreto e perspicaz, seu coração aberto e sua habilidade de contar histórias. Acima de tudo, sua humildade viabiliza seu trabalho – seu texto parece um diálogo com o leitor. Todos os dias, ele permanece aberto a novos modos de ver as coisas. Por isso, quando me vejo muito identificada com a visão de Howard da justiça restaurativa, ele gentilmente me lembra de que "a justiça restaurativa é uma bússola, não um mapa".

Faço aqui uma profunda reverência de amor e gratidão a Howard pela bússola que ele começou a construir com seu texto atemporal, e por contribuir com suas aspirações para uma mudança de paradigma que nos afasta da visão binária da justiça, da noção de nós/eles, vencedor/vencido, ganhador/perdedor – para longe de uma justiça de lados e em direção a uma justiça que cura.

sujatha baliga[*]
Projeto de Justiça Restaurativa
Oakland, Califórnia

---

[*] N. da T.: A autora da apresentação prefere que seu nome seja grafado sem as letras iniciais maiúsculas.

Prefácio à edição de 25º aniversário

Logo depois do meu aniversário de quarenta anos, lembro-me de caminhar pela praia do lago Michigan e, ao contemplar o horizonte distante, vislumbrar este livro. Como os contornos indistintos entre céu e água, o livro parecia uma espécie de miragem, uma ideia que tremula à distância, algo não muito real.

Passava alguns dias com um amigo num pequeno chalé ali perto, para fugir do trabalho e pensar, cada qual no seu projeto de livro. Eu tentava idealizar que tipo de livro queria escrever. Para quem eu estaria escrevendo? O que eu queria conseguir? Que aspecto ele teria? Uma coisa estava clara para mim: queria fazer um livro que produziria o mesmo efeito nos leitores que o pequeno livro Limits to Pain [Limites à Dor], de Nils Christie, teve em mim no tocante à questão da punição. Considerava seu livro um ensaio provocante, e isso é o que queria escrever: um livro que nos incentivasse a identificar e repensar alguns dos pressupostos que raramente examinamos, e que nos ajudasse a começar a sonhar outras possibilidades. Quando estou tentando entender um novo campo do conhecimento, procuro em primeiro lugar um bom jornalista que comente sobre o assunto. Eu queria pensar esse livro em gestação com uma sensibilidade jornalística, escrever de modo acessível, abarcando a perspectiva dos que estão dentro e fora do ramo, tratar dos problemas do crime e da justiça atual de modo panorâmico.

No início dos anos 1980, os pequenos programas de reconciliação entre vítimas e ofensores em Kitchener, Ontário e Elkhart, Indiana tinham alguns anos de experiência, e a ideia se espalhara para muitas comunidades, até mesmo fora dos Estados Unidos. Estava claro que a preocupação com as vítimas e os ofensores era o cerne de nosso trabalho, mas não tínhamos uma verdadeira estrutura conceitual integradora que nos orientasse. Nesse período comecei a reunir os elementos dessa estrutura, que apresentei inicialmente para um grupo nacional de padres e freiras católicos que estavam engajados em pastorais carcerárias. Comecei a empregar o termo *justiça restaurativa* e, devido ao meu gosto pela aliteração, fiz o contraste com a *justiça retributiva*. A primeira publicação dessa estrutura aconteceu através de um livrinho chamado *Retributive Justice, Restorative Justice*, publicado pelo Mennonite Central Committee em 1985.

Certo tempo depois, embora soubesse que não havia inventado esses termos, não conseguia me recordar da origem da expressão justiça restaurativa. Há alguns anos, a advogada Ann Skelton da África do Sul escrevia um histórico da justiça restaurativa para sua tese de doutorado e veio me visitar. Abri meu escritório e dei a ela passe livre, que encontrou um livro contendo um ensaio escrito por Albert Eglash.[1] Ali ele menciona várias vezes o termo "justiça restaurativa". No meu exemplar eu tinha sublinhado essas palavras, e me lembrei então onde tinha visto o termo pela primeira vez. Mais tarde, Ann descobriu que o termo se originava na obra de um teólogo alemão dos anos 1950.

Achei o ensaio de Eglash interessante, mas sua visão certamente não era de uma justiça restaurativa como eu a compreendia. Eglash postulava uma restituição "guiada" ou "criativa" como foco para a justiça. Contudo, não punha ênfase nas necessidades da vítima ou seu papel no processo. Na verdade, ele termina seu ensaio assim: "Qualquer benefício para as vítimas é um bônus, um molho, e não a carne e as batatas do processo".

Como se vê, *Trocando as Lentes* – e o conceito de justiça restaurativa como articulado por mim – deve muito a inúmeras fontes e discussões. O prefácio das primeiras edições dizia bem: é um tra-

....
1. Albert Eglash, "Beyond Restitution - Creative Restitution" em *Restitution in Criminal Justice*, editado por Burt Galaway e Joe Hudson (Lexington, MA: Lexington Books, 1977), p. 91-99.

balho de síntese mais do que uma invenção. Isso é especialmente verdadeiro em relação à edição de 25º aniversário, como fica claro nos agradecimentos e citações.

Se estivesse escrevendo *Trocando as Lentes* hoje, eu diria algumas coisas de outra forma. No entanto, relendo o livro para preparar a presente edição, fiquei impressionado porque boa parte continua atual. Por essa razão, e porque o livro se tornou uma espécie de clássico, fiz apenas pequenas modificações no texto original, salvo pelo capítulo 9, que foi atualizado para incluir os desenvolvimentos mais recentes. Também adicionei algumas notas e inseri nos capítulos alguns conteúdos dos apêndices, acrescentando nesse processo o capítulo 12. Por fim, a seção de recursos foi atualizada e expandida para incluir várias novas técnicas e materiais para estudo.

Trocando as Lentes foi concebido de uma perspectiva cristã, mas eu esperava escrever de forma a permitir que ele ecoasse e fosse utilizado em contextos bem mais amplos. De fato isso aconteceu. Fiquei muito honrado que a minha amiga sujatha baliga (ela prefere que seu nome seja escrito sem maiúsculas), uma budista praticante cuja criatividade, experiência e sabedoria prezo sobremaneira, tenha escrito a apresentação a esta edição.

Uma observação sobre terminologia: nos últimos anos muitos que trabalham no campo de justiça restaurativa têm sentido algum desconforto com os rótulos "vítima" e "ofensor". Embora estes sejam práticos para os fins da aplicação no contexto da justiça criminal, e não possam ser evitados nesse contexto, não são apropriados no ambiente escolar. Principalmente, e como mencionamos, são rótulos que simplificam e categorizam demasiadamente as pessoas. De fato, podem se tornar uma profecia autorrealizável. Como demonstra a teoria criminológica da rotulação, as pessoas tendem a se tornar aquilo de que foram rotuladas. Alternativas como "a pessoa que sofreu o dano" e "a pessoa que causou o dano" são mais desajeitadas, mas se eu estivesse escrevendo este livro hoje, empregaria essas expressões com mais frequência. Mais adiante lanço

17

também algumas palavras de cautela em relação ao termo "retributiva" e à dicotomia "retributiva/restaurativa" sobre a qual construí minha tese.

As primeiras versões deste livro começavam com um relato de caso. Eu introduzia a metáfora central da obra – trocar nossas lentes – muito mais tarde. Agora que essa metáfora está tão consolidada no campo da justiça restaurativa, apresento a metáfora antes do relato de caso. Portanto, vamos começar desse ponto: que lentes usamos para ver o crime e a justiça.

Howard Zehr

Parte I

A experiência do crime

Part I

Capítulo 1
Uma ilustração

Estou às voltas com a fotografia há muitos anos. Uma das lições que aprendi é que a lente que utilizo influencia profundamente o resultado. A minha escolha de lentes determina em que circunstâncias posso trabalhar e o que vou enxergar através dela. Se escolher uma lente com pouca abertura de diafragma, a imagem será escura, e pode ser difícil conseguir uma foto de boa qualidade em locais com pouca luz.

A distância focal da lente também faz diferença. Uma lente grande angular é bastante inclusiva. Ela coloca muitos objetos dentro do enquadramento, mas faz isso à custa de uma certa distorção. Os objetos mais próximos ficam grandes e os do fundo ficam muito pequenos. Também a forma dos objetos nos cantos do quadro fica alterada. Os círculos se tornam elipses.

A lente teleobjetiva é mais seletiva. Seu escopo de visão é mais estreito, e ela coloca menos objetos dentro do enquadramento. Ela também "distorce", mas de modo diferente da grande angular. Através da teleobjetiva os objetos ficam maiores mas as distâncias ficam encurtadas. Os objetos parecem estar perto da câmara – e mais próximos um do outro do que veríamos a olho nu.

Portanto, a troca de lentes afeta o enquadramento, e também determina o relacionamento e as proporções dos elementos dentro desse quadro. Da mesma forma, as lentes que utilizamos para examinar o crime e a justiça determinam aquilo que incluímos como variáveis relevantes, qual a sua importância proporcionalmente ao resto, e o que consideramos ser um resultado adequado.

Nós, no Ocidente, vemos o crime através de uma determinada lente. Mas o "processo penal" que utiliza esta lente deixa desatendidas muitas das necessidades de vítimas e ofensores. O processo negligencia as vítimas e, ao mesmo tempo, deixa de atingir sua meta de responsabilizar os ofensores e desestimular o crime.

Esses insucessos levaram a um sentimento generalizado de crise, prevalente nos dias de hoje. Temos testado um arsenal de reformas à justiça criminal. Atualmente em voga, os equipamentos de monitoramento eletrônico ou a supervisão intensiva são simplesmente as mais recentes "soluções" na longa lista de tentativas anteriores. Contudo, o sistema tem se mostrado incrivelmente resistente a melhorias significativas, e tem absorvido e subvertido todos os esforços de reforma. Nesse contexto, parece verdadeiro o antigo provérbio francês: "Quanto mais as coisas mudam, mais ficam na mesma".

A tese desta obra é que o motivo para tal insucesso reside na nossa escolha de lentes, ou seja, nossos pressupostos sobre o crime e a justiça. Esses pressupostos, que governam as reações ao delito, estão em descompasso com a realidade do crime. Além do mais, estão fora de sintonia com as raízes cristãs e mesmo com a maior parte da história ocidental. Para achar a saída desse labirinto será preciso escolher uma forma alternativa para enxergar tanto o problema como a solução. De fato, a lente que escolhemos determina como enquadraremos ambos: problema e "solução". Esse livro trata da troca de lentes através das quais enxergamos a justiça criminal.

Este é um livro que trata de princípios e ideais. Ele busca – talvez presunçosamente – identificar e avaliar alguns dos nossos pressupostos básicos sobre o crime, a justiça e o modo como vivemos em comunidade. Procura esboçar de maneira breve a forma como viemos a adotar esses pressupostos e sugere algumas alternativas.

Tal esforço envolve abstrações, sem se limitar a elas. Devemos começar por entrar na experiência real do crime e da justiça o mais profundamente possível. Apenas com uma base firme nessa realidade é que começaremos a compreender o que fazemos e por quê.

1 • UMA ILUSTRAÇÃO

E talvez, assim espero, será possível identificar o que podemos começar a fazer de modo diferente.

Mas compreender a experiência do crime não é tarefa fácil, e nem todos estamos dispostos a empreendê-la. Enfrentar o significado de ser uma vítima ou fazer de outra pessoa uma vítima é algo que desencadeia emoções intensas que, em geral, assustam e nos fazem recuar. A menos que tenhamos vivenciado o crime de forma direta pode ser difícil criar uma empatia total com a situação. No entanto, é preciso tentar, sabendo que a tentativa será incompleta e, talvez, dolorosa.

Portanto, este livro começa assim.

O caso

Há muitos anos, eu me encontrava na corte de uma pequena cidade norte-americana, sentado ao lado de um réu de dezessete anos. Haviam pedido a mim e a um colega que preparássemos uma proposta de sentenciamento para submeter à apreciação do juiz. Agora aguardávamos a sentença.

Uma triste sucessão de eventos culminou nessa situação. Esse jovem (que na época do crime tinha dezesseis anos) usara uma faca para confrontar uma moça num corredor escuro. Durante a luta que se seguiu ela perdeu um olho. Agora a sorte dele seria decidida.

Embora os detalhes não tenham ficado claros, algo assim parece ter acontecido: O rapaz – que vinha de um contexto familiar infeliz, onde provavelmente sofria abusos – decidira fugir com sua namorada, mas não tinha o dinheiro necessário. Ele não possuía histórico de violência, mas a televisão parece tê-lo convencido de que se ele ameaçasse alguém, esse alguém daria a ele o dinheiro e o problema estaria resolvido.

Como vítima ele selecionou uma moça com a qual cruzara na rua ocasionalmente. Várias vezes tentara conversar com ela, mas fora rejeitado. Presumindo que ela estava bem de vida, concluiu que a moça seria uma boa escolha.

Esperou no corredor do apartamento dela com uma faca na mão e o rosto coberto por uma máscara (ele alegou ter escolhido uma faca pequena de propósito). Quando ela entrou, ele a agarrou por trás. Mas em vez de entregar o dinheiro de maneira passiva, conforme o rapaz esperava, a moça entrou em pânico – como a maioria de nós provavelmente faria – e começou a gritar e reagir. A mãe do rapaz mencionou mais tarde que ele jamais suportara que lhe levantassem a voz, e que ele tendia a agir de modo irracional quando isso acontecia. Talvez isso explique o comportamento dele, pois quando a moça reagiu, ele também entrou em pânico, apunhalando-a várias vezes, inclusive no olho.

Os dois então entraram no apartamento dela. Nesse ponto as estórias do rapaz e da moça começam a divergir, ela dizendo que ele a manteve cativa, e ele dizendo que tentou ajudá-la e que ela cooperou. Segundo relatos, na ocasião da prisão ele teria dito: "Eu não queria fazer isso, eu não queria fazer isso. Eu não queria machucar ninguém. Diga a ela que sinto muito". De qualquer forma, ele foi preso quando os dois saíam do apartamento. Por fim, foi indiciado e agora aguardava a sentença.

Na minúscula corte dessa pequena comunidade ele estava sentado com seu advogado de frente para o juiz. Atrás dele estavam os membros de sua família. Na fila de trás, a família e parentes da vítima. Dispersos pela sala estavam uns poucos observadores interessados e profissionais de direito criminal.

Antes que ele ouvisse a condenação, apresentei minha proposta de sentença que pedia por um tempo limitado de privação de liberdade, supervisão posterior, ressarcimento à vítima, reintegração à comunidade, aconselhamento, educação, rotina de vida estruturada e emprego. Foi-lhe perguntado se queria dizer alguma coisa.

Ele falou de seu arrependimento pelo que tinha feito, de sua tentativa de compreender o que aquilo significava para a moça: "Percebo", disse ele, "que causei muito sofrimento. A Srta. [...] perdeu uma coisa que nunca terá de volta. Com prazer eu daria meu olho a ela para que pudesse enxergar de novo. Sinto muito pelo que fiz, e peço que ela me perdoe. Não quero causar nenhum dano à família dela no futuro, não importa quando". E então veio o momento da sentença.

Mas antes do pronunciamento da sentença o juiz enumerou de forma metódica os objetivos corriqueiros das sentenças: a necessidade de ressarcimento, a necessidade de isolar os ofensores da sociedade, a necessidade de reabilitação, a necessidade de coibir. Observou, ainda, que é necessário que os ofensores sejam responsabilizados por suas ações.

O juiz também examinou a intenção do rapaz ao cometer o crime. Ele havia sido acusado de assalto à mão armada com intenção de matar. O juiz pareceu concordar com a versão do réu de que não havia intenção de matar no início do assalto. Contudo, o juiz concluiu que a intenção havia se formado durante a luta e, portanto, a acusação era acertada e grave.

E então o juiz pronunciou a sentença. O rapaz foi condenado a uma pena de 20 a 85 anos de prisão sem possibilidade de condicional ou liberdade por bom comportamento antes do cumprimento da pena mínima. Na melhor das hipóteses, ele sairá da prisão com 37 anos de idade. "Espero", admoestou o juiz ao pronunciar sua sentença, "que lá você esqueça os padrões de comportamento que o levaram a essa violenta transgressão".

Não se pode negar a natureza trágica desse caso. Mas é uma tragédia que foi logo abstraída para tornar-se um outro tipo de drama. Em vez de um confronto trágico entre dois indivíduos, o procedimento legal e a mídia o transformaram num *crime* envolvendo um *criminoso* e – algo lembrado apenas secundariamente – uma *vítima*. O drama foi travado entre duas abstrações. O acontecimento foi mistificado e mitificado até que as verdadeiras experiências e motivações desaparecessem.

Comecemos, portanto, a trocar nossas lentes. Vamos desmistificar e desmitificar essa tragédia tão comum. Tentemos desembaraçar os meandros dessa vivência, enxergando-a como uma tragédia humana que envolve duas pessoas – pessoas que, em muitos aspectos, se assemelham bastante a nós mesmos.

Capítulo 2
A vítima

Nunca estive com a moça do caso narrado acima. A natureza adversarial do processo judicial desestimulou esse encontro pelas circunstâncias do meu envolvimento no caso, e por minha própria dúvida quanto ao modo de agir. Olhando em retrospectiva, penso que deveria ter arriscado uma tentativa. De qualquer modo, procurei projetar, com base nas experiências de outras vítimas, um pouco do que ela passou.[1]

A vivência

Quando ela entrou no corredor de seu apartamento e foi atacada por um homem de máscara com uma faca na mão, ficou aterrorizada. Sua primeira reação foi de choque e negação: "Isso não pode estar acontecendo comigo". Algumas vítimas relatam que ficam inicialmente paralisadas, incapazes de agir. Ela, no entanto, gritou e tentou se livrar. A moça disse, depois, que teve certeza de que ia morrer.

Uma reação comum entre as vítimas é o que os psicólogos denominaram "aceitação por pavor paralisante". Diante de uma situação apavorante e inescapável, as vítimas de crimes violentos (como, por exemplo, sequestros) com frequência parecem cooperar com seus

....

1. Vêm sendo disponibilizadas muitas informações sobre a experiência de ser vítima. Gostei especialmente de *The Crime Victim's Book*, de Morton Bard e Dawn Sangrey (New York: Brunner/Mazel, 1986), 2ª ed. Veja também Shelley Neiderbach, *Invisible Wounds: Crime Victims Speak* (New York: The Haymorth Press, 1986) e Doug Magee, *What Murder Leaves Behind: The Victim's Family* (New York: Dodd, Mead and Co., 1983). Charlotte Hullinger, cofundadora da associação Parents of Murdered Children, foi de grande ajuda. Veja também Howard Zehr, *Transcending: Reflections of Crime Victims* (Intercourse, PA: Good Books, 2001).

opressores. Em alguns crimes como o estupro, essa reação psicológica natural pode ser interpretada de modo errôneo durante o processo judicial como colaboração voluntária. Na verdade, entretanto, tal colaboração se funda no medo.

Ao fim do ataque inicial, a moça de fato reagiu dessa forma. Do ponto de vista do agressor, depois de perceber o que tinha feito, ele tentou procurar socorro. Na ótica dele, ela cooperou. Mas, na verdade, ela estava com medo, sentia-se totalmente à mercê dele, e por isso procurou cooperar e acalmá-lo como pôde.

Durante a fase do impacto inicial, portanto, as reações dela foram iguais às da maioria das vítimas: viu-se tomada por sentimentos de confusão, impotência, pavor e vulnerabilidade. Estas emoções a acompanharam por algumas semanas, embora com menor intensidade. Contudo, novas e intensas emoções surgiram: raiva, culpa, suspeita, depressão, ausência de sentido, dúvidas e arrependimento.

Durante essa fase de "retração" ela lutou para se ajustar e passou por violentas variações de humor. Havia dias em que parecia ter recobrado sua animação costumeira, seu otimismo, que em seguida eram substituídos por depressão profunda e/ou raiva. Ela passou a suspeitar dos outros, especialmente estranhos, e a se assustar com facilidade.

Começou a ter sonhos vívidos e assustadores e fantasias que não lhe eram próprias e que iam contra seus valores. Ela fantasiava, por exemplo, que estava se vingando de maneira cruel da pessoa que lhe tinha causado mal. Como isso era contrário aos seus valores, sentia ansiedade e culpa. Acordada, muitas vezes repassava mentalmente o ocorrido e também suas reações, imaginando por que teria reagido daquela forma e o que poderia ter feito de modo diferente.

Como a maioria das vítimas de crime, ela lutou com sentimentos de vergonha e culpa. Repetidamente se perguntava por que aquilo tinha acontecido com ela, por que tinha reagido daquele modo e se poderia ter agido de outra forma, sentindo-se tentada a concluir que tudo aquilo era de algum modo culpa sua. Se ela não tivesse esnobado o rapaz nas vezes que ele tentara falar com ela... Se ela não tivesse saído naquela noite... Talvez isto fosse uma punição por algo que fizera no passado... Ela sempre lutará com o medo e com a sensação de vulnerabilidade e impotência. Alguém assumiu o controle deixando-a impotente e vulnerável e será difícil reconquistar a confiança de sentir-se segura e no controle da situação. Junto com essa luta interior ela estará tentando recobrar a confiança nos outros, no mundo. Ela e seu mundo foram violados por alguém, e a sensação de estar à vontade com as pessoas, com sua casa, sua vizinhança e com seu mundo será difícil de resgatar.

A maioria das vítimas sente muita raiva da pessoa que cometeu o ato, dos outros que deveriam ter evitado isso e de Deus que permitiu que acontecesse. Essa intensa raiva poderá contradizer os valores que professam, agravando o sentimento de culpa. Para uma pessoa religiosa, uma experiência assim muitas vezes provoca uma crise de fé. Por que isso aconteceu? O que fiz para merecê-lo? Como pôde um Deus justo e bom deixar que isso acontecesse? A falta de uma resposta satisfatória a essas perguntas pode levar a uma profunda crise de crença religiosa.

Durante as semanas que se seguiram ao assalto essa jovem lutou para se adaptar à sua nova situação. Em parte ela lamentava a perda de um olho e a perda de sua inocência. Ela buscou formas de lidar com as novas e intensas emoções de raiva, culpa e vulnerabilidade. E precisou reajustar sua visão de mundo e de si mesma. Hoje ela vê o mundo como um lugar potencialmente perigoso que a traiu; não mais lhe parece o ambiente confortável e previsível do passado. Ela se vê como tendo sido inocente, e sente que precisa parar de ser tão "boazinha" e confiante. Diante destes novos sentimentos, ela inclusive começou a reajustar sua autoimagem. Embora antes se visse como um indivíduo amoroso, voltado para o cuidado dos outros e para as pessoas em geral, esta ideia de si mesma foi destruída.

E seus amigos?

Com um pouco de sorte ela teria amigos, companheiros de fé e de trabalho e vizinhos que a procurassem. Ela precisava de pessoas que aceitassem seus sentimentos, independente de compreensão e julgamento, e que estivessem dispostas a ouvir sua história repetidas vezes. Precisava de amigos que a ajudassem a não sentir culpa pelo que aconteceu ou pela forma como reagiu, e que oferecessem apoio e ajuda sem paternalismo.²

Mas para sua infelicidade os amigos procuraram evitar o assunto. Logo se cansaram de ouvir essa história e acharam que ela precisava esquecer e tocar a bola para frente. A aconselharam a não sentir raiva e sugeriram, de várias maneiras, que ela contribuiu com o acontecido – que ela foi em parte culpada. Sugeriram que os fatos foram de certa forma a vontade de Deus. Talvez ela estivesse precisando ser punida por alguma coisa. Talvez Deus tenha feito isto para o bem dela. Talvez Deus estivesse tentando ensinar-lhe algo. Tais sugestões aumentaram sua tendência de culpar a si mesma e questionar sua fé.

Essas reações por parte de amigos e conhecidos são exemplos do que os psicólogos chamam de "vitimização secundária". Quando ouvi-

---

2. Charlotte Hullinger, cofundadora da Parents of Murdered Children, e ela própria uma vítima, identificou quatro modos como os amigos tendem a reagir diante de uma vítima:

O salvador: O medo faz com que queira uma decisão rápida. Em vez de ouvir, ele faz sugestões e incentiva a dependência. Sente-se desconfortável em deixar a vítima desabafar. É difícil para ele ver pessoas sofrendo e sentirem-se impotentes, portanto quer solucionar as coisas rapidamente.

O ajudante hostil: O medo o torna agressivo. Ele talvez culpe a vítima. Fala emitindo julgamentos e procura distanciar-se da vítima. Como sente medo, alega que tal coisa não teria acontecido com ele.

O ajudante impotente: É tomado pelo medo. Sente-se tão mal ou pior do que a vítima, mas não ouve realmente. Poderá fazer a vítima sentir-se tão mal que esta ficará com pena daquele que está tentando ajudar.

O ajudante positivo: Essa pessoa está consciente e reconhece o medo. Encara a vulnerabilidade, ouve sem julgar e sabe fazer as coisas no momento apropriado. Tal ajudante poderá dizer coisas do tipo: "Você deve estar se sentindo muito mal" ou "Vai levar tempo" ou "Você fez o certo" ou "Deve ser horrível". Em outras palavras, dão à vítima permissão para falar sem dizer especificamente como devem fazê-lo.

mos o relato de um crime, quando escutamos a vítima contar sua história, também nós vivenciamos a dor que gostaríamos de evitar. Então procuramos fugir do assunto e estabelecer culpas. Afinal, se conseguirmos localizar a causa do problema em algo que a vítima é ou fez, nos distanciaremos de sua situação. Conseguiremos acreditar que tal coisa não acontecerá a nós. Isto nos faz sentir mais seguros.

Portanto, ela teve que lutar pelo direito de lamentar sua perda. Como seus amigos mais próximos (inclusive, talvez, o namorado) sofreram com ela, um estresse adicional foi causado pelo fato de que cada um deles lamentou de modo diferente e expressou menos abertamente seus sentimentos. Sabemos, por exemplo, que o índice de divórcios entre os pais de crianças assassinadas é alto, em parte porque os parceiros choram a perda de modo diferente e têm formas distintas de se adaptar. Essas diferenças, se não identificadas e compreendidas, podem afastar as pessoas.

A experiência de ser vítima de um crime pode ser muito intensa, afetando todas as áreas da vida. No caso desta moça afetou seu sono, seu apetite e sua saúde. Ela recorreu a drogas e bebidas alcoólicas para aguentar. Os custos do tratamento foram muito pesados. Seu desempenho no trabalho caiu. Várias experiências e eventos continuaram a levá-la de volta a lembranças dolorosas. Se ela fosse casada, seu casamento poderia ter sofrido. Seu interesse sexual e comportamento poderiam ter sido afetados. Para as vítimas de crimes, os efeitos colaterais são muitas vezes bastante traumáticos e de longo alcance.

Não é difícil reconhecer a amplitude e intensidade da experiência do crime no caso de um ataque violento como este, mas para pessoas que não foram vítimas não é fácil avaliar a dimensão total da crise. O que ignoramos é que as vítimas de agressões menos graves podem ter reações semelhantes. Ao descrever suas experiências, as vítimas de furto muitas vezes têm um discurso semelhante às vítimas de estupro. Vítimas de vandalismo e furto de carro relatam muitas reações semelhantes às de vítimas de assalto violento, embora, talvez, de forma menos intensa.

Por que tão traumático?

Qual o porquê dessas reações? Por que o crime é tão devastador, tão difícil de superar? Porque o crime é essencialmente uma violação: uma violação do ser, uma dessacralização daquilo que somos, daquilo em que acreditamos, de nosso espaço privado. O crime é devastador porque perturba dois pressupostos fundamentais sobre os quais calcamos nossa vida: a crença de que o mundo é um lugar ordenado e dotado de significado, e a crença na autonomia pessoal. Esses dois pressupostos são essenciais para a inteireza do nosso ser.

A maioria de nós supõe que o mundo (ao menos a parte do mundo na qual vivemos) é um lugar ordenado, previsível e compreensível. Nem tudo acontece da forma como gostaríamos, mas ao menos conseguimos encontrar explicações para boa parte do que acontece. Em geral sabemos o que esperar. Não fosse assim, como ter alguma sensação de segurança?

O crime, como um câncer, rompe com o sentido de ordem e significado. Em consequência, as vítimas de crime, como as vítimas de câncer, procuram explicações. Por que isso aconteceu a mim? O que eu poderia ter feito para impedir? Estas são apenas algumas das questões que atormentam as vítimas. É importante encontrar as respostas porque elas restauram a ordem e o significado. Se conseguirmos responder ao como e aos porquês, o mundo pode adquirir sentido outra vez. Sem respostas as vítimas tendem a culpar a si mesmas, aos outros, ou a Deus. A culpa, de fato, é uma importante forma de responder às perguntas que buscam restaurar o significado e um simulacro de inteireza.

Mas para sermos inteiros também é preciso possuir um sentido de autonomia pessoal, de poder sobre nossas vidas. É intensamente degradante e desumanizador perder o poder pessoal contra a própria vontade e ficar sob o poder dos outros contra a própria vontade. O crime destrói o sentido de autonomia. Alguém de fora assume o controle de nossa vida, nossa propriedade, nosso espaço. Isto deixa a vítima vulnerável, indefesa, sem controle, desumanizada. Novamente, a autoculpabilização oferece um mecanismo para lidarmos com a experiência. Se conseguirmos localizar a causa do crime em algo que fizemos, poderemos tomar a decisão de evitar tal comportamento, reconquistando assim um sentido de controle.

A moça da nossa história não foi apenas vítima de um assalto físico, portanto. Ela foi – e ainda é – vítima de um assalto ao seu próprio sentido de ser, de sua autoimagem como ser autônomo atuando num mundo previsível. Na verdade, os efeitos psicológicos podem ser mais graves que a perda física.

O processo de recuperação

Para se recuperarem, as vítimas precisam passar da fase de "retração" à fase de "reorganização". No caso de crimes graves, precisam deixar de ser vítimas e começar a ser sobreviventes. As vítimas precisam progredir até o ponto onde a agressão e o agressor não mais os dominem. Contudo, este é um processo difícil e que leva muito tempo. Para muitos ele jamais termina.

O que é preciso para que a vítima se recupere? Qualquer resposta a essa questão é um pouco arriscada. Somente a vítima poderia responder com autenticidade, e as necessidades variam de pessoa para pessoa. Mas em geral as necessidades das vítimas incluem (sem se limitarem) as que descrevo a seguir.

O mais óbvio é que as vítimas precisam ressarcimento por suas perdas. Prejuízos financeiros e materiais podem constituir um fardo financeiro muito concreto. Além do mais, o valor simbólico das perdas pode ser tão importante ou até mais importante que o prejuízo material em si. Em todo caso, a indenização contribui para a recuperação. Pode ser que seja impossível ressarcir de forma plena as perdas materiais e psicológicas. Mas a sensação de perda e consequente necessidade de reparação material podem tornar-se muito prementes.

Ninguém pode devolver o olho à moça desse caso. Mas o reembolso das despesas pode suavizar o ônus. Ao mesmo tempo, pode oferecer uma sensação de restauração no âmbito simbólico.

Mesmo que as perdas materiais sejam importantes, pesquisas feitas entre vítimas de crimes mostram que elas em geral dão prioridade a outras necessidades. Uma delas é a sede de respostas e de informações. Por que eu? Essa pessoa tinha alguma coisa pessoal contra mim? Ela vai voltar? O que aconteceu com minha propriedade? O que eu poderia ter feito para não me tornar uma vítima? As informações precisam ser fornecidas e as respostas dadas.

Poderíamos dizer que a vítima precisa encontrar respostas para seis perguntas básicas a fim de se recuperar:[3]

1. O que aconteceu?
2. Por que aconteceu comigo?
3. Por que agi da forma como agi na ocasião?
4. Por que desde aquela ocasião estou agindo desta forma?
5. E se acontecer de novo?
6. O que isso significa para mim e para minhas expectativas (minha fé, minha visão de mundo, meu futuro)?

Algumas destas perguntas só podem ser respondidas pelas próprias vítimas. Elas devem encontrar sua própria explicação, por exemplo, para seu comportamento na ocasião e a partir de então. Precisam também resolver qual será sua reação diante de situações similares no futuro. No entanto, as duas primeiras perguntas se referem aos fatos que constituíram a violência. O que aconteceu realmente? Por que comigo? Informações podem ser muito preciosas para as vítimas, e as respostas a tais perguntas poderão constituir

---

3. Adaptado de Charles Figley, "Catastrophes: An Overview of Family Reactions", cap. 1 do livro de Charles Figley e Hamilton I. McCubbin, *Stress and the Family*, vol. II: *Coping with Catastrophe* (New York: Brunner/Mazel, 1983).

2 • A VÍTIMA

uma passagem para o caminho da recuperação. Sem respostas a essas questões, a cura pode ser difícil.

Além de indenização e respostas, as vítimas precisam oportunidades para expressar e validar suas emoções: sua raiva, medo e dor. Mesmo que seja difícil ouvir esses sentimentos, e mesmo que não estejam de acordo com o que gostaríamos que a vítima sentisse, eles são uma reação humana natural à violação do crime. Aliás, a raiva precisa ser reconhecida como uma fase normal do sofrimento, um estágio que não pode ser pulado. O sofrimento e a dor fazem parte da violação e precisam ser ventilados e ouvidos. As vítimas precisam encontrar oportunidades e espaços para expressar seus sentimentos e seu sofrimento, mas também para contar suas histórias. Elas precisam que sua "verdade" seja ouvida e validada pelos outros.

As vítimas precisam também de empoderamento. Seu sentido de autonomia pessoal lhes foi roubado e precisa ser restituído. Isto inclui uma sensação de controle sobre seu ambiente. Assim, fechaduras novas e outros equipamentos de segurança são importantes para elas. Elas talvez queiram modificar seu estilo de vida como forma de minimizar riscos. Precisam igualmente de uma sensação de controle e envolvimento com a solução de seu caso. Necessitam sentir que têm escolhas, e que tais escolhas são reais.

Com frequência as vítimas sentem que segurança é importante. Querem ter certeza de que aquilo não vai acontecer novamente, nem a elas nem aos outros. Elas querem saber se estão sendo tomadas medidas nesse sentido.

Um fio condutor que une tudo isto pode ser descrito como a necessidade de uma experiência de justiça. Para muitas vítimas isto pode assumir a forma de uma exigência de vingança. No entanto, uma exigência de retribuição pode surgir da própria frustração da vítima que não conseguiu ter uma experiência positiva de justiça. Com efeito, a experiência de justiça é tão básica que sem ela a cura poderá ser inviável.

Aquilo que a vítima vivencia como experiência de justiça é algo que tem muitas dimensões, algumas das quais já esboçadas aqui. As vítimas precisam ter certeza de que o que lhes aconteceu é errado, injusto, imerecido. Precisam oportunidades de falar a verdade sobre o que lhes aconteceu, inclusive seu sofrimento. Necessitam ser ouvidas e receber confirmação. Profissionais que trabalham com mulheres vítimas de violência doméstica sintetizam as necessidades delas usando termos como "dizer a verdade", "romper o silêncio", "tornar público" e "deixar de minimizar".

Como parte integrante da experiência de justiça, as vítimas precisam saber que providências estão sendo tomadas para corrigir as injustiças e reduzir as oportunidades de reincidência. Como observado antes, podem desejar indenização não só para os aspectos materiais, mas para os aspectos morais implícitos no reconhecimento de que o ato foi injusto, numa tentativa de corrigir as coisas.

A justiça pode ser um estado de coisas, mas é também uma experiência, e deve ser vivenciada como algo real. As vítimas em geral não se satisfazem com afirmações de que as devidas providências estão sendo tomadas. Querem ser informadas e, ao menos em certos aspectos, consultadas e envolvidas no processo.

O crime poderá nos roubar o sentido de significado, que constitui uma necessidade humana básica. Assim, o caminho para a recuperação envolve a busca de significado. De fato, as seis perguntas que as vítimas devem responder para conseguirem se recuperar envolvem precisamente essa busca. Para vítimas de crimes a necessidade de justiça é a mais básica porque, como observou o filósofo e historiador Michael Ignatieff, a justiça oferece uma estrutura de significado que confere sentido à experiência.[4] Tudo isto me levou a várias constatações.

---

4. Michael Ignatieff, "Imprisonment and the Need for Justice", conferência proferida no Congresso de Justiça Criminal Canadense em Toronto, 1987. Uma versão editada foi publicada em *Liaison*, janeiro de 1988.

2 • A VÍTIMA

Primeiro, a vitimização poderá ser uma experiência extremamente traumática. Isto porque é uma violação de algo fundamental: a nossa autoimagem como indivíduos autônomos num mundo que tem significado. O crime é também uma violação da confiança depositada no relacionamento com os outros.

Segundo, isto é verdadeiro não apenas nos crimes violentos como assassinato e estupro, que a maioria de nós vê como graves, mas também para crimes como violência conjugal, assalto, vandalismo ou roubo de carro – delitos que a sociedade muitas vezes trata como de menor gravidade.

Terceiro, entre as vítimas há padrões comuns de reação, mesmo levando em conta as variações advindas de personalidade, situação e tipo de delito. Sentimentos como medo e raiva são quase universais, por exemplo, e muitas vítimas parecem transitar por estágios identificáveis de adaptação.

Por fim, ser vítima de uma outra pessoa gera uma série de necessidades que, se satisfeitas, podem auxiliar no processo de recuperação. No entanto, a vítima desatendida poderá ter muita dificuldade para recuperar-se, ou ter uma recuperação incompleta.

Nossa reação

Diante de tudo isso, seria mais lógico que as vítimas estivessem no fulcro do processo judicial, e que suas necessidades fossem o foco central. Seria de se supor que as vítimas tivessem alguma ingerência sobre as acusações que são feitas, e que suas necessidades seriam levadas em consideração no desenlace final do caso. Seria de se esperar que, ao menos, elas fossem informadas de que o infrator foi identificado, e sobre as demais fases do processo penal. Mas na maioria dos casos pouco ou nada disso acontece. Elas não podem influenciar em nada o modo como o caso será decidido. Com frequência as vítimas são levadas em consideração apenas quando são necessárias como testemunhas. Raras vezes são notificadas quando um infrator é preso. Somente quando a lei exige é que as varas criminais fazem um esforço sistemático para notificar as vítimas sobre o andamento do processo ou solicitar sua contribuição para o sentenciamento.

Isto foi ilustrado de maneira exemplar por uma mulher que participou de um seminário que ajudei a organizar. Eu passei algum tempo descrevendo a situação das vítimas de crimes – seu sofrimento, suas necessidades, sua ausência do processo da "justiça" – quando uma mulher sentada lá no fundo se levantou e disse:

> Você está certo. A minha casa já foi arrombada por assaltantes. Eu já fui assaltada numa rua escura. Em nenhum dos casos fui informada ou consultada até que o processo já estivesse no fim ou quase finalizado. E eu sou a procuradora de justiça! A minha própria equipe deixou de me informar!

Imaginem, então, o que acontece ao restante dos cidadãos.

Essa percepção em geral chega às vítimas logo depois de terem dado queixa de um delito. É comum o seu assombro diante do fato de que suas denúncias são investigadas ou abandonadas sem qualquer respeito ao desejo delas, vítimas, e sem que recebam qualquer informação sobre o caso.

Tal negligência, além de não atender às suas necessidades, agrava sua dor. Muitos falam sobre a "vitimização secundária", perpetrada pelos profissionais do judiciário e pelo processo. A questão do poder pessoal é de importância vital nesse contexto. Parte da natureza desumanizadora da vitimização criminosa é seu poder de roubar à vítima seu poder pessoal. Em vez de devolver-lhes o poder permitindo-lhes participar do processo da justiça, o sistema judicial reforça o dano negando às vítimas esse poder. Em vez de ajudar, o processo lesa.

2 • A VÍTIMA

Nos Estados Unidos foi aprovada uma legislação federal cujo fito é auxiliar no apoio às vítimas e fomentar programas de indenização que haviam surgido em muitos Estados. Os programas indenizatórios permitem às vítimas de crimes graves se candidatarem ao reembolso de despesas, já que para tanto elas enfrentam vários critérios muito rigorosos. Nas comunidades onde foram implantados, os programas de assistência às vítimas oferecem aconselhamento e outros recursos. A Inglaterra é líder no desenvolvimento de programas locais de apoio a vítimas, usando voluntários que oferecem apoio e assistência a vítimas enquanto estas passam pelo processo judicial e buscam recuperação.[5]

Tudo isso ajuda e revela uma nova e importante preocupação para com as vítimas. Mas lamentavelmente estas iniciativas continuam incipientes, verdadeiras gotas no oceano das necessidades existentes. As vítimas ainda continuam prioridades periféricas no processo judicial. Elas são as notas de rodapé do processo criminal.

O fato de que não levamos as vítimas a sério deixa um imenso legado de medo, suspeita, raiva e culpa e nos conduz a exigências persistentes e crescentes de vingança. Encoraja a formação de estereótipos (como entender um transgressor que não conhecemos?) que, por sua vez, levam ao agravamento da desconfiança, estimulando preconceitos de raça e classe social.

Do ponto de vista da vítima, talvez o pior de tudo seja a falta de resolução[6] da experiência. Quando as vítimas não têm suas necessidades atendidas, muitas vezes acham difícil deixar a experiência no passado. Com frequência relatam suas experiências de modo muito vívido, como se tivessem acontecido ontem, mesmo que anos tenham

....
5. National Association of Victim Support Schemes: https://www.victimsupport.org.uk. Nos Estados Unidos o National Center for Victims of Crime serve como centro de referência para serviços e informações às vítimas: http://www.victimsofcrime.org.
6. Nas edições anteriores desta obra, usei o termo encerramento, que não é uma palavra amigável do ponto de vista das vítimas e eu jamais a empregaria hoje. Como me falou Emma Jo Snyder, cujo filho foi assassinado: "Você pode acabar com um olho roxo por causa disso". Zehr, *Transcending*, p. 39

se passado. Nada do que vivenciaram as ajudou a superar o trauma. Pelo contrário. A experiência e o perpetrador ainda dominam suas vidas. A vítima continua desprovida de poder. E os danos não se limitam à vítima de forma individual, são partilhados por amigos e conhecidos que ouviram sobre a tragédia. Essas feridas abertas acabam gerando mais suspeitas, medo, raiva e sentimentos de vulnerabilidade em toda a comunidade. Aliás, operam em silêncio minando o espírito comunitário.

Mas o fato de não conseguirmos atender às necessidades da vítima não significa que jamais mencionemos a vítima no processo judicial ou nas notícias. Pelo contrário. Conseguimos usar o nome da vítima para impor todo tipo de coisas ao ofensor, independentemente da vontade da vítima. O fato é que, apesar da retórica, não fazemos quase nada que beneficie de maneira direta a vítima. Não escutamos o seu sofrimento nem as suas necessidades. Não nos esforçamos para restituir parte do que perderam. Não permitimos que ajudem a decidir como a situação deve ser resolvida. Não auxiliamos na sua recuperação. Talvez nem informemos a elas o que aconteceu desde o momento do delito!

Este é, portanto, o cúmulo da ironia, o cúmulo da tragédia. Àqueles que mais sofreram diretamente, negamos participação na resolução da ofensa. De fato, como veremos adiante, as vítimas não são sequer parte da nossa compreensão do problema.

Capítulo 3

O ofensor

No capítulo anterior sugeri que a vítima ferida no caso que relatei provavelmente não tenha sentido que a justiça fora feita. Mas o que aconteceu ao rapaz que a assaltou?

Ele passou por um processo elaborado e longo no qual um profissional – um advogado, que supostamente representa seus interesses – foi colocado numa arena contra um outro profissional – o promotor de justiça, que representa o Estado e seus interesses. Tal processo é guiado por um complexo labirinto de regras chamadas "processo penal", concebido para proteger os direitos do ofensor e da sociedade, mas não necessariamente da vítima. Ao longo do processo uma série de profissionais (promotores, juiz, oficiais de condicional, psiquiatras) contribuíram para decidir se ele era de fato culpado de um delito definido em lei. Não apenas o processo determinou que de fato ele cometeu um delito definido em lei, mas também que teve intenção de fazê-lo. E o juiz decidiu o que será feito dele.

Ao longo do processo o ofensor foi quase um espectador. Manteve sua atenção sobre sua própria situação e seu futuro. Inevitavelmente preocupou-se com os vários obstáculos, decisões e estágios que precisam ser encarados. No entanto, boa parte das decisões foi tomada por outros em seu nome.

A experiência da prisão

Agora ele está na prisão. Embora a extensão da pena em geral determinada nos Estados Unidos possa parecer incomum no Canadá ou na Europa Ocidental, a decisão de privação de liberdade não é.

Com efeito, o encarceramento é a reação normal ao crime nas sociedades contemporâneas ocidentais. Funcionamos sob o pressuposto da prisão. A privação de liberdade não é um último recurso que deve ser ponderado e justificado pelo juiz que a impõe. Pelo contrário. A prisão é normativa, e os juízes sentem a necessidade de explicar e justificar as sentenças que diferem da privação de liberdade.

Esse pressuposto explica por que nossos índices de encarceramento são tão altos. Os cidadãos estadunidenses muitas vezes consideram que o país é "tolerante demais" diante do crime. Embora de fato haja casos particulares e jurisdições em que o criminoso escapa impune, a realidade é bem outra quando se pensa em termos do país como um todo. Pelos padrões internacionais os Estados Unidos são bastante rigorosos. No início da década de 1990 o país tinha o maior índice de encarceramento *per capita* do mundo.[1] Tal encarceramento em massa é caracterizado por imensa disparidade racial.[2]

A prisão é o primeiro em vez de ser o último recurso, e não apenas para crimes violentos. Muitos observadores internacionais ficam surpresos ao saber que boa parte dos condenados à prisão nos EUA servem penas por crimes patrimoniais e tráfico de drogas. As taxas de encarceramento estadunidenses são altas porque consideramos a privação de liberdade uma norma.

No caso do rapaz do assalto relatado acima, em sua sentença o juiz expressou a esperança de que o jovem ofensor aprendesse padrões de comportamento não violento enquanto estivesse na prisão. Mas na realidade o que ele aprenderá?

A esta altura o rapaz bem pode ter se tornado uma vítima da violência. Qual a lição que ele aprenderá? Aprenderá que o embate é

---

1. Roy Walmsley, "World Prison Population List", 10ª edição, International Centre for Prison Studies, modificado em 21.11.2013, http://www.prisonstudies.org/research-publications?shs_term_node_tid_depth=27

2. Veja Michelle Alexander, *The New Jimcrow: Mass Incarceration in the Age of Colorblindness* (New York: New Press, 2010)

3 • O OFENSOR

normal, que a violência é a chave para a solução dos problemas, que é preciso ser violento para sobreviver, que a violência é uma forma de reagir à frustração. Afinal, este é o padrão de normalidade no mundo distorcido da prisão.

A pouca idade e baixa estatura física desse rapaz o tornarão uma vítima provável não apenas de violência física, mas de violência sexual. O estupro de jovens é frequente na prisão, onde transgressores mais velhos e calejados muitas vezes ficam junto com delinquentes mais novos, menos experientes. Estupros assim podem refletir a prolongada privação sexual e frustração características da vida carcerária. Mas em geral o estupro se torna uma forma distorcida de afirmar o poder sobre os outros entre pessoas que não possuem formas legítimas de atribuir poder e significado a si mesmas. O estupro é também um meio de expressar desprezo e de depreciar o outro, o que por sua vez reflete uma compreensão distorcida – e infelizmente muito comum – do que seja masculinidade e feminilidade. Dada a aparente insegurança do rapaz da nossa história, é provável que seu sentido de valor próprio e masculinidade sejam ainda mais severamente prejudicados e distorcidos pela experiência.

Parece certo, portanto, que são vãs as esperanças do juiz de que os padrões de comportamento violento sejam esquecidos. Na verdade o juiz decidiu que esse ofensor viva por no mínimo vinte anos numa atmosfera que nutre e ensina a violência. A violência se tornará para ele um meio de sobreviver, de resolver problemas, de se comunicar.

Esse rapaz já se meteu nessa situação por ter pouca autoestima, autonomia e poder pessoal. Mas a experiência de encarceramento irá despi-lo por completo do pouco que tinha, deixando-o ainda mais privado de recursos para obter autoestima e autonomia de forma legítima.

Estou convencido de que crimes e violência são muitas vezes uma forma de afirmar a identidade e poder pessoais. Isto foi muito bem colocado por um amigo que passou dezessete anos na prisão por causa de uma série de assaltos à mão armada. Depois, com a paciente ajuda de pessoas religiosas, ele fez a transição para a vida em sociedade. Bobby foi um menino negro e pobre. Seu pai, um alcoólatra que trabalhava como zelador, sentia-se preso num mundo que se tornou uma prisão sem saída. Para Bobby o crime era uma esperança de sair da prisão da nulidade pessoal. "Com uma arma na mão ao menos eu me sentia alguém!", ele me disse. Como respeitar os outros se ele tinha tão pouco respeito por si mesmo?

O psicólogo Robert Johnson, que escreveu sobre assassinos condenados à morte, apreendeu muito bem o significado e as raízes da violência.

Sua violência não é um fantasma ou doença que os aflige sem motivo, nem tampouco um veículo conveniente para paixões hediondas. Pelo contrário, sua violência é uma adaptação a vidas vazias e muitas vezes brutais [...]. [A violência] de boa parte dos homens violentos é, em última análise, gerada pela hostilidade e abusos de outros, e alimentada pela falta de confiança em si e baixa autoestima. De forma paradoxal, sua violência é um tipo deformado de autodefesa e serve somente para confirmar os sentimentos de fraqueza e vulnerabilidade que foram a origem primeira dessa mesma violência. Quando sua violência atinge vítimas inocentes, assinala não um triunfo da coragem, mas uma perda de controle.[3]

Dadas a baixa autoestima e autonomia pessoal características da maioria dos criminosos, pequenas brigas e conflitos dentro da prisão com frequência levam à violência extrema. Uma discussão por causa de um dólar pode com facilidade acabar em morte.

O jovem ofensor do nosso caso pode ter se metido na encrenca por causa de sua baixa autoestima e sentido de poder pessoal. Seu crime pode ter sido uma tentativa distorcida de dizer que ele é alguém e afirmar algum controle sobre sua vida e talvez sobre a dos

---

3. Robert Johnson, "A Life for a Life?", *Justice Quarterly*, 1, nº 4, dezembro de 1984, p. 571.

outros. No entanto, o ambiente prisional irá despi-lo de todo o seu senso de valor e poder.

Todo o entorno carcerário é estruturado com o fim de desumanizar. Os prisioneiros recebem um número, um uniforme, pouco ou nenhum espaço pessoal. São privados de praticamente todas as oportunidades de tomar decisões e exercer poder pessoal. De fato, o foco de todo o ambiente é a obediência e o aprendizado de aceitar ordens. Numa situação assim a pessoa tem poucas escolhas. Ela talvez aprenda a obedecer, a ser submissa, e essa é a reação que o sistema prisional incentiva. Mas é justamente a reação que menos propiciará uma transição bem sucedida para a liberdade da vida lá fora. Esse rapaz se meteu na encrenca por não saber como se autogovernar, conduzir a sua vida de modo legítimo – e a prisão irá agravar essa inabilidade. Assim, não é de se surpreender que aqueles que melhor se conformam às regras da prisão são os que pior se adaptam à vida na comunidade depois de soltos.

Uma segunda reação diante da pressão para obedecer é a rebelião, e muitos se rebelam. Em parte, essa reação é uma tentativa de reter algum sentido de individualidade. No geral, aqueles que se rebelam parecem ter mais sucesso na transição para a vida em liberdade do que aqueles que se submetem (muito embora a rebelião reduza em muito as chances de uma soltura com condicional). Mas há exceções. Se a rebelião for muito violenta ou muito prolongada, um padrão de revolta e violência poderão dominar.

Jack Abbott é um prisioneiro que passou boa parte de sua vida lutando contra a conformidade na prisão. Seu livro *In the Belly of the Beast* é uma obra articulada e perspicaz sobre o mundo prisional.[4] Depois de anos na prisão ele foi solto, e cometeu novo assassinato na primeira ocasião em que se sentiu ofendido.

....
4. Jack Henry Abbott, *In the Belly of the Beast: Letters from Prison* (New York: Random House, 1981).

A terceira reação possível é tornar-se ardiloso: manter as aparências de obediência enquanto encontra formas de conservar algumas áreas de liberdade pessoal. Isto leva a uma outra lição ensinada pela privação de liberdade: aprende-se que a manipulação é normal. Afinal, é assim que se conseguem as coisas na prisão. É também o método usado pelas autoridades para gerenciar os prisioneiros. De que outra forma poderiam tão poucos funcionários lidar com tantos prisioneiros, dada a limitação de recursos existente? Em resumo, o condenado aprende a ludibriar.

O jovem ofensor do nosso caso delinquiu porque não soube tomar boas decisões. A capacidade de decidir bem por conta própria ficará ainda mais comprometida pela experiência prisional. Durante os vinte ou mais anos que passará ali, ele terá pouco ou nenhum estímulo e oportunidade para tomar decisões e assumir responsabilidades. De fato, ele aprenderá a dependência. Ao longo desses anos ele não terá que pagar aluguel, nem gerenciar seu dinheiro, nem manter uma família. Ele dependerá do Estado que cuidará dele. E quando sair, terá poucas habilidades de sobrevivência. Como aprenderá a manter um emprego, poupar, ficar dentro de seu orçamento, pagar as contas?

Na prisão esse transgressor absorverá um padrão distorcido de relacionamentos interpessoais. A dominação sobre os outros será seu objetivo, seja no caso do parceiro matrimonial, dos contatos comerciais ou dos amigos. O cuidado amoroso será visto como uma fraqueza. E os fracos existem para serem explorados.

Esse delinquente precisa aprender que ele é alguém de valor, que tem poder e responsabilidade suficientes para tomar boas decisões. Precisa aprender a respeitar os outros e seus bens. Precisa aprender a lidar de forma pacífica com frustrações e conflitos. Precisa aprender a lidar com as coisas. Ao invés disso, aprenderá a recorrer à violência para obter validação pessoal, para conseguir lidar com o mundo, para resolver problemas. Seu sentido de valor e autonomia será solapado ou então fincará suas raízes em terreno perigoso.

3 • O OFENSOR

Vistas nesse contexto, as esperanças do juiz se mostram incrivelmente inocentes e equivocadas.

Será que a prisão ensinará a ele padrões de comportamento não violento? Dificilmente. Com toda probabilidade o tornará ainda mais violento. Conseguirá a prisão proteger a sociedade desse rapaz? Talvez por algum tempo, mas, por fim, ele sairá bem pior do que entrou. E enquanto estiver lá dentro, talvez se torne uma ameaça para os outros internos.

Será que a prisão coíbe o crime? É discutível se seu aprisionamento desestimulará outros a cometerem crimes similares. Mas ele próprio com certeza não será desestimulado. Como já mencionei antes, ele tem maior, e não menor probabilidade de cometer novos crimes em função da falta de habilidade para lidar com a liberdade e dos padrões de relacionamento e comportamento aprendidos na prisão. Além disso, a ameaça de encarceramento não será mais algo tão assustador para ele, depois de ter descoberto que consegue sobreviver ali. Na verdade, depois de vinte anos na prisão ela se terá tornado sua casa e ele se sentirá inseguro fora dela.

Algumas pessoas que cumpriram penas longas cometem crimes ao serem libertadas exatamente para poder voltar ao lugar onde se sentem em casa. Preferem estar num lugar onde conhecem as habilidades necessárias para sobreviver do que ter que enfrentar os perigos da vida lá fora. Há pouco tempo fui convidado a participar de uma reunião num centro de apoio a ex-prisioneiros na Inglaterra. Um dos rapazes já tinha estado na prisão várias vezes. "Eu gosto de estar fora", disse ele, "mas também não acho ruim estar na prisão". A ameaça de aprisionamento não consegue intimidar uma pessoa assim.

A prisão também não constitui desestímulo para pessoas pobres e marginalizadas que veem a vida em liberdade como uma espécie de prisão. Para uma pessoa em tais condições, ser sentenciada à prisão é simplesmente trocar um tipo de confinamento por outro. No entanto, são sobretudo pobres e desvalidos os que condenamos à prisão.

O que precisa acontecer?

Na sentença desse rapaz o juiz mencionou a necessidade de responsabilizar os ofensores. A maioria de nós concorda com isso. Os ofensores precisam, de fato, ser responsabilizados por seu comportamento. Mas o que significa responsabilizar? Para esse juiz, e para a maioria das pessoas no mundo de hoje, a responsabilização significa que o ofensor deve sofrer consequências punitivas – no mais das vezes, a prisão – seja com o intuito de coação ou de punição. "Responsabilizar" significa forçar as pessoas a "tomar um remédio amargo" – uma velha metáfora para algo tão insalubre como a prisão.

Esta é uma visão extremamente limitada e abstrata da responsabilidade. Sem um vínculo intrínseco entre o ato e as consequências, a verdadeira responsabilidade é praticamente impossível. E visto que as consequências são escolhidas por outros que não o ofensor, elas não o levam a responsabilizar-se.

Para cometer ofensas e conviver com seu comportamento, os ofensores com frequência constroem racionalizações bastante elaboradas para os atos que cometeram, e a prisão lhes oferece tempo e incentivo de sobra para tanto. Eles acabam acreditando que o que fizeram não é tão grave assim, que a vítima "mereceu", que todos estão fazendo a mesma coisa, que o seguro pagará pelos danos. Encontram maneiras de colocar a culpa em outras pessoas e situações. Também adotam estereótipos sobre as vítimas de fato, e sobre vítimas em potencial. De forma inconsciente, ou talvez conscientemente, procuram isolar-se das vítimas. Alguns assaltantes chegam a relatar que, ao entrar numa casa, viram os retratos para a parede a fim de não pensar em suas vítimas.

Nenhuma etapa do nosso processo judicial questiona essas atribuições equivocadas. Pelo contrário. O processo em geral fomenta racionalizações e fortalece os estereótipos.[5] A natureza adversarial do

---

5. Como diz o juiz Fred McElrea da Nova Zelândia, um princípio central do sistema jurídico ocidental é "colocar o Estado à prova". Ou seja, é obrigação do Estado provar as acusações, portanto os réus são estimulados por seus advogados a se declararem inocentes. Isso tende a reforçar a negação da responsabilidade.

3 • O OFENSOR

processo tende a sedimentar os estereótipos sobre as vítimas e sobre a sociedade. A natureza complicada, dolorosa e não participativa do processo estimula uma tendência a focalizar os erros cometidos pelo ofensor, desviando a atenção que deveria estar sobre o dano causado à vítima. Muitos, se não a maioria dos ofensores, acabam sentindo que foram maltratados (e bem podem ter sido!). Por sua vez, isto os incentiva a olhar para sua própria condição ao invés de ver a condição da vítima. No mínimo, e por causa da complexidade e foco no ofensor do processo criminal, eles se veem totalmente envolvidos com sua própria situação jurídica.

Por conseguinte, os ofensores raras vezes são estimulados a olharem para os verdadeiros custos humanos dos atos que cometeram. Qual será a sensação de ter sua casa invadida e roubada, o carro roubado? Como será sentir medo e dúvida quanto a quem fez isto e por quê? Como será sentir que se vai morrer, e depois perder um olho? Que tipo de pessoa é a vítima? Dentro do âmbito da experiência do ofensor no processo judicial nada toca nessas questões. Nada o obriga a encarar suas racionalizações e estereótipos. No caso acima, o ofensor tentou entender o ocorrido, mas sua compreensão foi incompleta e, além do mais, logo será ofuscada pela sua vivência da justiça e da punição.

A verdadeira responsabilidade, portanto, inclui a compreensão das consequências humanas advindas de nossos atos – encarar aquilo que fizemos e a pessoa a quem o fizemos. Mas a verdadeira responsabilidade vai um passo além. Ela envolve igualmente assumir a responsabilidade pelos resultados de nossas ações. Os ofensores deveriam ser estimulados a ajudar a decidir o que será feito para corrigir a situação, e depois incentivados a tomar as medidas para reparar os danos.

O juiz Dennis Challeen mostra que o problema da maioria das sentenças é que, embora responsabilizem os ofensores (no sentido de receberem a punição), essas sentenças não os tornam responsáveis. Aliás, a falta de responsabilidade é justamente o que os leva a transgredir. Quando uma punição é imposta a pessoas responsáveis, argumenta Challeen, estas reagem com responsabilidade. Mas quando impomos sanções a pessoas irresponsáveis, isto tende a torná-las mais irresponsáveis ainda.[6]

Algumas cortes começaram a introduzir a restituição às vítimas como parte da sentença. Esse passo vai na direção certa, contudo, a justificativa para tal restituição tem se mostrado imprecisa e inadequada no mais das vezes. Ela é vista com frequência como forma de punir o ofensor ao invés de um modo de ressarcir a vítima. Em geral é também uma sanção imposta e, como tal, não fomenta o sentimento de autoria dos resultados por parte do ofensor. Em geral, este não participa na decisão de restituição, e tem pouca ou nenhuma compreensão das perdas sofridas pela vítima. Assim, o ofensor tende a ver a restituição como mais uma punição imposta, ao invés de percebê-la como uma tentativa lógica de corrigir um mal e cumprir uma obrigação frente a outra pessoa. Sentenças restitutivas impostas aos ofensores como punição têm toda probabilidade de não os ajudar a se tornarem responsáveis. Esta é a principal razão para os baixos índices de retorno em alguns programas de restituição.

O jovem ofensor de nosso caso precisa assumir a responsabilidade por seu comportamento de todos os modos possíveis. Ou seja, ele precisa ser estimulado a formar uma compreensão, o mais completa possível, daquilo que ele fez (por exemplo, o que suas ações representaram para a outra pessoa envolvida, e qual foi seu papel). Devemos também permitir e encorajá-lo a corrigir seus erros na medida do possível. Ele deve participar do processo de encontrar modos para fazer isto. Esta é a verdadeira responsabilidade.

Tal responsabilidade talvez ajude a resolver as coisas para a vítima, pois poderá atender a algumas das necessidades dela. Talvez traga uma resolução também para o ofensor, pois um pleno entendi-

---

6. Dennis A. Challeen, *Making it Right: A Common Sense Approach to Criminal Justice* (Aberdeen, SD: Melius and Peterson Publishing, 1986).

3 • O OFENSOR

mento da dor que causou pode desestimular um comportamento semelhante no futuro. A oportunidade de corrigir o mal e de tornar-se um cidadão produtivo poderá aumentar sua autoestima e encorajá-lo a adotar um comportamento lícito.

O que acontecerá?

Nada disso acontecerá ao jovem ofensor do nosso caso durante os próximos vinte anos. Mas então o que acontecerá?

Ele não terá qualquer oportunidade de questionar os estereótipos e racionalizações que o levaram a este delito. Na verdade, eles serão amplificados e elaborados ao longo de seus anos de prisão. Ele não terá oportunidade de desenvolver as habilidades interpessoais e a capacidade de lidar de maneira construtiva com as situações que lhe serão exigidas para viver lá fora. Aliás, ele aprenderá as habilidades interpessoais erradas e perderá as capacidades que tem. Não terá oportunidade de encarar o que fez ou de corrigir os males que causou.

Será impossível lidar com a culpa deixada por essa ofensa. Não existe no processo criminal um momento em que ele possa ser perdoado, em que ele possa sentir que conseguiu fazer alguma coisa para corrigir o mal feito. Quais não serão as consequências disso para sua autoimagem? Ele tem poucas alternativas. Poderá fugir da questão racionalizando seu comportamento. Poderá voltar sua raiva contra si mesmo e aventar a possibilidade de suicídio. Poderá voltar sua raiva contra os outros. Em todo caso, continuará sendo definido como um ofensor muito depois de ter "pago a sua dívida" sofrendo a punição. O ódio e a violência que serão cultivados dentro dele na prisão virão a substituir o pesar e o arrependimento que talvez tenha sentido.

Tal como a vítima, ele não terá oportunidade de fechar esse capítulo, de resolver a questão e passar adiante. A ferida continuará aberta.

Através de suas ações nosso jovem ofensor violou uma outra pessoa. Violou também as relações de confiança com a comunidade. Mas o processo criminal não oferecerá a ele nenhum dispositivo que o ajude a compreender a dimensão do que fez.

A ofensa foi cometida por uma pessoa que, por sua vez, também foi violada. Embora isto não seja desculpa para seus atos, eles de fato nasceram de um histórico de abusos. Criança, ele sofreu violência física. Depois de crescido, sofreu violência psicológica e espiritual, que feriram seu sentido de ser e relacionar-se com o mundo. Nenhum aspecto do processo levará estas coisas em consideração. Provavelmente nada o conduzirá ao caminho da inteireza.

Capítulo 4
Alguns temas comuns

Embora tenhamos contemplado vítima e ofensor separadamente, existem alguns temas comuns a ambos.

Arrependimento e perdão

Até o momento analisamos suas vivências e necessidades primárias em termos experimentais e psicológicos. Agora, examinemos de maneira breve seu dilema do ponto de vista da tradição cristã.

Os dois jovens envolvidos no caso precisam de cura. Para que haja cura genuína, ao menos dois pré-requisitos devem ser cumpridos: arrependimento e perdão.

Para que haja cura, é importante que as vítimas possam perdoar.

Da perspectiva teológica este é um dado objetivo: somos chamados a perdoar nossos inimigos, aqueles que nos fazem mal, pois Deus nos perdoou. Não nos libertaremos enquanto estivermos dominados pelo inimigo. Devemos seguir o exemplo de Deus.

Do ponto de vista prático e experimental, isto é dificílimo, talvez até impossível. Como pode uma mãe ou um pai perdoar aquele que matou seu filho? Como chegar a sentir outra coisa senão raiva e sede de vingança? Como alguém, sem ter passado por isso, ousaria sugerir tal coisa? É possível contemplar a possibilidade de perdoar antes que estejamos em segurança? Será possível obter tal segurança?

Perdoar e ser perdoado não são coisas fáceis, e estas ações não podem ser sugeridas de forma leviana. Nem se pode impor um fardo a mais de culpa àqueles que não conseguem perdoar. O verdadeiro perdão é impossível de obter pela força de vontade ou por obrigação, deve chegar no seu devido tempo e com a ajuda divina.[1] O perdão é um dom, e não pode ser transformado em ônus.[2]

É importante explicar nosso entendimento do que seja o perdão. Muitas vezes se pensa que o perdão significa esquecer o que aconteceu, riscar o incidente do mapa mental, talvez desligar simplesmente o canal de comunicação com o ofensor. Mas perdoar não é esquecer. A jovem do nosso caso não deveria e jamais esquecerá completamente o seu trauma e a sua perda. Nem se pode esperar isso dela. O perdão também não significa redefinir a ofensa como uma não ofensa. Não significa pensar: "Não foi tão ruim assim, não faz mal". Foi péssimo sim, e negá-lo seria desvalorizar a experiência, o sofrimento e a humanidade mesma da pessoa responsável pelo ato.

Perdoar é abrir mão do poder que a ofensa e o ofensor têm sobre a pessoa. Significa não mais permitir que a ofensa e o ofensor dominem. Sem esta experiência de perdão a ferida infecciona, a violação toma todo o espaço da consciência, domina toda a vida – a violação e o ofensor assumem o controle. Portanto, o verdadeiro perdão é um ato de empoderamento e cura. Ele permite passar da condição de vítima à de sobrevivente.

Também é possível passar de vítima a sobrevivente de outras formas. Algumas vítimas procuram esse resultado "vivendo bem", pois

....

1. No tocante ao perdão, creio que o trabalho de Marie Marshall Fortune é esclarecedor. Veja, p.ex., *Sexual Violence: The Unmentionable Sin* (New York: Pilgrim Press, 1983) e "Justice--Making in Aftermath of Woman-Battering" em *Domestic Violence on Trial*, ed. Daniel Sonkin (New York: Springer Publishers, 1987), p. 237-248. Veja Jeffrie G. Murphy e Jean Hampton, *Forgiveness and Mercy* (Cambridge: Cambridge University Press, 1988) e Thomas R. Yoder Neufeld, "Forgiveness and the Dangerous Few: The Biblical Basis" pronunciamento para o Christian Council for Reconciliation em Montreal, em 18 de novembro de 1983.

Morton MacCullum-Paterson sugeriu que o perdão pode envolver uma vontade de desistir da intenção de vingar-se. Pode envolver a vontade de deixar a questão nas mãos de Deus para perdoar. A etimologia da palavra inglesa *forgive* no Novo Testamento, observa o autor, é entregar ou colocar de lado. Veja *Toward a Justice That Heals* (Toronto: The United Church Publishing House, 1988), p. 56. [N. da T.: O vocábulo perdão vem do latim *perdonare - per*, "total, completo" mais *donare*, "dar, entregar, doar".]

2. Sou grato a Dave Worth por esta distinção bastante útil.

sentem que viver muito bem depois da tragédia é a melhor vingança. A abordagem deles é do tipo "eles vão ver", e não deixa de ter seu valor psicológico. No entanto, tal abordagem ainda deixa a ofensa e o ofensor no centro da ação. O perdão, ao contrário, permite que a experiência se torne parte da história de vida, uma parte importante de nossa biografia, mas sem permitir que ela continue a dominar.

Certas condições favorecem o perdão. Manifestações de responsabilidade, pesar e arrependimento por parte do ofensor podem ser de grande ajuda. Mas, para a maioria das pessoas, um fator essencial é o apoio de outros e a experiência da justiça. A oração é parte importante na "cura da memória". Uma pessoa ou grupo que tenha um papel pastoral pode ouvir a confissão e oferecer absolvição. Todos nós, e principalmente nossas congregações, têm a responsabilidade de criar um espaço onde isto possa acontecer.

Como mencionei antes, a experiência de justiça tem muitas dimensões, e uma delas é retratada no conceito bíblico da lamentação, que aparece em alguns salmos. Falando à igreja, o teólogo Walter Brueggemann descreveu muito bem esse conceito.

> O modo de caminhar para a maturidade passa pela manifestação aberta de todas as negatividades. Posso ver um sacerdote dizendo: você já conseguiu dizer tudo, ou há mais alguma coisa que queira pôr para fora? E vejo que se eu conseguir dizer tudo, de uma forma estruturada que torne aquilo passível de ser ouvido, de fato, saio dali renovado e livre. Mas se não for possível praticar a lamentação, se não praticarmos o discurso que se dirige ao trono do Divino, teremos que carregar aquilo pelo resto de nossas vidas. Este é um mundo de pessoas que esperam pela oportunidade de falar no ouvido do Sagrado. O mistério é que, se dizemos tudo de maneira honesta ao Divino, o Divino não se assusta, não se ofende, não se afasta; ao contrário, Ele se aproxima [...]. *Muitas pessoas na nossa cultura repressiva precisam constante permissão para expressar sua raiva, ódio, dores e medos.* Dificilmente as pessoas cantarão hinos de louvor com a mesma liberdade, poder e energia

se não tiverem passado antes pela declaração integral de suas perdas, sofrimentos e dores. A tarefa pastoral é a de autorizar as pessoas a se expressarem de modo a viabilizar essa tarefa [...].

O trabalho da Igreja não é o de dizer coisas boas, mas o de dizer a verdade. Algumas vezes a única verdade é a da dor. O Salmo 88 é um salmo para esses momentos. A verdade expressa por ele é uma só: a dor existe e é preciso ventilar essa dor. No dia seguinte, talvez seja possível aplicar um bálsamo, mas não sem antes ventilar a ferida. O Salmo 88 não vacila diante da dolorosa verdade de que há trechos da vida que são indizíveis.[3]

A Igreja tem uma responsabilidade vital nesse processo. Infelizmente, amiúde ela tem procurado evitar a dor e dispensar a lamentação. Mas ao mesmo tempo em que pressiona as vítimas a perdoar, tem relutado em perdoar as vítimas por seus sentimentos naturais de raiva e hostilidade em relação ao ofensor, à sociedade e à Deus.

Se a vítima precisa de uma vivência do perdão, assim também o ofensor. De que outra forma poderia encontrar solução para sua culpa? De que outro modo seguir adiante e construir uma nova vida? Como desenvolver uma identidade saudável e um sentido de valor próprio, como se salvar a não ser pelo perdão?

Ao contrário do que em geral se pensa, os ofensores sentem culpa pelos atos que cometeram. Mas a sensação de culpa pode ameaçar de modo grave seu sentido de valor próprio e sua identidade. Um estudo concluiu que os ofensores são caracterizados por medos terríveis, e que seu maior temor é o de ser um "zero à esquerda", ou seja, o medo da total falta de valor pessoal.[4] Em consequência,

---

3. Baseado em um *workshop* de 1980 sobre os Salmos, realizado em Toronto e citado em "A Reflective Analysis on Reconciliation as It Relates to Criminal Justice", artigo não publicado preparado por um grupo de trabalho da National Associations Active in Criminal Justice para um *workshop* de 1987 em Ottawa no Canadá.

4. Veja David Kelley, "Stalking the Criminal Mind, Psychopaths, 'Moral Imbeciles', and Free Will", *Harpar's*, agosto de 1985.

Os ofensores se valem de uma série de técnicas defensivas a fim de evitar a culpa e manter seu sentido de valor próprio.

Um desses métodos é o que Michael Ignatieff chamou de "estratégias desculpadoras" para desviar ou negar sua culpa.[5] Eles talvez argumentem, por exemplo, que "todo mundo faz isso", ou que a vítima "mereceu", ou tem recursos de sobra para arcar com os prejuízos, ou ainda, que foram provocados além do razoável. Poderão adotar a linguagem do determinismo social e psicológico dizendo que "sou depravado porque sofri privações". Da mesma forma, a tendência que os ofensores têm de se sentir obcecados com as injustiças das quais se percebem vítimas pode ser um meio de se isolarem do peso da culpa.

Para conseguir conviver com a sua consciência, alguns ofensores desenvolvem elaboradas fantasias sobre quem são e o que fizeram. Alguns quase criam duas personalidades, separando totalmente a pessoa culpada do restante de si mesmos.

Estou convencido de que a culpa está por trás de boa parte da raiva manifestada pelos ofensores. A culpa aceita se torna raiva de si próprio. A culpa negada pode se tornar raiva dos outros. De todo modo tal raiva tem um grande potencial destrutivo.

Alguns argumentam que a culpa pode ser aliviada através da punição. Aceitando a punição, a dívida fica paga e a culpa acaba.[6] Seja isto verdadeiro ou não do ponto de vista teórico, o fato é que na realidade as coisas não funcionam assim. Para que a punição alivie a culpa, ela deve ser percebida como legítima e merecida. Dificilmente isto ocorre na vida real. Além do mais, a ideia de que o delito foi contra a sociedade e que a dívida deve ser paga à sociedade raras vezes faz sentido para os ofensores. É uma ideia

....
5. Ignatieff, "Imprisonment and the Need for Justice", *op. cit.*

6. James Gilligan, em *Violence: Reflections on a National Epidemic* (New York: Vintage, 1997), argumenta que a punição tende a aliviar a culpa mas aumenta a vergonha. A vergonha, segundo ele, é a causa primária da violência.

por demais abstrata, e sua identificação com a sociedade demasiado limitada.

Carecemos de rituais que reconheçam a dívida como tendo sido saldada e a culpa expiada. Como aponta Ignatieff, o perdão deveria exonerar a dívida tão bem ou ainda melhor do que a punição. No entanto, partimos do pressuposto de que é preciso castigar antes de poder perdoar. Na prática, administramos as punições de tal modo que elas se tornam perniciosas e são percebidas como imerecidas, e depois deixamos de oferecer oportunidades para que o perdão ocorra.

Para que uma nova vida seja possível é preciso haver perdão e confissão. Para que os ofensores voltem a ser pessoas íntegras, devem confessar seus erros, admitir sua responsabilidade e reconhecer o mal que fizeram. Somente então é possível o arrependimento e a virada para começar de novo em outra direção. A confissão seguida de arrependimento é a chave para a cura dos ofensores – mas também podem trazer cura para as vítimas.

Nada disso – arrependimento, confissão e perdão por Deus ou pela vítima – elimina as consequências das ações do ofensor. Um estado de graça não se obtém tão fácil. Restam as responsabilidades em relação à vítima. No entanto, é possível chegar à redenção e liberdade.

O caminho para esta redenção, segundo muitos capelães e pessoas que visitam prisioneiros, repousa no reconhecimento do nosso pecado e indignidade, já que o pecado nasce do amor próprio.[7]

É verdade que muitas vezes falta aos ofensores um senso ético, no sentido de uma preocupação com suas próprias necessidades combinada com a inabilidade de se colocar na situação do outro. No entanto, acredito que essa preocupação consigo mesmo se funda, na verdade, numa autoimagem fraca, talvez em ódio de si. Se isto for verdadeiro, a cura só será possível mediante a consciência de que são amados e têm valor – ao invés da confirmação de sua insignificância.

....
7. Veja Gerald Austin McHugh, *Christian Faith and Criminal Justice: Toward a Christian Response to Crime and Punishment* (New York: Paulist Press, 1978), p. 172 e ss.

4 • ALGUNS TEMAS COMUNS

Em suma, tanto a vítima quanto o ofensor precisam de cura, e esta só ocorrerá se forem oferecidas ocasiões para que haja perdão, confissão, arrependimento e reconciliação. Parte disso deve acontecer entre os indivíduos e seu Deus, sua igreja, sua comunidade. Mas há também o relacionamento da vítima com o ofensor, um relacionamento que, se não existia antes da ofensa, passou a existir depois dela.

Infelizmente o atual sistema de justiça criminal não contempla nenhum desses estágios. Na verdade, o sistema desestimula a reconciliação. O próprio processo penal não dá espaço para o arrependimento, muito menos para o perdão. Além disso, pela sua própria natureza, ele estimula os ofensores a negarem sua culpa e se concentrarem na sua própria situação. Busca de forma ativa manter vítima e ofensor separados, realçando sua condição de adversários e desestimulando a busca de um entendimento comum sobre a ofensa e sua resolução.

Exemplo disso é um jovem ofensor que conheci há alguns anos. Enquanto cumpria sua pena, tornara-se cristão. Quando foi solto pelo oficial da condicional, ele conta que foi advertido: "Sabemos que você se tornou um cristão. Por isso talvez procure a vítima para tentar acertar as coisas. Se você tentar chegar perto da vítima, nós o traremos de volta na mesma hora!". Esta é uma reação compreensível, porém trágica.

A questão do poder

As questões do poder pessoal e da autonomia são centrais ao fenômeno do crime e da justiça, pois são vivenciadas tanto pela vítima como pelo ofensor.

A negação da autonomia da vítima por parte do ofensor é, em boa parte, o que faz da vitimização algo tão traumático. Para sermos inteiros precisamos estar no controle de nossas vidas e destinos.

De súbito privados disso, de forma arbitrária e assustadora, a experiência nos desumaniza de modo intenso. Os ofensores transformam as vítimas em objetos, em "coisas", privando-as assim do poder sobre suas vidas, e esta é uma experiência profundamente degradante.

Quando as pessoas são privadas de algo tão básico como seu sentido de autonomia, buscam caminhos para reafirmá-lo. As vítimas precisam recobrar esse senso de autonomia e o fazem de muitas maneiras. Para alguns basta "dar a volta por cima", viver bem, tornar-se um sobrevivente. Para outros, o processo passa pela criação de mecanismos de segurança ou outros modos de sentir que sua vida lhes pertence novamente. Alguns o fazem exigindo vingança e punição. Outros se empoderam através do perdão cristão. De qualquer forma, a questão do poder pessoal – sua privação e reafirmação – é fundamental à experiência da vítima.

Essa questão está também no fulcro da experiência do ofensor. Muitas pessoas se sentem impotentes e insignificantes. Na nossa sociedade essa privação de um sentido de poder pessoal é vivenciada pelos rapazes como um ataque à sua masculinidade, já que masculinidade e poder são com frequência equiparados. Uma forma de satisfazer essa sede de autonomia e de reagir à sensação de estar sendo "vitimizado" pela sociedade é encontrar uma outra vítima para dominar. O estupro na prisão é exemplo de tal fenômeno. Mas muitos crimes são uma forma distorcida de afirmação do próprio poder e valor, uma tentativa desastrosa de autoafirmação e autoexpressão.

Será que as pessoas na nossa sociedade de fato têm tão pouco poder como acabo de sugerir? Certamente minha afirmativa vai contra o mito americano da recompensa pela capacidade pessoal. Todas as pessoas capazes que estiverem dispostas a trabalhar duro podem se tornar alguém. Se não conseguirem, a culpa é delas. Além disso, o sucesso é medido em termos materiais. Poder e riqueza são as medidas básicas do sucesso e, portanto, do valor. Sem entrar na discussão de se o mito da escolha individual e recompensa é verdadeiro ou não – sabendo que para muitos casos não é – o fato é que pouquíssimas pessoas pobres acreditam nesse mito, ao menos no seu caso individual.

Muitas vezes penso que a verdadeira linha divisória entre as classes baixa e média-alta da nossa sociedade se desenha muito menos em função de educação e riqueza em si e muito mais pelo sentido de escolha e de poder. A maioria dentre os que crescem em famílias das classes média e alta acredita que somos, sobretudo, senhores de nosso próprio destino. Embora haja obstáculos, e embora a sorte e a providência desempenhem seu papel, acreditamos que de fato temos escolhas, temos algum poder real de determinar o nosso futuro.

Muitas pessoas pobres não acreditam nisso. Na visão delas, o que lhes acontece deve-se mais ao acaso do que a algo que tenham feito. Se o sucesso chega, deve-se mais à sorte do que ao esforço. Se são presos por um delito, isto se deve mais ao azar do que a algo que tenham feito. Tenham ou não o poder de fazer escolhas reais, muitos não acreditam que podem, e isto é o mais significativo. Por isso, para muitas pessoas, o crime pode ser uma maneira de afirmar seu senso de controle, algo que de outra forma lhes pareceria estar faltando em sua vida.

Inúmeras pessoas creem que as coisas lhes acontecem, não acreditando que suas ações influenciem o futuro. Esta crença tem importantes implicações para a questão de coibir a criminalidade. Para ser coibido é preciso acreditar que suas ações se baseiam em escolhas que, por sua vez, afetam o futuro. Mas as entrevistas que Parker Rossman fez com jovens em conflito com a lei em Nova York oferecem um quadro diferente.[8]

Todos os dias esses jovens veem pessoas inocentes sendo presas. Todos os dias veem pessoas culpadas em liberdade. Para eles praticamente não há relação entre delito e punição. Ao contrário, na sua perspectiva a punição é mais ou menos como a chuva que às vezes cai, às vezes não cai: ela molha igualmente os justos e os injustos.

....
8. Parker Rossman, *After Punishment What?* (Cleveland, OH; Collins, 1980).

A maioria dos jovens tem a expectativa de passar pela experiência de ser pego e punido em algum momento da vida. Como tudo no futuro que enxergam, isto é algo que apenas acontece, e que está sob o controle de forças totalmente irresistíveis.

Muitas pessoas na nossa sociedade carecem de um sentido de poder pessoal, e o crime pode ser uma forma de afirmar esse poder. Nesse contexto, nosso remédio para alguém que roubou o poder pessoal de outra pessoa a fim de afirmar o próprio é bizarro: nós roubamos dele toda sua autonomia. O sistema judicial foi inteiramente projetado para fazer exatamente isto: impressionar o ofensor com o poder do Estado e sua própria falta de poder. Eles são tratados como peças de um tabuleiro ao longo do processo. Depois vão para a prisão, onde continuam a ser privados do senso de poder e valor, a não ser que consigam algum dentro da deturpada subcultura prisional. Assim, eles resistem à "correção" pelo mesmo motivo que as vítimas resistem à vitimização, por lhes estar sendo negado um senso de autonomia. Como podemos esperar, portanto, que os prisioneiros saiam dali com um sentido de valor que não resulta do fato de dominar os outros?[9]

Também às vítimas é negado o poder ao longo do processo penal. Suas necessidades são ignoradas e elas ficam de fora do processo, o que aprofunda o senso de vitimização.

Tanto a vítima quanto o ofensor são privados de poder pelo processo penal, com consequências danosas a ambos. Mas a unilateralidade do poder ao longo do processo tem ainda outras implicações. Uma concentração excessiva de poder pode levar os indivíduos à intoxicação, fazendo-os agir como se estivessem acima da lei. A concentração de poder, em combinação com diferenças educacionais e de *status* social, muitas vezes impede que pessoas em papéis-chave tenham empatia com os desprovidos de poder, sejam vítimas

....
9. O artigo de Richard Korn "Crime, Criminal Justice, and Corrections", University of San Francisco Law Review, de outubro de 1971, é especialmente proveitoso no tocante à questão do poder.

ou ofensores. Muitas vezes não estão dispostos a ouvir perspectivas diferentes da sua. A centralização do poder no procurador de Justiça e no juiz talvez agrave o problema.

Em suma, o crime pode ser uma forma que o ofensor encontra para afirmar seu poder e ganhar um sentido de valor pessoal. Mas o crime tira de alguém seu sentido de poder pessoal. Para que a vítima recobre sua inteireza, é preciso que lhe seja devolvida a autonomia. Para que o ofensor conquiste a inteireza, ele deve desenvolver um senso de autonomia que não se baseie em dominar os outros. E, no entanto, o processo penal intensifica o problema, privando tanto a vítima como o ofensor de um sentido legítimo de poder enquanto concentra o poder de maneira perigosa nas mãos de uns poucos.

Passemos agora a explorar as semelhanças entre as experiências da vítima e do ofensor em outros termos.

O juiz Challeen observou em suas audiências que uma das características de muitos ofensores é que, segundo os padrões da sociedade, eles são fracassados ou perdedores.[10] As pessoas que se veem como fracassados têm maior probabilidade de afirmar sua identidade através do crime. Da mesma forma, têm menor probabilidade de serem coibidos pelo medo das consequências que podem advir. Challeen conclui, portanto, que o temor da punição não intimida aqueles que mais precisariam ser coibidos: os fracassados, os que têm muito pouco a perder, os que não se preocupam com os efeitos da prisão e da punição.

No tocante às vítimas, o criminologista norueguês Nils Christie observou que a vitimização não é uma "coisa" em si.[11] Pelo contrário, depende da interpretação que o participante faz da situação. Diante da mesma experiência, algumas pessoas se definiriam como vítimas, outras como perdedoras, e outras ainda como vitoriosas. O exato

....
10. Dennis A. Challeen, *Making it Right*, *op.cit.* , p. 21 e ss.; p. 43 e ss..
11. Nils Christie, "The Ideal Victim", palestra não publicada, proferida no 33º Curso Internacional de Criminologia, em Vancouver.

modo como a "vítima" percebe a situação depende de uma série de fatores. Quando a pessoa entende que foi lesada, sabe identificar o autor e o modo como aquilo aconteceu, provavelmente se perceberá como uma vítima. Por outro lado, alguns estão acostumados a perder, a ser vítimas. Se não forem capazes de identificar o modo como foram lesados e por quem, poderão interpretar a mesma experiência como uma perda a mais, uma prova a mais do seu fracasso.

Tanto Christie como os sociólogos Richard Sennett e Jonathan Cobb argumentam que nossa sociedade tende a incentivar as pessoas marginalizadas a se enxergarem como perdedoras ao invés de vítimas.[12] As crianças da classe trabalhadora tendem a ver suas derrotas não como prova das limitações sociais que lhes são impostas, mas como fracassos pessoais. Assim, em especial os pobres acabam por se autodefinirem como perdedores ou fracassados.

Indivíduos que se identificam como perdedores podem cometer crimes como forma de afirmação e autoempoderamento. No entanto, em virtude de estarem acostumados a acreditar que não têm o poder de determinar seu futuro e que as coisas apenas "acontecem", dificilmente serão coibidos pela ameaça de punição. O resultado disso é que se cria uma outra classe de vítimas: as vítimas de crime.

Algumas destas vítimas se identificarão com o rótulo de vítimas do crime, mas outras não. As pessoas que estão acostumadas ao infortúnio e vivenciam a criminalidade em todos os dias provavelmente se definirão como perdedoras, enxergarão a vida como algo fora de seu controle, e verão o crime como mais um infortúnio. A vitimização apenas confirma sua condição. Nesse grupo podem surgir mais ofensores. E o ciclo se perpetua.[13]

---

12. Jonathan Cobb e Richard Sennett, *The Hidden Injuries of Class* (New York: Cambridge University Press, 1977; reimpressão - New York: W. W. Norton and Company, 1993).

13. Para mais sobre o ciclo vítima/perpetrador, veja Carolyn Yoder, *The Little Book of Trauma Healing* (Intercourse, PA: Good Books, 2005).

4 • ALGUNS TEMAS COMUNS

A mistificação do crime

O caso do rapaz que assaltou e feriu a moça ganhou bastante atenção dentro da comunidade. Como na maioria desses casos, contudo, os acontecimentos e as pessoas envolvidas foram transformados pelo processo penal e pela mídia.

 O rapaz traumatizado que cometeu o delito transformou-se num *criminoso* e foi, portanto, tratado como uma abstração, através de estereótipos. A moça ferida tornou-se uma *vítima*, mas suas necessidades provavelmente receberam pouca ou nenhuma atenção. Os eventos se tornaram um *crime*, e o *crime* foi descrito e tratado em termos simbólicos e jurídicos estranhos às pessoas envolvidas. Todo o processo foi mistificado e mitificado, tornando-se assim uma ferramenta útil a serviço da mídia e do processo político.

 O *crime* é algo importante para a mídia. Estudos mostram que isso se deve em parte ao fato de que os crimes vendem. As pessoas são atraídas pelo sensacionalismo. Mas a cobertura de crimes tem proeminência também porque é "notícia fácil". Diferente de outras notícias, as que versam sobre o crime são fáceis de obter. Basta que o repórter fique em contato com a delegacia e a Promotoria de Justiça. No entanto, essa "notícia" muitas vezes é obtida de modo pouco crítico. As notícias sobre crime em geral são aceitas de fontes oficiais sem questionamento ou verificação independente. Para ter acesso a elas os repórteres precisam manter boas relações com a polícia e a Promotoria de Justiça, e isto acaba por não fomentar a objetividade. Assim, a notícia sobre o crime é vista através dos olhos do processo jurídico e seus profissionais. Uma notícia assim não é apenas unilateral, tende a fazer com que o crime seja abstraído de seu contexto e mistificado.

 O crime é também importante ferramenta para os políticos, pois poderá servir de arma. Uma opinião sobre a criminalidade é uma forma crucial de se "colocar" no contexto da sociedade. Trata-se de um realista durão ou um idealista sonhador? Dar declaração sobre o crime é uma forma de se posicionar de um lado ou do outro, como se viu nas eleições presidenciais estadunidenses.

Mas como vimos antes, os problemas e acontecimentos por trás do que chamamos crime ficam ocultos. O processo é mistificado, mitificado, até se tornar algo maior e muito distante da vida. Ao longo de todo esse processo, todos nós nos tornamos mais temerosos.

E tudo isso tem impacto sobre o nosso senso comunitário. Temos várias escolhas diante do *crime*. Podemos nos reunir de modo defensivo contra o "inimigo". Nesse caso o sentido de comunidade se intensifica, mas esta será uma comunidade defensiva, excludente, ameaçada. Ou podemos fugir para dentro de casas fortificadas, desconfiando dos outros. Neste caso, o senso de comunidade, já fraco, é ainda mais solapado.

A questão de como reagir diante do ato lesivo tem, portanto, importantes implicações para o nosso futuro.

Parte II

O paradigma de justiça

Capítulo 5

Justiça retributiva

Ao longo de todo o processo criminal as lesões e necessidades da vítima e do ofensor são negligenciadas. Ou pior, as lesões podem ser agravadas. Dentro do processo, o fenômeno do crime se torna maior do que a vida. O crime é mistificado e mitificado, criando-se um símbolo que é facilmente manipulado por políticos e pela imprensa.

Muitos têm feito tentativas de reformular esse processo nos últimos séculos. A conclusão de alguns de que "nada resolve", ou de que nenhum bem pode advir desses esforços de reformulação, é imprecisa. No entanto, muitas, senão a maioria dessas tentativas, têm se desencaminhado. Essas tentativas tiveram todo tipo de consequências indesejadas. Tais esforços de reforma têm sido usados para servir a propósitos muito diferentes daqueles originalmente visados. Mesmo as prisões foram, em sua origem, criadas como alternativas mais humanas aos castigos corporais e à pena de morte. O encarceramento deveria atender às necessidades sociais de punição e proteção e ao mesmo tempo promover a reeducação dos ofensores. Uns poucos anos depois de sua implementação, as prisões tornaram-se sede de horrores e nasceu o movimento para a reformulação do sistema prisional.

O reconhecimento da inadequação e mau uso das prisões logo levou à busca de "alternativas" ao encarceramento.[1] Muitas variantes

---
1. Existe considerável literatura sobre a história e efeitos das "alternativas". Veja, por exemplo, David T. Rothman, *Conscience and Convenience: The Asylum and Its Alternatives in Progressive America* (Boston: Little, Brown, and Co., 1980) e M. Kay Harris, "Strategies, Values, and the Emerging Generation of Alternative to Incarceration", *New York University Review of Law and Social Change*, XII, n° 1, 1983-1984, p. 141-170.

têm sido introduzidas, mas seu histórico não é encorajador. Muitas vezes têm servido como opção a "penas alternativas" mas não substituem o aprisionamento. Com demasiada frequência têm servido de alternativa à adoção de uma medida formal. As populações carcerárias continuam a crescer ao mesmo tempo em que as "alternativas" também crescem, aumentando o número de pessoas sob o controle e supervisão do Estado. A rede de controle e intervenção se ampliou, aprofundou e estendeu, mas sem efeito perceptível sobre o crime e sem atender às necessidades essenciais de vítima e ofensor.

Por que isto ocorre? Por que as necessidades daqueles mais envolvidos com o crime – sejam transgredidos ou transgressores – são tão irrelevantes ao processo de "justiça"? Por que as mudanças que visam reformas não conseguem alterar esse padrão? As respostas a estas perguntas repousam em nossa compreensão partilhada do que sejam o crime e a justiça. Uma mudança verdadeira só será possível se nos debruçarmos sobre essas definições e pressupostos fundamentais.

Existem de fato pressupostos comuns sobre o que sejam o crime e a justiça? Na superfície encontramos bastante diversidade, mesmo entre os profissionais do direito criminal. Dentre os juízes, por exemplo, encontramos grande variedade de percepções sobre que resultados são apropriados e por quê. Esta é uma das principais razões para a grave falta de uniformidade dentre as sentenças. Essa diversidade filosófica e de opiniões vêm sendo apontada por estudos em que os juízes recebem relatos de casos idênticos e são solicitados a indicar quais seriam suas sentenças. A gama de resultados é espantosa. Cada juiz, cada promotor, cada oficial de condicional opera segundo sua própria compreensão do que é adequado, algo que varia muito.

Portanto, o entendimento do que deve ser feito a respeito do crime é bastante diversificado. Nos Estados Unidos as pessoas em geral usam as palavras *liberal* e *conservador* para dar conta dessa diversidade. Espera-se que os conservadores exijam punição rápida, inescapável e dura, reprovem leis que protejam os direitos dos ofensores e enfatizem a decisão de cometer o crime enquanto minimizam as

5 • JUSTIÇA RETRIBUTIVA

circunstâncias. Espera-se que os liberais estejam mais preocupados com os direitos dos ofensores e as circunstâncias que levaram ao crime. Por fim, acreditamos que liberais e conservadores adotam abordagens bem diferentes quanto ao crime e à justiça.[2]

No entanto, esses dois "opostos" na verdade não diferem tanto assim um do outro. Depois de uma análise mais detida, descobrimos que a maioria de nós partilha dos mesmos pressupostos e ideias que transcendem os rótulos de liberal e conservador. Alguns desses pressupostos estão corporificados na lei penal, alguns não estão. Mas é importante compreender quais são.

Quando identificamos algo como um crime, vários pressupostos básicos contribuem para formar nossa reação. Nós presumimos que:

1. A culpa deve ser estabelecida.
2. O culpado deve receber seu merecido castigo.
3. O merecido castigo exige a imposição de dor.
4. A justiça é medida pelo processo.
5. A violação da lei define o crime.

Examinemos esses pressupostos de maneira mais detida.

Estabelecimento da culpa

A questão da culpa é o fulcro de todo o processo penal. O estabelecimento da culpa é a atividade central e tudo gira em torno ou flui a partir desse evento.

....
2. As abordagens liberal e conservadora são exploradas com grande proveito no livro de Elliott Currie, *Confronting Crime: An American Dilemma* (New York: Pantheon Books, 1985). Veja Nils Christie, "Crime, Pain, and Death", em *New perspectives on Crime and Justice*, Issue nº 1 (Akron, PA: Mennonite Central Committee, 1984).

Dada sua importância, e visto que as consequências não são poucas, regras bastante elaboradas governam o estabelecimento da culpa. Uma vez estabelecida a culpa, diminui a preocupação com salvaguardas processuais e direitos.

A centralidade da culpa significa que o resultado final recebe menos atenção. A educação jurídica concentra-se nas regras e processos relativos à culpa, e os estudantes de direito recebem pouca instrução no tocante à negociação e desenho da sentença. Portanto, poucos juízes e ainda menos advogados estudaram a fundo sobre o resultado apropriado para os processos penais.

Nossa preocupação com a determinação da culpa significa que tendemos a focalizar o passado. O que aconteceu? Quem fez? Estas perguntas têm precedência sobre a questão do que fazer para resolver os problemas que o ofensor criou (e os problemas que levaram à ofensa). Os profissionais da lei dedicam pouco tempo às coisas que podem ser feitas para prevenir a reincidência e os problemas futuros.

O conceito de culpa que guia o processo judicial é limitado, altamente técnico e tem natureza primariamente "objetiva" ou descritiva. O acusado cometeu os atos descritos em lei? Ele ou ela tinha intenção de cometer tal ato? Os atos são contrários à lei? A culpa legal questiona apenas se a pessoa acusada de fato cometeu aquele ato e, em caso positivo, se esta pessoa é imputável diante da lei.

Dentro do sistema jurídico, a transgressão e as questões de culpa são colocadas de uma forma muito diferente daquela como são vivenciadas pela vítima e pelo ofensor no mundo real. A denúncia poderá guardar pouca semelhança com a ofensa de fato cometida, e a linguagem de culpa e inocência poderá ter pouca relação com o que de fato aconteceu. Como inúmeros defensores do sistema recém reconheceram, "A culpa legal e não a culpa factual [...] é o fundamento do processo penal".[3]

---
3. Donald R. Ranish e David Shichor, "The Victim's Role in the Penal Process: Recent Developments in California", *Federal Probation*, XLIX, n° 1 (março de 1985), p. 55.

5 • JUSTIÇA RETRIBUTIVA

O acusado logo percebe isto. Ele poderá ser acusado de algo que soa muito diferente do que ele fez. No sistema jurídico norte-americano, as acusações podem resultar de negociações entre seu advogado e o promotor. Mesmo se ele cometeu um delito, poderá não ser juridicamente culpado e será aconselhado a declarar-se "inocente". Assim, ele talvez comece a acreditar que de fato não é culpado. E mesmo que ele seja juridicamente culpado, seu advogado talvez o aconselhe a declarar-se "inocente". Na linguagem jurídica "inocente" significa "quero um julgamento" ou " preciso de mais tempo". Tudo isto tende a nublar a realidade ética e vivencial da culpa e da inocência.

Legalmente, culpa e inocência são mutuamente excludentes. A gravidade do delito pode variar, mas no final não há graus de culpa. Ou se é culpado ou não. Alguém vai ganhar e alguém vai perder. Nils Christie identifica bem as implicações disso: "Pensamos que as cortes ensinam e sustentam as normas sociais, mas na verdade a mensagem oculta que passam é que as pessoas podem ser avaliadas em termos de dicotomias simplistas".[4]

Embora o conceito de culpa do jurista seja técnico e descritivo, um ofensor poderá ter contato com profissionais cuja perspectiva é mais "prescritiva", nas palavras do teólogo Tom Yoder Neufeld. Tal conceito de culpa ou responsabilidade preocupa-se mais com a explicação de por que a ofensa aconteceu, focalizando sua causalidade e previsibilidade, normalmente em termos sociais e psicológicos.[5]

O psicólogo, por exemplo, abordará o conceito de culpa em termos que não são jurídicos nem morais. De fato, é provável que o psicólogo evite esse termo e busque determinar que fatores psicológicos levaram ao delito, talvez vendo o comportamento como evi-

---
4. Nils Christie, *Limits to Pain* (Oslo, Noruega: Universitetsforlaget, 1981), p. 45.

5. Esta discussão da culpa se baseia em grande parte na obra de Tom Yoder Neufeld, *Guilt and Humanness: The Significance of Guilt for the Humanization of the Judicial-Correctional System* (Kingston, ON: Queen's Theological College, 1982). Veja McHugh, *Christian Faith and Criminal Justice, op. cit.*, cap. 7 e Patrick Kerans, *Punishment vs. Reconciliation: Retributive Justice and Social Justice in the Light of Social Ethics* (Kingston, ON: Queen's Theological College, 1982).

dência de doença ou grave disfunção. O sociólogo poderá focalizar as causas e padrões em termos de forças sociais dentro da família, da comunidade ou da sociedade em geral. Enquanto o jurista tratará o ofensor como indivíduo autônomo que faz escolhas mais ou menos conscientes, cientistas sociais e comportamentais o verão como ao menos parcialmente sob a influência de forças mais abrangentes. Tal perspectiva levanta questões sobre a medida da responsabilidade pessoal do ofensor, e talvez sobre o grau em que ele é vítima ao invés de ofensor.

Enquanto especialistas como juristas e cientistas sociais analisarão a questão da culpa à sua moda, uma terceira perspectiva tingirá os pensamentos da maioria das pessoas – incluindo muitos profissionais da justiça criminal. Trata-se de um conceito mais moralista ou "imputativo". Na visão popular, a culpa não é meramente uma descrição de comportamento, mas uma afirmação de qualidade moral. A culpa diz algo sobre a qualidade da pessoa que praticou o ato, e tem uma característica indelével e bastante "adesiva". A culpa adere à pessoa de modo mais ou menos permanente, e há poucos solventes conhecidos. Em geral ela se torna uma característica primária que define a pessoa. A pessoa culpada de um roubo se torna um ladrão, um criminoso. Uma pessoa que foi aprisionada se torna um ex-presidiário, um ex-criminoso, e isso passa a fazer parte de sua identidade, sendo difícil de eliminar.

O jovem ofensor do caso que narrei será para sempre afetado e definido pelo delito que cometeu, não importando as boas qualidades que tenha ou venha a desenvolver. O fato de ter cometido um delito definirá suas possibilidades de emprego, seu potencial profissional e o resto de sua vida. Sua culpa (e não seus outros atributos) determinará seu futuro. Nada dentro do processo criminal permitirá a superação desse fato – nem mesmo o pagamento da "dívida para com a sociedade" através do cumprimento da pena.

O conceito jurídico de culpa é, portanto, altamente técnico e distante da experiência da vida real. No entanto, muitos conceitos

5 • JUSTIÇA RETRIBUTIVA

de culpa operam num mesmo caso, o que pode confundir bastante o ofensor. Seu advogado conversará com ele sobre culpa em termos jurídicos, o processo o incentivará a negar sua culpa, salvo se ele for tecnicamente culpado ou não tiver outra escolha. Ao mesmo tempo, ele pode ser atendido por um psicólogo ou terapeuta que o ajudará a compreender seu comportamento em termos psicológicos, talvez silenciando seu sentido de responsabilidade pessoal. Ele poderá ainda encontrar pela frente um capelão que falará de culpa em termos morais e ainda de perdão, graça e a bondade de Deus. Este capelão talvez sugira que sua culpa é real, não apenas técnica, mas que é possível encontrar uma solução. E haverá ainda outras pessoas, como os carcereiros, que passarão o conceito popular de culpa, segundo o qual a culpa é real e não passa – o ofensor é, de fato, uma pessoa "má".

Qual o significado verdadeiro da culpa? Como pode um ofensor compreender a sua ação? Ele é de fato ofensor, ou é vítima? Existe culpa? Culpa de quê? É possível superar isto e recomeçar? Como aponta Neufeld, os ofensores são constantemente confrontados pela terminologia da culpa, mas nega-se a eles a linguagem e a clareza de significado que permitiriam atingir a compreensão plena do que ocorreu. Além disso, faltam mecanismos de resolução.

Os conceitos jurídicos e populares de culpa que governam nossas reações ao crime são confusos e por vezes até contraditórios, mas eles têm uma coisa em comum: são altamente individualistas. O sistema jurídico e valores ocidentais são em geral ditados pela crença no indivíduo como agente livre. Se alguém comete um crime, esta pessoa o fez porque quis. Portanto, a punição é merecida, visto que a escolha foi livre. Os indivíduos respondem pessoal e individualmente por seus atos. A culpa é individual.

O pressuposto básico da liberdade humana e da responsabilidade pessoal é importante. Obviamente, o determinismo é inaceitável. Mesmo assim, existem problemas quanto às formas assumidas por nossos pressupostos sobre a liberdade e a responsabilidade na cultura ocidental.

Há abundante evidência no sentido de que os ofensores muitas vezes não agem livremente ou, pelo menos, não se percebem como capazes de agir livremente. Como sugeri no capítulo anterior, muitas pessoas na nossa sociedade não se veem como agentes livres, na direção de suas próprias vidas. Pelo contrário, veem-se como sendo moldados por forças praticamente irresistíveis – seja por fatores socioeconômicos ou pela providência. Nesse contexto as ideias sobre liberdade humana e consequente responsabilidade assumem necessariamente um colorido diferente.

A compreensão atomística da culpa e responsabilidade também deixa de fora o contexto comportamental. Embora cada um de nós seja responsável pelas escolhas que faz, o contexto social e psicológico no qual nos encontramos certamente influencia nossas escolhas, sejam as atuais ou as potenciais. O contexto social, econômico, político e psicológico do comportamento é de fato importante, mas nosso conceito individualista de culpa ignora o contexto.

A motivação para agir de forma errada é bem mais complexa do que reconhece nossa abordagem individualista. O apóstolo Paulo certamente reconheceu a complexidade da responsabilidade pelo ato lesivo. Embora entendesse que os seres humanos fazem escolhas e são responsáveis por seu comportamento, ele reconheceu que a imagem simplista de uma pessoa enquanto agente totalmente livre não faz justiça à presença generalizada do poder do mal. Na Carta aos Romanos, capítulo 7, Paulo se angustia diante do poder do mal em sua vida, falando sobre sua própria tendência de fazer o que não devia. Ali ele sugere que há uma diferença entre a liberdade real e potencial, vendo a liberdade como uma dádiva e não algo intrínseco ao indivíduo. A ação incorreta pode ser um padrão moldado por forças diversas, algumas das quais resultam de escolhas e outras não. Tais padrões de comportamento podem ser difíceis de mudar.

Em função de nosso conceito individualista de culpa e liberdade, presumimos que o indivíduo é livre para fazer escolhas e capaz de prever as consequências dessas mesmas escolhas. Presumimos

5 • JUSTIÇA RETRIBUTIVA

que a pessoa modificou seu comportamento levando isso em consideração. Esses pressupostos passam ao largo da questão de se os indivíduos acreditam ser possuidores de tal liberdade. Partimos do pressuposto de que têm a capacidade de prever consequências remotas. Presumimos que sejam capazes de fazer a ligação entre comportamento e consequências. Além disso, ignoramos a natureza da ação incorreta enquanto padrão complexo de comportamento. Por fim, ignoramos o contexto social, econômico e psicológico no qual a ação se deu. Por isso, a justiça para os ofensores é conduzida sem referência à justiça social e sem questionar o *status quo*. A punição será merecida, não importando se o contexto é de justiça social.

Talvez esta visão de culpa e responsabilidade seja inevitável numa cultura individualista e competitiva que define o valor em termos de sucesso material e social, e que define o sucesso e o fracasso em termos puramente individuais. As pessoas são julgadas em função de seu acesso à riqueza e ao poder. Aqueles que não conseguem ter sucesso são individualmente responsáveis por isso. Eles não apenas perderam, mas são perdedores. O mesmo vale para a culpa. A culpa é definida como um defeito individual. O contexto do comportamento individual é ignorado. Os ofensores tiveram várias oportunidades e, tendo escolhido as erradas, são rotulados como culpados.[6]

Resumindo, portanto, a fixação da culpa é central à nossa noção de justiça. A administração da justiça é uma espécie de teatro no qual os temas culpa e inocência predominam. O julgamento ou a confissão de culpa formam o clímax dramático, tendo a sentença como desenlace. Assim, a justiça se preocupa com o passado em detrimento do futuro.

O conceito legal de culpa que orienta o processo judicial é altamente técnico, abstraído da experiência, e isto faz com que seja mais

---

6. Uma importante discussão destas questões pode ser encontrada em Philip Zimbardo, *The Lucifer Effect: Understanding How Good People Turn Evil* (New York, Random House, 2008).

fácil para o ofensor negar a responsabilidade pelo seu próprio comportamento. Também frustra as vítimas, que têm dificuldades para casar a descrição jurídica dos fatos com sua própria experiência. Mas tanto vítima quanto ofensor são obrigados a falar a linguagem do "sistema", definindo sua realidade em termos que não lhes são próprios.

Devido a essa definição estrita de culpa, centrada no comportamento individual, acabamos por ignorar as raízes e o contexto socioeconômico do crime. Assim, intentamos criar a justiça deixando de fora muitas variáveis relevantes. Uma vez que a culpa é vista em termos excludentes, promovemos uma visão simplista do mundo que tende a isolar o bem do mal, eles de nós. A justiça se torna um teatro de culpa, uma peça sobre moralidade que nos permite adotar uma visão simplista do mundo.

Mas o conceito jurídico de culpa funciona junto com vários outros conceitos. Esse fato em si causa bastante confusão e pode ajudar o ofensor a negar responsabilidade pelo ato. Alguns desses pressupostos – como a qualidade indelével da culpa – têm consequências graves e de longa duração para o ofensor.

Aquele que cometeu o delito deve ser responsabilizado pelos seus atos. Uma das dimensões da responsabilidade é compreender e assumir a autoria da ação incorreta. No entanto, nossas noções de culpa não estimulam esse tipo de responsabilidade e, na pior das hipóteses, dificultam. A falta de procedimentos para solucionar a culpa fomenta o uso de "estratégias desculpadoras", como a racionalização e os estereótipos, como forma de evitar o pesado fardo da culpa. Uma outra hipótese é que o ofensor poderá ser motivado a adotar a profecia contida no rótulo atribuído a ele.

Enquanto o processo se concentra nas questões da culpa e da responsabilidade do réu, tende também a dispersar a responsabilidade pelos resultados e negar questões de responsabilidade coletiva pelos delitos. Os principais tomadores de decisão (advogados, promotores, juízes, oficiais de condicional) são estimulados a se enxergarem como executores da lei que estão cumprindo um dever. Eles são levados a atribuírem a responsabilidade pelo desfecho do caso como sendo do "sistema". Isto significa que aqueles que "fazem" justiça podem negar sua responsabilidade pessoal pelos resultados. Igualmente, não são estimulados a reconhecer aquilo que têm em comum com os ofensores enquanto seres humanos.

No seu trabalho sobre justiça criminal a canadense Renate Mohr colocou muito bem essa questão:

> Como é que punimos? Isto é feito de tal forma que nenhum indivíduo pode ser responsabilizado pela privação de liberdade de outrem. O sistema de justiça criminal [...] foi projetado como uma série de compartimentos isolados e contidos em si mesmos. O que faz a denúncia, o que contesta a denúncia, o que pronuncia a sentença, o que executa a sentença são todos pessoas distintas que têm pouco ou nenhum contato entre si ou com o réu. Há uma palavra especial para selar o compartimento do juiz. Tendo cumprido sua função de impor a punição, eles se declaram *functus*. Isto significa que doravante eles não precisam, aliás, não devem [...] se preocupar com as dores da pena que impuseram a outro ser humano. E assim o processo garante que a violência seja imposta aos outros diariamente sem que nenhum indivíduo tenha que assumir responsabilidade por isso.[7]

O "merecido castigo" e a imposição de dor

Uma vez estabelecida a culpa, um segundo pressuposto entra em cena. Presumimos que os ofensores devem receber o "justo castigo". A justiça deve "igualar o placar" e os ofensores devem aceitar e pagar "olho por olho". O crime cria uma dívida moral que deve ser paga, e a justiça é um processo que devolve o equilíbrio à balança. É como se houvesse uma balança metafísica no universo que foi desequilibrada e precisa ser corrigida.

....
7. Renate M. Mohr, "A Feminist's Analysis of the Objectives and Alternatives Re:Punishment", em trabalho não publicado apresentado na Conference on Feminist Perspectives on Criminal Law Reform, Ottawa, Canadá, 1987.

Esse conceito de justiça tende a focalizar abstrações ao invés de se concentrar no mal que foi feito. Parte do pressuposto de que, em cada caso, o necessário para acertar as contas é algo conhecido e atingível. Presume, ainda, que o necessário para ajustar essa balança é uma punição. As autoridades do ramo judiciário veem seu trabalho como o de administrar níveis adequados de punição. Os ofensores são levados a acreditar que, ao aceitar a punição, estarão pagando sua dívida com a sociedade.

Entretanto, a um exame mais detido vê-se que os ofensores têm dificuldades em acreditar que dessa maneira estarão de fato "pagando sua dívida". O "pagamento" é demasiado abstrato e não há um reconhecimento público no final, quando a dívida já foi paga. Esse pagamento não traz grande benefício para a comunidade. Aliás, custa muito dinheiro a essa mesma comunidade. Passar ao ofensor a mensagem de que "você fez mal a alguém então nós faremos mal a você também" simplesmente aumenta a quantidade de mal neste mundo.

Culpa e punição são os fulcros gêmeos do sistema judicial. As pessoas devem sofrer por causa do sofrimento que provocaram. Somente pela dor terão sido acertadas as contas.

Devemos ser honestos no uso da linguagem. Quando falamos de punição estamos falando de infligir dor a alguém, de propósito. Nils Christie nos ajuda a ver que a lei penal é de fato a "lei da dor", pois se trata de um elaborado mecanismo para administrar doses "justas" de dor.[8]

Em geral procuramos esconder essa realidade. A nossa cultura busca evitar a realidade da dor. Tentamos banir a morte de nossas consciências e a entregamos a profissionais. Também damos a ela outros nomes, dizendo que as pessoas "falecem" em vez de morrer.[9]

O desconforto gerado pela imposição de dor ao outro é complicado pelo tabu contra a vingança enquanto motivação. Por sua vez,

---
8. Christie, *Limits to Pain, op. cit.*
9. Christie, "Crime, Pain and Death", *op. cit..*

5 • JUSTIÇA RETRIBUTIVA

isto aumenta a necessidade de justificar e negar a natureza daquilo que estamos fazendo.

Não gostamos de dor e vingança e certamente não queremos ser vistos como a pessoa que inflige a dor e, portanto, escondemos e encobrimos o fato. No entanto, é isto que fazemos ao fazer "justiça". Infligimos dor como resposta ao crime.

Mas a punição é papel de profissionais e acontece longe da nossa vista. Camuflamos essa realidade com uma série de explicações e termos. Falamos de "centros correcionais" ao invés de prisões, e de "agentes correcionais" ao invés de guardas.

Inventamos uma série de motivos para infligir dor. Em algumas épocas foi imposta como tratamento, para levar à reabilitação. Muitas vezes a utilizamos a fim de prevenir crimes, intimidar o ofensor (intimidação individual) e coibir outros ofensores em potencial (intimidação geral) pelo medo de consequências similares. Administramos a dor em nome da prevenção, muito embora seu poder de intimidação e sua eficácia sejam bastante discutíveis. E o fazemos apesar de ser eticamente questionável infligir dor a uma pessoa a fim de *possivelmente* coibir outras. Infligimos a dor mesmo que ela possa ter pouca relevância para as necessidades da vítima ou para a solução dos problemas criados pela ofensa. Administramos a dor, como observa John Lampen da Irlanda do Norte, porque fomos educados para acreditar que a humilhação e o sofrimento são da natureza da justiça, e que o mal deve ser contido pela violência ao invés do amor e da compreensão.[10]

Ironicamente, esse foco em infligir dor pode interferir com o primeiro foco, o do estabelecimento da culpa. Por causa da ameaça de punição os ofensores relutam em admitir a verdade. Por serem tão graves as consequências punitivas, são necessárias elaboradas salvaguardas de direitos do ofensor, que podem tornar o caminho até a verdade bem mais difícil. Também juízes e jurados poderão achar mais difícil condenar um ofensor se a possível punição for muito severa.

....
10. John Lampen, *Mending Hurts* (London: Quaker Home Service, 1987), p. 61, 67 e ss.

Os pressupostos do justo castigo e da imposição da dor significam que os ofensores estão presos num mundo em que reina a regra do "olho por olho". Isto, por sua vez, tende a confirmar a perspectiva e experiência de vida de muitos ofensores. Os males devem ser pagos por males, e aqueles que cometeram ofensas merecem vingança. Muitos crimes são cometidos por pessoas que têm a intenção de "punir" sua família, vizinhos ou conhecidos.

Estudos feitos sobre a pena de morte não conseguiram encontrar provas de que a pena máxima coíba o crime. Algumas evidências mostram que o exemplo da pena de morte na verdade leva algumas pessoas a cometer assassinato.[11] Aparentemente, a mensagem que potenciais ofensores recebem não é a de que matar é errado, mas sim que aqueles que cometem erros merecem morrer. A mensagem de que os ofensores devem pagar, e que o pagamento é a punição, pode ensinar uma lição bem diferente daquela que pretendemos.

Há muito se reconhece que a ameaça de infligir dor àqueles que desobedecem está na base do sistema jurídico moderno. A essência do Estado é muitas vezes descrita por cientistas sociais como o "legítimo" monopólio da violência. Como observou o filósofo político J. W. Mohr, as instituições e métodos do direito são, assim, partes integrantes do ciclo da violência ao invés de uma solução para ela.[12]

A justiça é medida pelo processo

O objetivo básico de nosso processo penal é a determinação da culpa e, uma vez estabelecida, a administração da dor. Contudo, seguindo a direção apontada pelo antigo direito romano, a justiça é definida

---

11. Por exemplo, William J. Bowers e Glenn L. Pierce, "Deterrence or Brutalization: What is the Effect of Executions?", em *Crime and Delinquency*, 26, n° 4 (outubro de 1980), p. 453-484.

12. J. W. Mohr, "Causes of Violence: A Socio-Legal Perspective", trabalho não publicado apresentado na conferência da John Howard Society "Violence in Contemporary Canadian Society" em Ottawa, Canadá, junho de 1986.

pelo processo mais do que pelo seu resultado.[13] O procedimento tem precedência sobre o mérito. Foram obedecidos os procedimentos e regras corretas? Então foi feita justiça. O procedimento recursal nos Estados Unidos é exemplo disso. Apenas em circunstâncias especiais é que se pode recorrer das sentenças no tocante ao mérito ou fundamentos de fato. Na sua maioria as apelações se concentram na observância ou não do procedimento correto. O tribunal superior não examina as evidências do caso em si.

Várias características desse processo são dignas de nota:

Ele é adversarial, ou seja, parte do pressuposto – e fomenta – o conflito de interesses entre as partes. O processo supõe que através do conflito regulado entre interesses opostos a verdade emergirá, tendo sido salvaguardados os direitos das partes. Pressupõe interesses irreconciliáveis e depois não mede esforços para garantir que sejam de fato irreconciliáveis. A justiça adversarial tende a tornar-se uma profecia que cumpre a si mesma.

Jerold Auerbach, em sua história da solução de disputas nos Estados Unidos, apontou de modo eloquente que o processo segue também um modelo de individualismo e competição extremos. Ele não apenas nasce de uma sociedade fragmentada e competitiva, mas também a fomenta.[14]

Esse modelo tem qualidades, mas no fundo é um modelo de guerra, trata-se de um duelo bem regulamentado. Não é por acaso, portanto, que os políticos e os aplicadores e sancionadores da lei falem com tanta frequência sobre a "guerra ao crime".

Liberais e conservadores nos Estados Unidos divergem quanto ao foco, mas ambos entendem a justiça como um conflito que

....
13. Em 1993 a Suprema Corte dos Estados Unidos chegou a decidir que a observância do procedimento correto pode justificar a execução mesmo que um condenado à morte apresente novas provas de sua inocência. Proveitosa com relação a esta e outras questões é a obra de Herman Bianchi. Veja, p.ex., sua obra *Justice as Sanctuary* (Eugene, OR: Wipf and Stock, 2010).

14. Jerold S. Auerbach, *Justice Without Law?* (New York: Oxford University Press, 1983), p. 138 e ss.

obedece a regras. Os conservadores, ao defenderem o que foi chamado de orientação para o "controle do crime", tendem a dar mais prioridade ao combate ao crime (note os termos usados) do que aos direitos do réu. Os liberais, por outro lado, vêm enfatizando a centralidade dos direitos individuais – um modelo regido pelo "devido procedimento". Mas ambos presumem que a justiça se trata de uma batalha regulamentada entre partes hostis.

Diante dessa ênfase nas regras e procedimentos, a isonomia ganha prioridade como teste de justiça. A intenção é de que os réus recebam tratamento igual. É preciso notar duas características dessa ênfase na isonomia. Em primeiro lugar, ela recai mais sobre a intenção do que sobre o resultado. Na prática, mesmo uma igualdade aproximada de resultados é difícil de obter, como se vê nas disparidades radicais evidentes no universo das populações prisionais e que esperam o cumprimento da sentença de morte. Mas é difícil questionar esses resultados, já que não há como provar que houve intenção de tratar os réus de forma desigual.

A justiça é retratada como uma deusa vendada que segura uma balança. Portanto, seu foco está na isonomia do processo, não nas circunstâncias de fato. O processo penal pretende ignorar diferenças sociais, econômicas e políticas, procurando tratar todos os ofensores como se fossem iguais perante a lei. Como o processo busca tratar os desiguais igualmente, as desigualdades sociais e políticas existentes são ignoradas e mantidas. De forma paradoxal, a justiça acaba mantendo desigualdades em nome da igualdade.

O processo penal, enredado nas muitas voltas de suas complexas regras, depende de procuradores profissionais que representem o réu e o Estado. Isto, por sua vez, afasta o processo de justiça dos indivíduos e da comunidade que foram afetados pelo delito. Vítima e ofensor tornam-se espectadores que não participam de seu próprio processo. Daí nasce uma imensa máquina burocrática com interesses cativos próprios. Assim se reforça a tendência da nossa sociedade de procurar profissionais para resolver seus problemas.

Portanto, tendemos a definir a justiça como um procedimento que rege uma batalha ou jogo.[15] Enfatizamos a intenção de tratar as pessoas com igualdade no processo, ignorando a desigualdade de circunstâncias e não nos preocupando com a igualdade dos resultados. Dependemos totalmente de procuradores ao longo de todo esse complexo procedimento.

O crime como violação da lei

Na nossa sociedade a justiça é definida como aplicação da lei. O crime é definido pela violação ou infração de uma lei.

Ao invés de focalizarmos o dano efetivamente causado ou a experiência vivida por vítima e ofensor, nos concentramos no ato da violação da lei. O que define a ofensa e dá início ao processo criminal é este cometer um ato definido em lei como crime – e não o dano ou o conflito.

A ênfase no ato de violar a norma de direito penal é o que permite que tanto ofensa como culpa sejam definidas em termos estritamente legais. Como mencionado antes, as questões éticas e sociais tornam-se secundárias e, em alguns casos, até irrelevantes. O contexto do ato é desconsiderado exceto na medida de suas implicações legais. Como Christie acertadamente apontou:

> A educação jurídica é um treinamento em simplificações. É uma incapacidade aprendida que faz com que o profissional, em vez de olhar todos os valores de uma situação, selecione apenas os que têm relevância jurídica, ou seja, aqueles definidos pelos altos escalões do sistema como sendo relevantes.[16]

....
15. Veja John Griffiths, "Ideology in Criminal Procedure or a Third Model of the Criminal Process", *The Yale Law Journal*, 79, n° 3 (janeiro de 1970), p. 359-415.
16. Christie, *Limits to Pain, op. cit.*, p. 57.

Fatores sociais, éticos e pessoais são relevantes apenas na medida em que são definidos juridicamente como tal. Questões de justiça social raramente são levadas em conta. O "ato criminoso" é de importância decisiva, e ganha uma definição técnica e estrita.

Quem é a vítima?

Procurei delinear cinco pressupostos comuns sobre o crime e a justiça. Nós costumamos presumir que:

1. o crime é basicamente uma *violação da lei*;
2. quando uma infração é cometida, a justiça começa pelo estabelecimento da *culpa*;
3. para que o *justo castigo* possa ser administrado;
4. pela imposição de *dor*;
5. através de um *conflito* cujas *regras* e intenções estão acima de seus resultados.

Tais pressupostos e suas implicações nos ajudam a explicar algumas das falhas, mas há ainda um outro elemento essencial: nossa identificação da vítima.

No direito penal o crime é definido como uma ofensa contra o Estado. O Estado, e não o indivíduo, é definido como vítima. É o Estado e apenas o Estado quem pode reagir.

Já que o Estado é a vítima, a lei penal coloca os ofensores contra o Estado. Na prática, isto significa que um procurador profissional representando o ofensor (o advogado de defesa) é antagonista de um outro profissional que representa o Estado (promotor de justiça), e há ainda um outro profissional (o juiz) que atua como árbitro.

Pelo fato de o poder do Estado ser tão extenso e as implicações para as liberdades civis serem tão profundas, é fundamental que existam complexas salvaguardas procedimentais. E por ser o Estado tão

5 • JUSTIÇA RETRIBUTIVA

impessoal e abstrato, é praticamente impossível obter o perdão e a clemência.

Já que o Estado é definido como vítima, não é de se admirar que as vítimas sejam sistematicamente deixadas de fora do processo e suas necessidades e desejos sejam tão pouco acatados. Por que reconhecer suas necessidades? Elas não são sequer partes da equação criminosa. As vítimas são meras notas de rodapé no processo penal, juridicamente necessárias apenas quando seu testemunho é imperativo.

Os programas de ressarcimento e assistência às vítimas tornaram-se populares nos últimos anos, como de fato deveriam ser. No entanto, não se pode esperar que tenham um grande e duradouro impacto até que reexaminemos nossa definição de crime. Enquanto as vítimas não forem elementos intrínsecos da definição de crime, é natural esperar que continuem sendo apenas peças de um tabuleiro ao invés de participantes ativos.

O processo criminal não promove reconciliação entre vítima e ofensor porque o relacionamento entre eles não é visto como um problema importante. De fato, como poderiam seus sentimentos mútuos ser levados em conta se nenhum dos dois é parte da equação?

Um sexto pressuposto seria, portanto, o mais importante: o de que o *Estado é a verdadeira vítima*. As implicações desse pressuposto são bastante profundas.

O crime é uma ofensa contra o Estado e a justiça consiste em estabelecer a culpa e impor a dor dentro de uma batalha regulamentada. O processo é tido como responsabilidade e, aliás, monopólio do Estado.

Enquanto não questionarmos esses pressupostos, as mudanças que viermos a introduzir poderão ter pouco impacto. Nosso modelo de justiça é essencialmente retributivo [17], e esse modelo está na raiz de muitos de nossos problemas.

....
17. Discutiremos as cautelas a serem adotadas em relação ao termo retributivo no capítulo 10.

Capítulo 6
Justiça como paradigma

Ao longo do século passado nos tornamos um pouco mais modestos em relação às nossas certezas. Estamos menos convictos de que aquilo que pensamos corresponde precisamente à realidade objetiva ao nosso redor.

Perspectivas históricas e transculturais nos ajudaram a perceber o quanto nossa visão do mundo é moldada pelas lentes específicas através das quais o vemos. A psicologia moderna revelou as motivações ocultas daquilo que fazemos e pensamos, e demonstrou que há camadas complexas e sobrepostas de realidades conscientes e subconscientes. Assim, fomos forçados a reconhecer que a realidade tal como a enxergamos é, muitas vezes, algo mais complexo e problemático do que as aparências indicam.

Em certa época as ciências físicas pareciam prometer certezas quanto à natureza e estrutura da realidade. Mas no final do século XX os cientistas já estavam menos seguros de que suas representações da realidade de fato espelhavam o universo físico. Muitos também estão menos insistentes na afirmação de que seus métodos podem ser aplicados com igual eficácia a todas as áreas da realidade. Embora os cientistas fossem antes bem pouco modestos, alegando certezas e prometendo respostas, hoje as ciências tendem a confirmar que existem certos limites à nossa compreensão da realidade. Percebem agora que seu instrumento de trabalho se assemelha mais a modelos ou "paradigmas" do que a uma reprodução fotográfica da realidade.

A importância do paradigma

Antes do século XVII a compreensão ocidental do mundo era governada pela cosmovisão de Ptolomeu. Todos sabiam que a Terra e a humanidade estavam no centro do universo físico. Os planetas revolviam em órbitas concêntricas em torno desse núcleo central. Essa imagem do cosmos se articulava com a física aristotélica que explicava o movimento em termos de seu propósito e da "natureza" das coisas. Assim, a teologia e a física se apoiavam mutuamente.

As pessoas concordavam em geral que essa cosmovisão propunha uma representação acurada do universo. Qualquer coisa que não se encaixasse nesse modelo pareceria um absurdo. Embora esse modelo nos pareça estranho nos dias de hoje, para a mente medieval e renascentista tratava-se de bom senso.

A revolução científica do século XVII criou um quadro totalmente novo do mundo, e essa perspectiva moldou a compreensão que nos trouxe ao nosso tempo. A nova estrutura, criada por pioneiros como Copérnico e Newton, colocou o Sol no centro e reconheceu a Terra como um dos planetas. Isto separou a teologia da física. A física newtoniana, que tornou o cosmos heliocêntrico algo funcional, propõe um universo racional, mecanicista, que segue leis racionais passíveis de serem conhecidas. Ela coloca como pressuposto que existem fenômenos que ocorrem com regularidade, passíveis de descoberta e quantificação. Depreende que tais eventos podem ser explicados em termos de causa e efeito. Assim, o passado pode ser visto como causa completa ou explicação do presente. Além disso, o presente molda o futuro (sem que o futuro possa moldar o presente).

Portanto, o universo é previsível – isto é, se formos capazes de descobrir os fatores corretos da equação. Existe uma lógica básica no mundo, e com ela podemos compreender esse mesmo mundo.

A abordagem "científica" newtoniana funciona bem para explicar e prever boa parte do que acontece no mundo físico visível. Durante muitos anos acreditou-se que ela era uma representação acurada da estrutura da realidade, aplicável ao mundo psicológico e ao mundo físico. Esta visão formou nosso bom senso.

No entanto, hoje estamos aprendendo que esta compreensão é limitada. E esses limites se mostram não apenas na área da psicologia, mas também no próprio mundo físico.

De fato, a visão newtoniana funciona para corpos de tamanho "normal" que se movem em velocidades "normais", ou seja, no mundo palpável e visível. Contudo, os cientistas descobriram que a física newtoniana não funciona no âmbito das coisas muito pequenas que se movem muito rápido. Da mesma forma, no âmbito da genética os pressupostos newtonianos nem sempre valem. Nesses casos, a probabilidade começa a substituir as leis e a previsibilidade. O futuro se torna difícil de prever em termos de causa e efeito. No espaço sideral e em altas velocidades o "bom senso", no que diz respeito ao tempo e espaço, deixa de ser adequado, já que esses conceitos se tornam mais flexíveis e sobrepostos. Nesse âmbito a física de Einstein começa a substituir a de Newton e é preciso adotar uma outra cosmovisão.

No livro *Einstein's Space and Van Gogh's Sky*, Lawrence Leshan e Henry Margenau, respectivamente um psicólogo e um físico, mostram que a visão de mundo tradicional e "científica" também não é adequada aos campos da arte, da psicologia e da espiritualidade.[1] Nestas áreas existe uma outra dinâmica e é preciso lançar mão de outras vias para conhecer. Os seres humanos, por exemplo, são capazes de fazer projeções de futuro e moldar seu comportamento de acordo. Nesse caso, o futuro afeta o presente. A noção de causa e efeito deve ser temperada com o conceito de propósito. "Leis" racionais e mecanicistas não podem servir de pressuposto. É preciso usar outras descrições da realidade.

....
1. Lawrence Leshan e Henry Margenau, *Einstein's Space and Van Gogh's Sky: Physical Reality and Beyond* (New York: Collier Books, 1982). O livro representa um avanço significativo para a teoria dos paradigmas. O presente capítulo deve muito a esta obra.

Os limites da ciência tradicional na esfera da psicologia foram muito bem descritos na "Primeira lei da psicologia animal":

> Se um animal com passado genético conhecido e estável for criado num ambiente de laboratório cuidadosamente controlado, recebendo estímulos medidos com precisão, o animal agirá da forma como bem entender.[2]

Leshan e Margenau explicam aquilo que os filósofos da ciência vêm dizendo já há algum tempo. Nossas definições de realidade numa dada cultura e era são formas de construir a realidade. Estas definições são, na verdade, modelos ou paradigmas. Funcionarão no sentido de explicar e influenciar algumas situações, mas podem não funcionar em outros contextos. Elas são representações da realidade moldadas pelas nossas necessidades e pressupostos específicos, podendo ser bastante incompletas.

Os paradigmas moldam nossa abordagem não apenas do mundo físico, mas também do mundo social, psicológico e filosófico. Eles são as lentes através das quais compreendemos os fenômenos. Eles determinam a forma como resolvemos problemas. Moldam o nosso "conhecimento" sobre o que é possível e o que é impossível. Nossos paradigmas constituem o bom senso, e tudo o que foge ao paradigma nos parece absurdo.

Paradigmas são modos específicos de construir a realidade, e a concepção retributiva de justiça é uma dessas construções. O paradigma retributivo da justiça é uma forma específica de organizar a realidade. Os paradigmas moldam a forma como definimos problemas e o nosso reconhecimento do que sejam soluções apropriadas.

Nos parece que o que nos conduz é o bom senso, no entanto, trata-se na verdade de um paradigma. E como todos os paradigmas,

---

2. *Id., ibid.*, p. 150.

tem certas qualidades. Mas como todos os paradigmas, constitui também uma armadilha.

Christie captou muito bem a importância dos paradigmas na formação de nossas expectativas:

> Um guerreiro usa armadura, um amante, flores. Cada um escolhe o equipamento segundo sua expectativa do que lhe espera, e seu equipamento aumenta a probabilidade de que suas expectativas estejam corretas.[3]

O mesmo vale para a instituição a que chamamos direito penal.

Aplicando os paradigmas

É interessante notar que aplicamos o paradigma retributivo apenas em situações muito específicas. Muitos conflitos e danos acontecem todos os dias, mas lidamos com a maioria deles de modo informal ou extrajudicial. Somente uma ínfima minoria desses conflitos adentram o sistema judicial. Ou seja, o sistema judicial é apenas uma das muitas maneiras de resolver disputas e danos, e é utilizado raramente.

No entanto, dentre os poucos casos que são tratados pelo sistema judicial, a maioria é da esfera do direito civil. No processo civil uma pessoa é antagonista da outra ao invés de antagonista do Estado. Este desempenha o papel de juiz e árbitro. Recorrer ou não à ação judicial fica a critério dos envolvidos, e eles podem abandonar o processo se e quando quiserem encontrar uma solução consensual.

O processo civil não segue regulamentos tão severos como o penal pelo fato de seu foco recair no acordo entre as partes e não na

....
3. Christie, "Images of Man in Modern Penal Law", *Contemporary Crises: Law, Crime and Social Policy*, 10, nº 1 (1986), p. 95.

perda de liberdade ou da vida. Pelo mesmo motivo, a culpa é definida por critérios menos estritos. Na verdade, ali o que se discute são questões de responsabilidade e obrigações ao invés de culpa, e é possível haver vários graus de responsabilidade. Por conseguinte, é menos provável que os resultados sejam vistos em termos de dicotomias do tipo ganhar/perder, como no caso do processo criminal. Diferente dos processos no âmbito criminal, o processo civil em geral leva a alguma forma de indenização.

Somente uma fração mínima das disputas chega ao procedimento especializado do direito penal. Mas quando esses casos chegam, um conjunto totalmente diferente de pressupostos e conceitos passa a viger. Aqui reina o paradigma retributivo.

A quantidade de disputas e danos "criminalizáveis" é bastante diminuta, e somente parte deles de fato são definidos como crimes.[4] A seleção das situações que são definidas como crimes e depois processadas criminalmente é, na verdade, bastante variável e arbitrária.

As definições de crime variam no tempo e no espaço, por vezes de modo bastante aleatório. Por exemplo, muitos danos cometidos por indivíduos são considerados crimes, mas danos bem maiores cometidos por grandes empresas – e que às vezes lesam inúmeras pessoas – não são.

Dentre os atos "criminosos", apenas uma pequena parcela chega ao processo penal. Novamente, esta seleção é por vezes bastante arbitrária. Por exemplo, fatores como *status* social, raça e etnia da vítima e do ofensor podem influenciar a seleção. Mas também as prioridades e a carga de trabalho do promotor, da polícia e dos tribunais contribuem.

....
4. Louk H. C. Hulsman demonstrou este argumento em uma série de contextos. Veja "Critical Criminology and the Concept of Crime", *Contemporary Crises: Law, Crime, and Social Policy*, 10, nº 1 (1986), p. 63-80. Veja John R. Blad, Hans van Mastrigt e Niels A. Uildriks, eds., *The Criminal Justice System as a Social Problem: An Abolitionist Perspective* (Rotterdam: Erasmus Universiteit, 1987).

O importante é reconhecer que aquilo que chamamos crime é o topo de uma pirâmide de danos e conflitos. Somente algumas dessas situações e comportamentos são descritos como potencialmente passíveis de serem considerados crimes. E uma parcela ainda menor é realmente tratada como crime. Lidamos com a maior parte dos danos e conflitos de outros modos.

A partir do momento em que descrevemos dado acontecimento ou comportamento como crime, passamos a definir a realidade de modo bastante diferente, em termos que podem não corresponder à vivência dos participantes. O paradigma retributivo cria sua própria realidade. Agora a ofensa é contra o Estado, que determina como reagiremos a ela. A punição, e não a solução ou acordo, é vista como o resultado apropriado. A responsabilidade se torna absoluta, e é definida em termos de culpa ao invés de dever. Os resultados da ação são impostos com pouca participação da vítima e do ofensor. O paradigma retributivo abarca tudo, moldando nossa percepção do que pode e deve ser feito.

Os paradigmas mudam

Nosso entendimento do que é possível ou impossível se baseia na forma que construímos a realidade, mas tais construções podem mudar e de fato mudam.

Thomas Kuhn, num importante livro intitulado *A estrutura das revoluções científicas*, sugere que as mudanças na perspectiva científica acontecem através de uma série de mudanças de paradigma.[5]

Um modelo paradigmático substitui o outro, provocando assim uma revolução no modo como vemos e compreendemos o mundo. O padrão dessas mudanças sugere um possível padrão para as mudanças paradigmáticas em geral.

....
5. Thomas Kuhn, *The Structure of Scientific Revolutions*, edição de quinquagésimo aniversário (Chicago: University of Chicago Press, 1970).

O paradigma de Ptolomeu, que configurou a compreensão ocidental até o século XVII, parecia se coadunar com os fenômenos observáveis. Se deitarmos de costas contemplando o céu à noite e fixarmos a estrela do Norte como ponto de referência, as estrelas e planetas parecem estar orbitando num globo com a Terra no centro. Elas de fato parecem estar se movendo. Fazia sentido pensar no cosmos como uma série de "esferas cristalinas" concêntricas tendo a Terra como centro.

O universo geocêntrico se coadunava também com os pressupostos filosóficos e teológicos da época. A humanidade representava o cume da criação divina e era perfeitamente lógico que sua morada fosse o centro do universo.

Mas vários fenômenos não se encaixavam nesse esquema. Quando surgiram os telescópios e os céus foram examinados, aumentou a quantidade desses fenômenos inexplicáveis. Por exemplo, os cometas pareciam cruzar nas áreas onde supostamente estariam os globos de vidro. As distâncias calculadas pareciam incorretas. Os planetas aparentemente descreviam um movimento retrógrado em dados trechos de suas órbitas.

Este fenômeno, chamado movimento retrógrado, era perturbador pois ficava difícil entender como isto seria possível se os planetas estivessem incrustados em globos de vidro. Os cientistas decidiram que os planetas provavelmente se moviam em pequenas órbitas dentro da órbita maior, e chamaram esse fenômeno de *epiciclos*. Ao observar cada vez mais os movimentos retrógrados, o número de epiciclos cresceu incrivelmente.

As disfunções do modelo de Ptolomeu se multiplicaram no início do século XVII. Ao mesmo tempo, surgiram uma série de novas descobertas e teorias. Kepler publicou suas "leis", Galileu propôs as leis do movimento. Através das lentes do telescópio que ele criou, começou a observar os céus. Brahe passou a registrar de modo sistemático os movimentos celestes. Cada vez mais fenômenos pareciam não se encaixar nas expectativas do paradigma vigente.

Mas era difícil jogar no lixo a compreensão ptolomaica que, afinal, há séculos era sinônimo de bom senso. Ela estava também ligada a concepções filosóficas e teológicas. Descartar esse paradigma seria algo revolucionário e assustador. Então os cientistas usaram uma infinidade de epiciclos para explicar essas coisas, e grande pressão foi exercida sobre os inovadores para que retirassem suas propostas.

No entanto, no início do século XVII cada vez mais fenômenos fugiam à regra ptolomaica. Ao mesmo tempo, os cientistas iam fazendo novas descobertas. Isaac Newton encaixou todas as peças através de um novo paradigma tão convincente, tão razoável, que não pôde ser ignorado. A física newtoniana permitiu que o universo de Copérnico funcionasse, viabilizando o novo paradigma.

Kuhn sugere que por dedução podemos encontrar nessa revolução científica um padrão para as revoluções intelectuais em geral. Ele sustenta que a forma pela qual compreendemos os fenômenos é governada por um modelo em particular, um paradigma específico. Esse paradigma mestre parece explicar todos os fenômenos, e várias exceções são criadas para dar conta dos fenômenos que não se encaixam.

Com o tempo vão aparecendo disfunções à medida que mais e mais fenômenos deixam de se coadunar com o paradigma. Contudo, continuamos tentando salvar o modelo através da criação de epiciclos e reformas que remendam a teoria. Então, por fim, o senso de disfunção se torna tão agudo que o modelo colapsa e é substituído por outro. Mas isto não pode acontecer antes de surgir uma nova "física". Ou seja, muitos elementos construtivos devem estar disponíveis antes que uma nova síntese possa acontecer fazendo surgir um novo bom senso.

Num interessante artigo escrito há alguns anos, Randy Barnett sugeriu que a história de nosso paradigma jurídico mostra alguns dos sintomas que prenunciam uma mudança de paradigma.[6] Assim

---

6. Randy Barnett, "Restitution: A Paradigm of Criminal Justice", *Perspectives on Crime Victims*, eds. Burt Galaway e Joe Hudson (St. Louis: C. V. Mosby Co., 1981), p. 245-261.

como aconteceu na revolução científica do século XVII, o paradigma atual há muito mostra evidências de certas inadequações e disfunções. Uma série de "epiciclos" já foram criados para "remendar" o sistema, mas aquelas disfunções estão se tornando grandes demais e não estão sendo facilmente sanadas.

Nas primeiras aplicações do modelo retributivo as punições eram severas. Não havia salvaguardas contra abusos, nem qualquer correlação entre a severidade do delito e a pena imposta. O conceito de pena proporcional foi uma invenção do Renascimento, que tornou a pena mais racional e suportável. A ideia era que se a pena estivesse mais adequada ao crime, tornando-se assim menos arbitrária, menos dependente dos caprichos das autoridades, tal pena faria mais sentido.

As prisões tornaram-se populares como forma de aplicar penas proporcionais. As sentenças de privação de liberdade podem ser medidas em períodos de tempo e dosadas segundo a gravidade do crime, permitindo que sejam vistas como científicas e lógicas. Numa era em que a ciência e a racionalidade foram tão importantes, a punição proporcional foi uma forma razoável de controlar o paradigma punitivo. Os períodos variáveis de encarceramento foram um modo de aplicar o conceito "cientificamente".

Outros epiciclos foram criados. A reabilitação, por exemplo, reinou nos esquemas de sentenciamento da primeira metade do século XX trazendo um novo princípio penal. Mas na década de 1960 a reabilitação caiu em descrédito e as sentenças discricionárias, indeterminadas, que faziam parte daquele modelo "terapêutico" foram abandonadas. Este epiciclo cedeu lugar à filosofia da justa punição que fundamenta as leis de sentenciamento obrigatório e determinado, hoje tão populares.

A busca de alternativas à privação de liberdade representa uma outra tentativa de remendar o paradigma. Ao invés de procurar alternativas à pena, esse movimento oferece *penas* alternativas. Criando novas formas de punição menos dispendiosas e mais atraentes que a prisão, seus proponentes conseguem manter o paradigma em pé. Contudo, pelo fato de constituírem apenas outro epiciclo, não questionam os pressupostos que repousam no fundamento da punição. E por isso não têm impacto sobre o problema em si (a superlotação carcerária), problema para o qual pretendiam ser a solução.

Exemplo disso são as sentenças de serviço comunitário que se tornaram bastante populares. No seu advento elas prometiam tirar os presos da cadeia resolvendo o problema da superlotação. Na verdade elas ofereceram uma forma de punir ofensores que antes não seriam punidos. Hoje o monitoramento eletrônico de ofensores promete novas possibilidades de punição e controle.

Indenização e assistência às vítimas podem ser vistas também como epiciclos. Nos Estados Unidos os esforços nesse sentido tendem a se fundamentar nos direitos das vítimas. Na Inglaterra os argumentos se baseiam mais nas suas necessidades e no seu bem-estar. As duas abordagens procuram remediar um problema do paradigma atual, mas nenhuma delas questiona os pressupostos básicos sobre o papel do Estado e da vítima na justiça. Reconhecem um problema legítimo, mas não chegam à raiz do problema.

A percepção de disfunção e crise é generalizada. Ao mesmo tempo, muitas pessoas buscam uma nova "física" para compreender e reagir às situações que chamamos de crimes. Talvez o terreno esteja sendo preparado para uma verdadeira mudança de paradigma.

Segundo proponho, o motivo de tantos de nossos fracassos é a lente através da qual enxergamos o crime e a justiça, pois essa lente é uma construção da realidade bastante específica, ela é um paradigma. Mas este não é o único paradigma possível. Nos próximos capítulos farei um sumário de algumas visões históricas e bíblicas que sugerem que nosso paradigma retributivo é relativamente recente e que outros paradigmas são possíveis. Eles sugerem também alguns materiais construtivos para criar uma visão alternativa.

Parte III

Raízes e marcos

Capítulo 7
Justiça comunitária:
a alternativa histórica

Os ofensores violam a lei estatal e devem ser punidos. O Estado se encarrega. Tudo isto nos parece bastante natural e inevitável. Com certeza, o paradigma retributivo vem nos acompanhando há muito tempo. Seguramente ele representa uma melhoria significativa em relação ao que era praticado antes. Sem dúvida, ele é o que deve ser.

Mas o modelo retributivo de justiça não é a única forma em que concebemos a justiça no Ocidente. Com efeito, outros modelos de justiça predominaram ao longo da maior parte de nossa história. Somente nos últimos séculos é que o paradigma retributivo monopolizou a nossa visão.

E a vitória desse paradigma tampouco representa necessariamente uma melhoria. Interpretar a história como progresso é uma falácia comum. Vemos os desenvolvimentos mais recentes como melhorias quase que inevitáveis em relação ao passado. Mas o presente não está fatalmente ligado ao passado, nem representa sempre um progresso em relação a este.

As interpretações históricas tendem a focalizar dois desenvolvimentos da história da "justiça criminal": a ascensão da justiça pública em detrimento da justiça privada, e a crescente dependência do encarceramento como forma de punição. Não há dúvida de que essas duas instâncias foram desenvolvimentos de algum tipo. Contudo, estudos históricos recentes levantam algumas dúvidas sobre o padrão e significado desses desenvolvimentos.

Normalmente pensamos no passado como um período dominado pela *justiça privada*. A justiça privada é caracterizada como vingança pessoal, muitas vezes descontrolada e brutal. A moderna *justiça pública*, ao contrário, é vista como um processo controlado: mais humano, mais equilibrado, menos punitivo. Presumimos que as prisões são menos punitivas e mais razoáveis do que aquilo que ocorria antes. Segundo essa perspectiva, teríamos nos tornado mais civilizados e racionais na administração da justiça e da punição. Mas a realidade se revela mais complexa do que esse quadro convencional sugeriria. A justiça "privada" não era necessariamente privada, nem envolvia necessariamente vingança. As soluções "privadas" não eram necessariamente mais punitivas, menos comedidas ou racionais do que a justiça dispensada pela esfera pública. Pelo contrário. A justiça pública pode ser até mais punitiva em sua abordagem, oferecendo uma gama mais limitada de resultados possíveis. A vingança, que provavelmente ocorria antes da justiça estatal, era apenas uma dentro de um conjunto muito mais amplo de opções. A chamada justiça privada certamente tinha deficiências, mas o quadro não é tão simples quanto costumamos presumir.[1]

Justiça comunitária

A história do Ocidente abriga uma diversidade considerável de estruturas e costumes. As práticas de justiça locais variam em função de época e lugar. Não obstante, grandes semelhanças quanto à compreensão geral do que seja crime e justiça permeiam o mundo pré-moderno. Em certa medida, essas similaridades refletem tradições comuns.

....

1. Além dos trabalhos citados neste capítulo, as seguintes fontes foram especialmente úteis: George Calhoun, *The Growth of Criminal Law in Ancient Greece* (Berkeley: University of California Press, 1927); Michael Ignatieff, *A Just Measure of Pain: The Penitentiary in the Industrial Revolution, 1750-1850* (New York: Pantheon Press, 1978); Stanley Cohen e Andrew Scull, eds. *Social Control and the State* (New York: St. Martin's Press, 1983); John H. Langbein, *Prosecuting Crime in the Renaissance: England, Germany and France* (Cambridge: Harvard University Press, 1974); Alfred Soman, "Deviance and Criminal Justice in Western Europe, 1300-1800: An Essay in Structure", *Criminal Justice History: An International Annual*, I (1980), p. 3-28; Pieter Spierenburg, *The Spectacle of Suffering: Executions and the Evolution of Repression* (Cambridge: Cambridge University Press, 1984).

As culturas tribais greco-romana e germânica moldaram parcialmente a cosmovisão medieval. Experiências e necessidades comuns também levaram a similaridades na forma de entender esses conceitos. Até a Idade Moderna o crime era visto primariamente num contexto interpessoal. A maior parte dos crimes era retratada essencialmente como um mal cometido contra uma pessoa ou como um conflito interpessoal. Como nos conflitos civis, o que importava na maior parte dos delitos era o dano efetivamente causado, e não a violação de leis ou da ordem social e moral enquanto abstração. Os males cometidos criavam obrigações e dívidas que de alguma forma tinham que ser cumpridas e saldadas. A briga era um modo de resolver tais situações, mas também a negociação, a restituição e a reconciliação, em igual medida. Vítimas e ofensores, bem como parentes e a comunidade, desempenhavam papel vital no processo.

Já que o crime criava obrigações, um resultado típico da justiça era algum tipo de acordo. Eram comuns acordos de restituição ou indenização, mesmo nos casos de delitos contra a pessoa. As leis e costumes frequentemente previam uma gama de indenizações apropriadas para ofensas contra a propriedade e contra a pessoa. Estas incluíam fórmulas para fazer a correspondência do dano à pessoa com a sua devida compensação material. Nossos conceitos de culpa e punição podem representar uma transformação (e talvez uma perversão) desse princípio de "conversão". A palavra grega *pune* significa uma troca de dinheiro por danos cometidos e pode estar na origem da palavra *punição*. Da mesma forma, *culpa* [no inglês, *guilt*] pode derivar do termo anglo-saxão *geldan* que, como a palavra alemã *Geld*, refere-se a pagamento.[2] As ofensas criavam dívidas. A justiça exigia que alguns passos fossem cumpridos para que se considerasse reparado o mal.

....
2. J. W. Mohr, "Criminal Justice and Christian Responsibility: The Secularization of Criminal Law", trabalho não publicado apresentado no Encontro Anual do Mennonite Central Committee do Canadá em Abbotsford, em 22 de janeiro de 1981.

O ofensor e a vítima (ou representante da vítima no caso de assassinato) resolviam a maior parte das disputas e danos – inclusive os que consideramos criminosos – fora das cortes. E o faziam no contexto de sua família e comunidade. A Igreja e os líderes comunitários frequentemente desempenhavam papéis importantes nas soluções que envolviam negociação ou arbitragem, registrando os acordos que eram estabelecidos pelas partes. A administração da justiça era primariamente um processo de mediação e negociação mais do que um processo de aplicação de regras e imposição de decisões.

Refletindo esta visão do papel da Igreja, em 1681 um ancião da Igreja Reformada Francesa conclamou-a a "trabalhar diligentemente pela reconciliação de quaisquer desavenças que houver no seio dos membros do consistório".[3] As ditas desavenças incluíam ofensas que hoje poderíamos descrever como crimes. Os mais velhos decidiram então fazer uma lista de conflitos e instar os oponentes a resolvê-los, sob pena de privar da eucaristia aqueles que não o fizessem. Os "atos de acomodação" franceses representavam justamente estes acordos que eram registrados diante de um notário.[4]

Como se vê, esta abordagem de justiça pode ser melhor descrita como *justiça comunitária* do que como *justiça privada*. Tanto o dano causado como o processo de "justiça" posterior se inserem claramente num contexto comunitário. Os danos eram vistos de modo coletivo. Quando um indivíduo sofria um dano, a família e a comunidade também se sentiam atingidas. E tanto família como comunidade se envolviam de modo significativo na solução. Podiam fazer pressão para obter uma solução ou servir como árbitros e mediadores. Talvez fossem chamados a testemunhar ou mesmo ajudar a garantir o cumprimento dos acordos.

....
3. Soman, "Deviance and Criminal Justice", *op. cit.*, p. 18.
4. Bruce Lenman e Geoffrey Parker, "The State, the Community and the Criminal Law in Early Modern Europe", em *Crime and the Law: The Social History of Crime in Western Europe Since 1500*, eds. V. A. C. Gatrell, Bruce Lenman, Geoffrey Parker (London: Europa, 1979), p. 19 e ss.

7 • JUSTIÇA COMUNITÁRIA: A ALTERNATIVA HISTÓRICA

A justiça comunitária se fiava em grande parte nas soluções extrajudiciais negociadas, em geral envolvendo indenizações. No entanto, duas abordagens alternativas se apresentavam. As duas tendiam a ser deixadas como último recurso, escolhidas apenas como meio de forçar uma negociação ou de sair dela em caso de insucesso. Assim, ambas representavam uma espécie de fracasso, embora sua existência talvez ajudasse a garantir o funcionamento da norma.

A opção retributiva

A vingança era uma dessas alternativas. Esta opção era adotada com menos frequência do que em geral se pensa, e por razões óbvias. A vingança é perigosa, costuma levar à violência recíproca e derramamento de sangue. Nas sociedades caracterizadas por comunidades pequenas, de relações muito estreitas, havia necessidade de manutenção dos relacionamentos. Assim, negociação e indenização faziam muito mais sentido do que a violência.

Com certeza, a possibilidade de vingança estava sempre presente, mas sua aplicação era limitada e seu papel e significado muito diferentes daqueles que hoje imaginamos.

Um dos limites da vingança, que por sua vez confirma a importância da justiça negociada, era a existência de asilos.[5] Durante todo o período medieval até a Revolução Francesa, a Europa Ocidental estava salpicada por variados lugares de guarida que eram independentes de outras leis e autoridades. As pessoas acusadas de ter cometido delitos podiam correr para esses locais a fim de escapar à vingança pessoal ou às autoridades locais. Muitos desses locais não eram asilos de longo prazo, mas locais seguros onde se podia

....
5. Sobre asilos, veja Herman Bianchi, *Justice as Sanctuary: Toward a New System of Crime Control* (Bloomington: Indiana University Press, 1994); Michael R. Weisser, *Crime and Punishment in Early Modern Europe* (Atlantic Highlands: Humanities Press, 1979), p. 54; Paul Rock, "Law Order and Power in the Late Seventeenth and Early Eighteenth-Century England", *Social Control and the State*, eds. Cohen e Scull, p. 191-221.

esperar a raiva passar enquanto as negociações progrediam. Alguns asilos especificavam o tempo que o acusado podia permanecer, mas enquanto se encontravam ali, estavam a salvo.

O criminologista holandês Herman Bianchi sugeriu outra possível função desses asilos. Ele e seus associados descobriram que os peregrinos viajando em penitência pediam abrigo nesses lugares. Aparentemente, esses peregrinos se penitenciavam por crimes cometidos. Isto sugere que tanto a penitência como a indenização parecem ter sido consideradas reações apropriadas a certas ofensas.

Em período sabático que gozei recentemente, conheci a cidade de Winchester na Inglaterra e descobri a "Casa de God Begot". Este prédio, onde hoje funciona uma loja de roupas, é o que restou da Mansão de God Begot, um legado que a Rainha Emma deixou para a Igreja em 1052. À casa foi concedido direito total de autogestão, incluindo o direito de "excluir todas as outras autoridades do local". Registros do tribunal da mansão sugerem que ela serviu de asilo para ofensores até sua dissolução por Henrique VIII no século XVI.

Aqueles registros indicam que em várias ocasiões as pessoas entravam no asilo e prendiam ofensores, mas mostram também que atos dessa natureza eram considerados violação de asilo. Um estatuto de Winchester do século XIII especifica que não se podia pertencer a Winchester e à mansão sem pagar uma multa. É interessante notar que exceção era feita exclusivamente àqueles que se encontravam ali por "crimes graves como assassinato ou incêndio". Esses dois exemplos sugerem que a mansão cumpria o papel de asilo para ofensores.

A vingança era limitada também por uma combinação de lei e costume. Por exemplo, na Europa medieval a luta só era considerada legítima se negociações tivessem sido propostas e recusadas. Também a conhecida fórmula do Antigo Testamento "olho por olho" foi um procedimento que ajudou a regular as vinganças privadas ao longo de boa parte da história ocidental.

"Olho por olho" é uma fórmula que também podia ser entendida literalmente, e uma vingança assim poderia ser brutal. Contudo, nas sociedades não reguladas por códigos e procedimentos legais formais, tais fórmulas não eram encaradas como mandamentos, mas limitadores da violência: "Faça isto, mas somente isto e não mais". A reação deveria ser proporcional ao dano, sem permitir uma escalada do conflito.

Além do mais, as pessoas em geral entendiam essas fórmulas como equações para determinar o valor da indenização: "O valor de um olho pelo valor de um olho". Acordos em dinheiro ou propriedade foram bastante comuns ao longo da história, mesmo em casos de violência grave, e os códigos daquela natureza forneciam critérios para a determinação dos pagamentos.

Mesmo nos casos em que a regra do "olho por olho" era entendida literalmente, a troca era percebida como pagamento. Quando alguém morre ou é ferido numa sociedade comunitária, o equilíbrio de poder entre tribos, clãs, ou outros grupos fica perturbado. Pode ser necessário restaurar o equilíbrio através da equivalência numérica. A violência imposta pela fórmula pretendia equilibrar os poderes mais do que conseguir vingança.

No passado, como nos dias de hoje, as vítimas sentiam a necessidade de vindicação moral. Queriam reconhecimento público de que tinham sido vítimas de um mal e uma declaração pública de responsabilidade por parte do ofensor. O pagamento era uma forma de obter tal vindicação, mas a retribuição por vezes incluía também uma certa compensação moral. Em dadas situações a ameaça de retribuição servia como estímulo para que os ofensores assumissem essa responsabilidade publicamente.

A ameaça de retribuição certamente existia, mas talvez ela tenha sido um meio, além de um fim em si mesma. O significado e as funções da retribuição por vezes refletiam uma visão compensatória. O sistema repousava primordialmente na necessidade de compensar a perda das vítimas e reparar relacionamentos. Isto normalmente exigia negociações para se chegar a um acordo que reconhecesse a responsabilidade e obrigações do ofensor.

Ao longo da maior parte de nossa história surgiram exceções a este ideal de justiça restitutiva no tocante a certos tipos de crime. As sociedades teocráticas primitivas consideravam poucas ofensas como tendo dimensões religiosas que exigissem reações especiais, fora do normal. Certas ofensas sexuais, por exemplo, eram consideradas especialmente hediondas porque ofendiam a deidade trazendo culpa coletiva sobre a sociedade como um todo. A fim de demonstrar sua condenação a tal comportamento, assim evitando partilhar da culpa, uma purificação simbólica era necessária. No entanto, essas ofensas eram poucas e cuidadosamente proibidas pela lei e pelo costume, não constituindo a norma para a maioria das transgressões "criminais".

Na Europa do começo da era moderna eram poucas as ofensas consideradas ameaça à ordem política e moral, exigindo a aplicação de respostas violentas: a bruxaria, o incesto, a sodomia e certos tipos de assassinato especialmente hediondos.

A opção judicial

A vingança era uma das alternativas ao ideal de justiça restitutiva negociada. Apelar aos tribunais institucionais era outra. Mas, tal como a vingança, esta última opção era igualmente um último recurso ao qual recorrer quando as negociações fracassavam ou nas situações em que a lei ou o costume exigiam. Era escolhida como forma de promover acordos negociados. Na visão da mentalidade moderna, os membros daquela sociedade mostravam incrível relutância em adotar a máquina formal da justiça.

Existiam várias cortes "oficiais" na Europa Ocidental continental durante a Idade Média. Algumas delas eram tribunais reais ou estatais. Outras eram operadas por autoridades eclesiásticas, municipais

7 • JUSTIÇA COMUNITÁRIA: A ALTERNATIVA HISTÓRICA

ou senhoriais. Mas mesmo os tribunais estatais tendiam a funcionar no contexto e segundo os princípios da justiça comunitária. Os tribunais medievais tinham natureza "acusatória". Salvo por alguns tipos de ofensas (como aquelas contra uma pessoa da realeza), nem mesmo os tribunais reais podiam iniciar um processo penal sem um pedido da vítima ou de sua família. Sem acusador, não havia processo. Não existiam procuradores públicos e eram poucos os fundamentos legais para uma acusação estatal independente, exceção feita às ofensas em que a própria coroa era a vítima.

Uma vez dado início ao processo, o papel da corte era garantir que as partes cooperassem. Sua tarefa era a de equilibrar as relações de poder na medida do possível, e regular o conflito em geral. As cortes constituíam uma espécie de árbitro. Se as partes chegassem a um acordo, era permitido que encerrassem o processo a qualquer tempo. O Estado não tinha autoridade legal para continuar a acusação sem um acusador. A iniciativa estava nas mãos das partes envolvidas.

As pessoas em geral recorriam às cortes apenas para pressionar a outra parte a reconhecer sua responsabilidade e fazer o acordo. Formas extrajudiciais de justiça comunitária eram preferidas até a Idade Moderna. Essa relutância em adotar a via judicial se baseava em uma série de fatores. A preferência por acordos negociados era um deles. Contudo, a resistência local à autoridade central era também um fator importante. O mesmo se pode dizer dos custos financeiros que uma acusação poderia acarretar. Além disso, nas cortes medievais assumia-se um risco recíproco. Se o acusador não conseguisse provar sua acusação de modo convincente, poderia ficar sujeito às consequências que recairiam sobre o acusado. Assim, o acusador deveria ter necessariamente um caso muito sólido para processar. Por fim, os tribunais reais tinham a opção de impor multas como sentença. Já que o dinheiro era recolhido aos cofres da família real mantenedora do tribunal, esse resultado pouco beneficiava a vítima.

O modelo acusatório que moldou a estrutura dos tribunais e procedimentos funcionava, portanto, no contexto da justiça comunitária, que por sua vez valorizava a indenização e a iniciativa das partes. As cortes acusatórias confirmavam a centralidade da justiça comunitária.

Uma avaliação

A justiça pré-moderna é amiúde retratada como vingativa e bárbara, e contraposta à justiça moderna mais racional e humana. Evidentemente, tal representação é demasiado simplista e negativa. No entanto, seria igualmente enganoso cultivar a nostalgia por uma época dourada que se foi. A justiça comunitária tinha defeitos graves. Os métodos para determinar a culpa eram arbitrários e imprecisos, e faltavam as devidas salvaguardas. Essa forma de justiça funcionava muito bem entre iguais. Mas se o ofensor fosse um subordinado, a justiça seria sumária e brutal.

A justiça comunitária por vezes onerava bastante as vítimas, já que o processo dependia de sua iniciativa e talvez até de seus recursos. As penalidades por ofensas consideradas hediondas eram muitas vezes atrozes.

Contudo, os acordos compensatórios negociados que orientaram a justiça comunitária representam uma visão alternativa de crime e justiça bastante importante. Os conceitos tradicionais de justiça reconheciam que uma pessoa tinha sofrido um mal, que as pessoas envolvidas constituíam o foco da resolução do conflito, e que a reparação do dano era fundamental. A justiça comunitária valorizava muito a manutenção dos relacionamentos e a reconciliação. Portanto, o paradigma da justiça comunitária talvez refletisse a realidade do crime melhor do que o nosso paradigma atual mais "racional".

Muitas vezes a justiça tradicional é descrita como punitiva. Mas a punição era somente um dentre os muitos resultados possíveis, e não raro representava o fracasso em relação ao ideal. A justiça comunitária oferecia uma gama mais ampla de resultados do que oferece o nosso paradigma retributivo contemporâneo. No mínimo devemos revisar nossa avaliação da justiça tradicional a fim de refletir suas possibilidades de retribuição e reconciliação.

A revolução jurídica

O sistema penal que conhecemos não existia na Europa medieval. Nenhuma legislação identificava certos atos como crimes, atribuindo-lhes determinadas punições. Os processos não eram conduzidos por profissionais da área jurídica. As autoridades políticas e judiciais tinham um papel reconhecido, porém limitado. Existiam várias cortes, mas no geral elas funcionavam dentro dos pressupostos e parâmetros da justiça comunitária. Recorria-se a elas com considerável relutância.

Nos séculos XI e XII foi dado início a uma série de mudanças que, ao longo dos séculos seguintes, lançaram os fundamentos para uma abordagem drasticamente nova do crime e da justiça. Essas mudanças levaram séculos para amadurecer e enfrentaram a resistência feroz de muitos. O novo modelo de justiça não obteve vitória senão no século XIX. No entanto, esta metamorfose, embora demorada e em geral ignorada pelos historiadores, constituiu aquilo que o historiador do direito Harold J. Berman chamou de uma revolução jurídica.[6]

Autoridades políticas de períodos anteriores haviam se sentido obrigadas a moldar a "lei" segundo a estrutura das práticas e princípios consuetudinários. No final da Idade Média começaram a re-

---

6. Harold J. Berman, *Law and Revolution: The Formation of the Western Legal Tradition* (Cambridge, MA: Harvard University Press, 1983) e "The Religious Foundations of Western Law", em *The Catholic University of America Law Review*, 24, nº 3, 1975, p. 490-508. O trabalho pioneiro de Berman é importantíssimo. Outras fontes importantes sobre a justiça moderna e a revolução jurídica são: A. Esmein, *A History of Continental Criminal Procedures* (Boston: Little, Brown, and Co., 1913) e Weisser, *Crime and Punishment*.

clamar o direito de fazer novas leis e derrogar as antigas. Códigos legislativos formais, escritos, que incorporavam novos princípios começaram a substituir os costumes. Nos séculos XVIII e XIX um corpo legislativo codificado havia sido criado para tratar de certos danos e disputas chamados crimes.

Novos argumentos e procedimentos começaram a abrir as possibilidades de intervenção e iniciativa estatal em certos tipos de processo. No continente europeu começaram a aparecer procuradores do Estado. Na Inglaterra juízes de paz passaram a representar o Estado de modo limitado. As cortes começaram a deixar seu papel reativo, oficiador, para assumir o comando de certos tipos de processo, inclusive recolhendo as provas pertinentes.

Na Europa continental o estilo das cortes mudou de acusatório para inquisitório. Ali a corte era responsável por iniciar as acusações, compilar evidências, e determinar o resultado – frequentemente em segredo. Na Inglaterra foi mantida uma estrutura acusatória devido ao papel do júri e a retenção da forma de acusação privada. Ali também os agentes do Estado substituíram o cidadão enquanto autoridade orientadora nos processos criminais.

Em tais casos, a natureza do resultado começou a mudar. A punição passou a ter precedência sobre os acordos. As multas – recolhidas aos cofres públicos – começaram a substituir a indenização às vítimas. A tortura tornou-se não apenas uma punição aceitável mas uma ferramenta forense para descobrir a verdade. Em meio a tudo isso os interesses da vítima foram perdendo importância.

Esse processo não aconteceu através da tomada direta e súbita de uma ampla gama de processos pelo Estado. Ao contrário, seus representantes foram se insinuando gradualmente. Começando como investigador, o Estado paulatinamente se tornou acusador. Por volta de 1498 a lei francesa reconhecia que o rei, ou o procurador do rei, era parte em todas as ações. Alegando inicialmente ter o direito de participar dos processos, o Estado por fim reivindicou a propriedade sobre eles.

7 • JUSTIÇA COMUNITÁRIA: A ALTERNATIVA HISTÓRICA

Os advogados do Estado lançaram mão de uma variedade de recursos e argumentos jurídicos, alguns velhos e outros novos, para justificar seu envolvimento. Os procedimentos acusatórios haviam reconhecido que o modo "comum" de iniciar o processo era pelas vítimas ou seus familiares. Algumas jurisdições deixavam espaço para certas denúncias "extraordinárias" por parte da corte ou do Estado em situações limitadas. Por exemplo, na França do século XIV havia vários caminhos para que uma corte tomasse ciência de uma ofensa. Normalmente a iniciativa era do acusador. No entanto, no caso de *flagrante delito* (quando o ofensor fora pego no ato) ou *relato comum* (quando ofensa e ofensor eram conhecidos de todos), a corte podia intervir sem a presença de um acusador direto. Igualmente, previa-se a hipótese de iniciar o processo através de *denúncia*. Nesse caso ainda havia acusadores, mas eles permaneciam em segundo plano, desempenhando um papel mínimo. Como acontece muitas vezes, a longo prazo procedimentos extraordinários vão se tornando ordinários.[7]

O uso de tais recursos jurídicos foi combinado com argumentos novos. A coroa passou a impor sua pretensão de guardiã da paz. Bastou mais um pequeno passo para alegar que, quando a paz fosse violada, o Estado era a vítima. Não é de surpreender que o papel e as pretensões das vítimas tenham se perdido nesse processo.

O papel da lei canônica

Não por acaso, o desenvolvimento deste novo sistema jurídico com autoridades centrais aconteceu dentro do contexto de uma luta generalizada pelo poder. Essa batalha pela hegemonia se deu tanto *dentro* como *entre* estruturas religiosas e seculares. Ela afetou profundamente a forma como a justiça passou a ser feita. O desenvolvimento da lei canônica – a lei da Igreja católica – foi uma parte vital dessa luta.

....
7. Veja Esmein, *A History of Continental Procedures, op.cit.*, p. 121 e ss..

Durante os primeiros séculos do cristianismo a Igreja era descentralizada. Paulatinamente, surgiram vários centros de poder que competiam entre si, cada qual alegando certa autoridade. Problemas de disciplina interna também afligiram a Igreja. Portanto, uma das principais preocupações do papado durante o período medieval era consolidar sua autoridade dentro dela. Ao mesmo tempo, o papado estava envolvido numa luta para ter igual autoridade, ou mais autoridade que as autoridades seculares ou políticas.

Mas várias autoridades seculares centralizadoras começavam a emergir nessa época, e apresentavam necessidades similares. Também queriam consolidar seu poder dentro de suas próprias esferas, buscando modos de subordinar outros centros de poder, inclusive a Igreja.

Tanto as autoridades religiosas como as seculares, portanto, buscavam novos argumentos e recursos que os ajudassem a consolidar o seu poder. As leis do Império Romano já extinto ofereceram o instrumento ideal, primeiro para a Igreja e depois para o Estado.

Durante a era republicana da história romana o crime era basicamente uma questão privada da comunidade, sendo que o Estado tinha papel limitado. Com a ascensão do Império, contudo, desenvolveu-se uma tradição jurídica que reconheceu e expandiu o papel daquele na criação das leis e na administração da justiça.

No século VI estas leis tinham sido perdidas, mas não totalmente esquecidas. A redescoberta do Código de Justiniano pelo Ocidente no final do século XI pode não ter sido um acidente. Apoiadores do papa e talvez também apoiadores das autoridades seculares decerto estivessem procurando algo assim há tempos. Depois de sua redescoberta, o direito romano serviu de fundamento para a lei canônica. Mais tarde seus contornos foram adotados pelo poder secular em toda a Europa Ocidental continental. Até certo ponto ele também influenciou o direito inglês.

Berman examinou estas leis e suas adaptações. Ele observa que o direito romano foi um desvio radical em relação às praticas consuetudinárias. Adotou-se um corpo de leis autônomo que vinha de uma civilização temporal e culturalmente distante. Elementos novos e importantes foram introduzidos com estas leis.

O direito romano era formal, racional e codificado, baseado em princípios lógicos fundamentais. Ao invés de estribar-se nos costumes e na história, esse direito tinha a si mesmo como referência. Portanto, oferecia às autoridades centrais possibilidades e métodos para inventar novas leis e descartar as antigas. Mas o direito romano também partia do pressuposto da existência de uma autoridade central e, assim, oferecia uma base para a iniciativa "legítima" de uma ação por parte desta. Boa parte da sedução do direito romano, portanto, provinha do importante papel dado a essa autoridade central.

O direito romano era uma lei escrita baseada em princípios independentes de costumes específicos. Vinha equipado como um método para testar e desenvolver leis (a escolástica). Assim, o direito romano não apenas se prestava à sistematização e expansão mas também ao estudo e ensino transnacional através de profissionais. Esse caráter universal ajuda a explicar seu sucesso e disseminação quase que imediata pelas universidades de boa parte da Europa Ocidental.

Apoiada no direito romano a Igreja ergueu a elaborada estrutura do direito canônico, o primeiro sistema jurídico moderno. Este foi um desenvolvimento revolucionário. Oferecia ao papado uma arma importante na sua luta pela supremacia, tanto dentro da Igreja como no seu relacionamento com autoridades políticas seculares.

Permitindo que a autoridade central tivesse iniciativa de ação, estabeleceu as bases para atacar a heresia e os abusos clericais internos da Igreja. A expressão mais extrema dessa nova abordagem foi a Inquisição, na qual representantes do papa caçavam hereges e os torturavam para obter provas e acertar as contas.

O indivíduo não era mais a vítima primária. Na Inquisição a vítima era toda uma ordem moral, e a autoridade central sua guardiã.

Os males cometidos não eram mais simples danos que precisavam ser indenizados. Tornaram-se pecados.

Como se vê, o direito canônico não foi apenas a introdução de uma lei formal e sistematizada que oferecia um papel ampliado para as autoridades centrais. Ele significou um conceito totalmente novo de crime e de justiça. A justiça se tornou uma questão de aplicação de regras, estabelecimento de culpa e fixação de penalidades. As práticas do cristianismo primitivo privilegiavam a aceitação e perdão dos males cometidos, enfatizando a necessidade de reconciliação e redenção.[8] O direito canônico e o arcabouço teológico que se desenvolveu em paralelo começaram a identificar o crime como mal coletivo contra uma ordem moral ou metafísica. O crime era um pecado, não apenas contra uma pessoa, mas contra Deus, sendo dever da Igreja purgar o mundo dessa transgressão. Bastou apenas mais um passo para se presumir que a ordem social era vontade de Deus e que o crime constituía um pecado contra a ordem social. A Igreja (e mais tarde o Estado) devia, portanto, sancionar aquela ordem. Previsivelmente, o foco mudou dos acordos entre participantes para a punição pelas autoridades estabelecidas.[9]

O direito canônico e os conceitos teológicos que o acompanharam formalizaram conceitos sobre livre arbítrio e responsabilidade pessoal. Isto ajudou a formar a base para uma lógica punitiva. O aprisionamento tornou-se uma forma de punir monges rebeldes, o que levou ao uso generalizado do encarceramento como punição nos séculos XVIII e XIX.

....
8. Gerald Austin McHugh, *Christian Faith and Criminal Justice: Toward a Christian Response to Crime and Punishment*, op. cit., p. 14 e ss.

9. Esse tipo de raciocínio não era totalmente inédito, é claro. A prova medieval da tortura se fundava em conceitos correlatos. O pensamento medieval relacionava o comportamento à natureza. Pelo fato de certos delitos serem contra Deus e a natureza, era de se esperar que esta rejeitasse o criminoso. Uma pessoa má que fosse jogada na água boiaria posto que a água, sendo pura, rejeitaria aquela pessoa. Uma pessoa inocente deveria afundar – uma vitória duvidosa para aqueles que não sabiam nadar.

O direito canônico introduziu princípios novos e importantes, que por sua vez foram adotados e adaptados pelas autoridades políticas, servindo como modelo para sistemas jurídicos seculares da Inglaterra até a Polônia e a Hungria.

O exemplo do direito canônico não constitui de modo algum uma explicação completa para o desenvolvimento da justiça retributiva centrada no Estado. A Inglaterra foi menos influenciada pelo direito canônico do que o continente. Embora não tenha desenvolvido um sistema jurídico inquisitorial, surgiu ali um sistema de direito penal que tinha o Estado como poder condutor. Dadas as tendências sociais e a necessidade da emergência de nações-Estado, a justiça talvez trilhasse caminho similar sem o exemplo do direito canônico. Contudo, o padrão oferecido por esta adaptação do direito romano sem dúvida ofereceu técnicas e conceitos importantes que foram utilizados por autoridades políticas para consolidar suas posições.

O papel da teologia cristã é incerto. Alguns historiadores propõem que os conceitos teológicos de culpa e responsabilidade moral desempenharam papel desencadeador que ajudou a formar conceitos novos de crime, justiça e poder que o Estado incorporou. Outros argumentam que o desenvolvimento da justiça moderna baseou-se nas necessidades políticas das emergentes nações-Estado ou em processos socioeconômicos. A teologia teria seguido a tendência oferecendo justificativas para estas novas modalidades jurídicas. Seja como for, é evidente que há ligações entre a teologia e os desdobramentos acima.[10]

---

10. Pesquisas recentes investigaram e esclareceram a forma como interagiram o sistema jurídico incipiente e a interpretação bíblica emergente, contribuindo no Ocidente para o desenvolvimento de uma teologia, visão de mudo e sistema legal punitivos. Veja Timothy Gorringe, *God's Just Vengeance: Crime, Violents and The Rhetoric of Salvation* (Cambridge: Cambridge University Press, 1996); e T. Richard Snyder, *The Protestant Ethic and the Spirit of Punishment* (Grand Rapids, MI: Wm. H. Eerdmans Publishing, 2001).

A vitória da justiça do Estado

Os historiadores Bruce Lenman e Geoffrey Parker sugeriram que a história ocidental pode ser vista como um processo dialético entre dois modelos básicos de direito ou justiça: comunitário e estatal.[11] A justiça estatal despontou muito cedo. Alguns de seus elementos podem ser detectados no código de Hamurábi ou nas reformas jurídicas de Sólon na Grécia Antiga. Mas somente nos últimos séculos é que a autêntica justiça estatal saiu vitoriosa e monopolizou nossa visão do crime.

A justiça comunitária representou, na melhor das hipóteses, uma justiça restitutiva negociada. Sua essência foi capturada pela palavra *frith*, vocábulo germânico tribal que designa paz enquanto paz horizontal consensual. Mas a paz estatal é a "paz do rei": vertical, hierárquica, imposta e punitiva.[12]

Embora a justiça estatal e comunitária possam parecer conceitos antagônicos, é mais acertado vê-las como extremos com muitas graduações entre um e outro.[13] Num polo está a justiça comunitária pura com acordos negociados entre as partes interessadas. A justiça se torna um pouco mais formal quando outras partes, possivelmente designadas pelas autoridades políticas, se envolvem como árbitros ou notários. As cortes de acusação são ainda mais formais e nelas há um papel específico para o Estado. No final da escala está o verdadeiro tribunal estatal onde o Estado é a vítima, tem a iniciativa da ação e também a discricionariedade e o controle da mesma.

A justiça comunitária, na forma vigente na Europa em princípios da Idade Moderna, continha elementos de justiça estatal. Talvez

....

11. Lenman e Parker, "The State, the Community and the Criminal Law". A tese dos autores constitui parte da estrutura do presente capítulo.

12. Bianchi, "Justice as Sanctuary", *op. cit.*, cap. 6, p. 13 e ss.

13. Veja Herman Diederiks, "Patterns of Criminality and Law Enforcement During the Ancien Regime: The Dutch Case", em *Criminal Justice History: An International Annual* 1, 1980, p. 157-174.

7 • JUSTIÇA COMUNITÁRIA: A ALTERNATIVA HISTÓRICA

a mistura, a relação simbiótica entre elas, tenha permitido o bom funcionamento da justiça comunitária. Pode ser que a ameaça de justiça estatal tenha azeitado as engrenagens da justiça comunitária. Talvez a habilidade para escolher os espaços de negociação fosse um fator importante. Mas como a justiça estatal saiu vitoriosa, a compreensão do que era apropriado e possível acabou mudando. A justiça comunitária deixou de ser opção para a maioria dos eventos que hoje chamamos de crime.

No final do século XVI as pedras angulares da justiça estatal já estavam posicionadas na Europa. Novos códigos legais na França, Alemanha e Inglaterra ampliaram as dimensões públicas de certas ofensas e conferiram ao Estado um papel bem maior. Os códigos penais começaram a descrever transgressões e indicar penas. Algumas destas punições eram descomunalmente severas, incluindo-se a tortura e a morte. As sanções econômicas também podiam ser impostas em muitos casos.

A Reforma Protestante do século XVI pode ter promovido essa tendência favorável a sanções punitivas administradas pelo Estado.[14] Lutero endossava francamente o papel deste como agente de Deus na administração de punições. O calvinismo tendeu a enfatizar as imagens de Deus como juiz punitivo e também conferiu ao Estado importante papel de garantidor da ordem moral.

A justiça estatal era a onda do futuro, mas ainda não dominava e não podia reivindicar o monopólio da justiça. Foram necessários o Iluminismo do século XVIII e a Revolução Francesa para que a justiça estatal pudesse tomar um passo tão drástico.[15] No século XVIII o Estado já reclamava poder absoluto, que exercia de modo incrivelmente arbitrário e abusivo. Torturas e penas quase inimagináveis eram

....
14. Veja T. Richard Snyder, *The Protestant Ethic and the Spirit of Punishment*, op. cit.

15. Além das fontes anteriormente citadas, veja Michael Ignatieff, "State, Civil Society, and Total Institutions: A Critique of Recent Social Histories of Punishment", em Cohen e Scull (eds.), *Social Control and the State*, Cohen e Scull (eds.), p. 75-105; e Jacques Ellul, *The Theological Foundations of Law* (New York: Seabury Press, 1969).

comuns – não apenas para os "criminosos" devidamente julgados e condenados, mas também para suspeitos e inimigos políticos. A coroa se declarava acima da lei, e esta era um labirinto insano de costumes e princípios, lógica e arbitrariedade, interesses particulares e imperativos públicos.

Os reformadores do período iluminista tentaram colocar a lei acima dos governos e criar leis com fundamento racional. Profundamente críticos em relação à tradição e à religião, que viam como superstições ilógicas, eles abraçaram uma forma jurídica secular baseada na lei natural e princípios racionais.

Em meio a esse processo, os pensadores iluministas começaram a formular novos conceitos de sociedade e de Estado com base num contrato social implícito. Segundo eles, as leis deveriam refletir a vontade da sociedade em geral e aos governos caberia o papel de articular e administrar essas leis. Isto não significa que sonhassem em ver as pessoas comuns tomando decisões políticas. A maioria dos pensadores iluministas não eram, nem de longe, democratas! Mas começaram a articular o conceito de governo enquanto representante dos interesses da sociedade em geral, em vez de exclusivamente de alguns grupos de interesse ou da família real.

Diante dos abusos de poder do Estado que se pretendia absoluto, os reformadores do século XVIII poderiam ter atacado o pressuposto do Estado centralizado. Mas não o fizeram. Ao invés disso, não apenas conceberam um Estado forte mas lançaram as bases para um poder ampliado fundado numa nova lógica e responsabilidade. A nova lógica era o contrato social com as novas responsabilidades estendidas para porções maiores da população e para o direito.

O livro de Cesare Beccaria intitulado *Dei delitti e delle pene* [*Dos delitos e das penas*, em inglês *On Crime and Punishment*] publicado pela primeira vez em 1764 e muitas vezes citado como fundamento do moderno direito penal, foi em parte uma expressão dessa abordagem iluminista. Beccaria partiu do pressuposto de que a lei devia estar logicamente enraizada na vontade da comunidade como um todo. Afirmou que ela devia ser aplicada a todos, e administrada de modo racional pelo Estado.

Beccaria entendia, ainda, que as pessoas decidiam como iriam se comportar com base em suas expectativas quanto à dor ou o prazer advindos de suas escolhas. Logo, a lei deveria administrar doses racionais e limitadas de dor levando em consideração a quantidade necessária para contrabalançar o prazer que o perpetrador deriva da ofensa cometida. Mas a dor a ser administrada devia ser proporcional ao mal cometido.

O livro de Beccaria foi uma arma bastante útil para atacar os abusos cometidos pelo Estado e pelo direito consuetudinário. Mas ao invés de questionar o papel central daquele dentro do campo da justiça, ele ofereceu renovada legitimação. Além disso, embora tenha sido compreendido por alguns como tendo entronizado um conceito plenamente racional e utilitário de direito, na verdade manteve fortes elementos punitivos e até de retaliação.[16]

A Revolução Francesa, que teve início em 1789 e se estendeu até o século seguinte, bebeu na fonte do Iluminismo, mas teve uma dinâmica própria. Ela também atacou os costumes e os privilégios, buscando substituí-los por um conceito racionalizado de direito e um novo modelo de Estado. Mas, como o Iluminismo, ela deu corpo a ideias mais em vez de menos ambiciosas sobre o poder do Estado.

Os novos códigos penais adotados pelos governos revolucionário e napoleônico ilustram tais tendências. Eles deram ao Estado amplos poderes de iniciar ações penais. Eram também bastante punitivos, embora com um foco mais racional e equitativo.

Os desenvolvimentos ocorridos nos séculos XVIII e XIX foram importantes portanto na formulação do modelo atual de justiça

---
16. Veja David B. Young, "Let Us Content Ourselves with Praising the Work While Drawing the Veil Over Its Principles: Eighteenth-Century Reactions to Beccaria's On Crime and Punishment", *Justice Quarterly*, 1, nº 2 (junho de 1984), p 155-169.

retributiva. O Estado ganhou nova legitimidade e também novos mecanismos para exercer seu poder. O direito foi revestido de uma santidade inédita, que tornou a transgressão algo mais repreensível e suas consequências mais "merecidas".

O pensamento iluminista e a prática pós-iluminista reforçaram a tendência no sentido de definir as ofensas em termos de violação da lei ao invés de em função do dano real. Diante de danos mais graves, a ênfase recaía cada vez mais sobre a esfera pública ao invés da privada. Se o Estado representasse a vontade e interesses populares, ficaria mais fácil justificar sua definição como vítima e entregar-lhe o monopólio das intervenções jurídicas. Mais importante, o Iluminismo trouxe consigo a nova física da dor.

Os pensadores do Iluminismo e da Revolução Francesa não questionaram a ideia de que quando um mal é cometido, a dor deve ser administrada. Pelo contrário, ofereceram novas justificativas. Instituíram diretrizes mais racionais para a administração da dor. E introduziram novos mecanismos para aplicação das punições.

O instrumento básico de aplicação da dor veio a ser a prisão. Eram muitas as razões para a introdução do aprisionamento como sansão penal naquela época. Mas a parte atraente da privação de liberdade é que ela permitia graduar o tempo da pena segundo a gravidade da ofensa. As prisões constituíam uma forma de dosar a punição em unidades de tempo, oferecendo uma aparência de racionalidade e mesmo de ciência à aplicação da dor.

As prisões também se coadunavam muito bem com as sensibilidades e necessidades que surgiam. Publicidade e sofrimento físico haviam caracterizado as punições do Antigo Regime. Os absolutistas tinham usado punições públicas e brutais como forma de tornar visível seu poder. Os novos governos com maior base popular não tinham necessidade de demonstrações públicas para legitimar seu poder. Além disso, as pessoas não se sentiam mais tão à vontade com a dor e a morte. A forma de lidar com a morte e a doença mudou, refletindo a necessidade de esconder ou mesmo negar esses aspectos difíceis da vida.[17] Nesse contexto, as prisões ofereciam uma forma de administrar a dor a portas fechadas. À medida que a tecnologia para infligir dor mudou, modificou-se também o escopo de suas intenções. No início da Idade Moderna as formas de punição visavam o corpo, muitas vezes de modo brutal. O moderno uso da prisão buscava atingir a alma, como observou o historiador francês Michel Foucault.[18] Os quakers americanos que defendiam a prisão[19] o faziam na expectativa de incentivar o arrependimento e a conversão. Justificativas posteriores pintavam as prisões como laboratórios para mudar comportamentos e padrões mentais e para reformar personalidades. Muitíssimas razões foram cunhadas para justificar o uso das prisões a fim de infligir o que Christie chamou de "dor dotada de propósito".

As raízes da justiça formal centrada no Estado nasceram há muitos séculos, mas a justiça estatal enfrentou considerável resistência, e emergiu vitoriosa apenas no século passado. A experiência estadunidense é um caso elucidativo.[20] Relatos sobre a justiça nos Estados Unidos amiúde enfatizam o desenvolvimento precoce de formas públicas e legalistas de justiça, situando a origem da acusação pública e formal no período pré-revolucionário. Mas estudos recentes revelaram que os procuradores públicos tinham papéis bastante limitados. Não gozavam de autonomia para iniciar ou encerrar um processo criminal até a metade do século XIX ou mesmo mais tarde. Ao invés disso, outras formas de justiça (incluindo mediação, arbitragem e procedimentos cíveis) eram populares e persistiram inclusive depois do triunfo da justiça estatal. A restituição era uma forma popular de

....
17. Spierenburg, Spectacle of Suffering, op.cit., cap. 6.
18. Michel Foucault, Discipline and Punish: The Birth of the Prison (New York, Parthenon Press, 1977). Veja também Ignatieff, A Just Measure of Pain e "State, Civil Society", op. cit.
19. O ano de 1990 marcou o 200° aniversário da primeira prisão moderna, a Walnut Street Jail.
20. Veja Josephine Gittler "Expanding the Role of the Victim in a Criminal Action: An Overview of Issues and Problems", Pepperdine Law Review, 11, 1984, p. 117-182; e Allen Steinberg , "From Private prosecution to Plea Bargaining: Criminal Prosecution, the District Attorney, and American Legal History", Crime and Delinquency, 311, n° 4 (outubro de1984), p. 568-592.

acordo, ao menos para os crimes patrimoniais, e as vítimas desempenhavam papel importante.

Por fim a justiça estatal dominou. O estabelecimento de procuradores públicos com amplos poderes e discricionariedade e a disponibilidade de penitenciárias foram parte importante nesse processo nos Estados Unidos. O resultado é que hoje, como Jerold Auerbach colocou de modo bastante eloquente, "A lei é nossa religião nacional, os advogados são os sacerdotes e o tribunal é a catedral onde o teatro das paixões contemporâneas é encenado".[21]

As dimensões da revolução jurídica

A vitória da justiça estatal tardou a chegar. Mas como documentou Berman, representou nada menos que uma revolução jurídica com profundas implicações. As dimensões dessa revolução no tocante à forma como se pensa e faz justiça estão resumidas nos parágrafos seguintes.

Em primeiro lugar, no centro dessa revolução estava a mudança de uma justiça privada ou comunitária para uma justiça pública. Tal movimento começou pela abertura de possibilidades de denúncia por parte do Estado. Depois este colocou-se como parceiro, e mais adiante proprietário, até que afinal tinha o monopólio da justiça para todos os danos e males chamados crimes.

Ao longo desse processo a vítima do crime foi redefinida, e o Estado tornou-se a vítima de direito. As vítimas foram abstraídas e os indivíduos tornaram-se periféricos ao problema e sua solução.

Em segundo lugar, concomitante a esse processo, a justiça foi sendo cada vez mais calcada na lei formal ao invés de nos costumes e na conveniência. A justiça acabou sendo equiparada com a lei escrita, interpretada e gerenciada por profissionais. Cada vez mais o critério da justiça passou a ser o processo utilizado.

---

21. Jerold S. Auerbach, *Justice Without Law?* (New York: Oxford University Press, 1983), p. 9.

7 • JUSTIÇA COMUNITÁRIA: A ALTERNATIVA HISTÓRICA

Certos danos e conflitos vieram a ser definidos como diferentes dos outros, dando início a procedimentos criminais em que o Estado predominava. Outros foram deixados a cargo da lei civil, onde os participantes retiveram considerável discricionariedade e poder.

Em terceiro, a vingança era um possível resultado da justiça comunitária. O Estado assumiu essa opção, diminuindo a disponibilidade de outras possibilidades. A punição tornou-se normativa. Resoluções amigáveis e acordos passaram a ser raros e até ilegais. Como a norma fosse a punição e não a restituição, a importância da vítima individual dentro do processo diminuiu.

É interessante notar que a Igreja nunca articulou qualquer crítica séria a esse processo. Preocupada em controlar a vingança privada, e rápida em reconhecer o papel do Estado, ela acabou por oferecer apoio eficaz.

Como a punição tornou-se a norma, formas inovadoras de pena foram surgindo. O significado simbólico da punição também mudou. No mundo pré-moderno a motivação de vingança desempenhava um claro papel quando alguém buscava punição. Mas tão importante como a ideia da punição era a vindicação da vítima. Na maior parte dos casos a punição era pública. Assim, ao ser imposta estava implícita uma declaração simbólica de que a vítima estava correta do ponto de vista moral.

Nas sociedades teocráticas, a punição também funcionava como purificação simbólica que livrava a comunidade da poluição criada pelo crime. A punição demonstrava que a sociedade não tolerava tais ações, e assim ajudava a manter um sentido de limites e identidade da comunidade.

Os governos que recém surgiam estavam identificados de modo personalista com a família real e preocupavam-se em solidificar suas posições. As penas públicas brutais serviam como demonstração de poder do Estado, uma forma de asseverar e dramatizar seu poder. Nesse contexto, a justiça frequentemente não passava de um teatro de culpa e vindicação para demonstrar o assombroso poder das autoridades centrais.[22] Essa função simbólica ajuda a explicar a severidade de muitas penas, visto que eram concebidas para demonstrar o poder do Estado e as consequências de opor-se a ele. A punição precisava infundir terror. Esse papel simbólico também contribui para explicar a resistência pública a algumas formas de punição. O carrasco era uma figura especialmente odiada dentro de muitas comunidades europeias, principalmente por representar a justiça imposta pelo Estado.[23]

Hoje a punição é justificada em termos pragmáticos e utilitários: como forma de coibir, isolar da sociedade ou reabilitar. Por trás destas perduram muitas funções simbólicas importantes que retêm elementos das punições antigas. Quando observo o modo como as penas são impostas, muitas vezes suspeito que há uma necessidade de dramatizar o poder do Estado e da lei sobre o indivíduo.

Em quarto lugar, os diferentes conceitos de justiça trouxeram consigo novas maneiras de entender o crime e o criminoso. Em vez de um conflito ou erro individual, certos comportamentos tornam-se danos coletivos e heresias sociais ou morais. Os crimes agora se tornavam uma violação da ordem social e da sobrenatural. A dimensão pública foi elevada acima da privada e isto serviu de justificativa para que o Estado impusesse uma ordem social e moral. A justiça veio a ser vista como o alinhamento da balança, um equilíbrio metafísico de abstrações.

Uma mudança de paradigma

A revolução jurídica, como indiquei acima, envolveu uma mudança de paradigmas nas formas de construir e compreender a realidade.

....

22. Veja Spierenburg, *Spectacle of Suffering, op. cit.*, p. 200 e ss.; Mark A. Sargent, resenha sobre Foucault no *New England Journal on Prison Law*, primavera de 1979, p. 235-240; Heinz Steinert, "Beyond Crime and Punishment", *Contemporary Crises: Law, Crime and Social Policy*, 10, n° 1, 1986, p. 25; e Horace Bleackley e John Lofland, *State Executions Viewed Historically and Sociologically* (Montclair: Patterson Smith, 1977).

23. Veja Spierenburg, *The Spectacle of Suffering, op. cit.*, capítulo 2 e p. 200 e ss.

O que jaz no fundamento desta mudança? Muitas respostas podem e foram de fato propostas.

Leshan e Margenau notam que os novos paradigmas emergem como tentativa de resolver os problemas mais prementes de uma sociedade ou cultura.[24] Segundo eles, o paradigma científico surgiu como tentativa de resolver os problemas mais graves da sociedade ocidental do final da Idade Média, ou seja, problemas catastróficos como a peste negra. A sociedade via-se confrontada pela necessidade urgente de controlar seu entorno e, portanto, desenvolveu um paradigma adequado à tarefa. Mas com o surgimento de outros problemas, o paradigma tornou-se inadequado e foi preciso que outros surgissem.

Qual foi o problema que o paradigma retributivo tentou solucionar? Algumas explicações focalizam a crescente complexidade e anonimato da sociedade como resultantes do crescimento populacional, do advento das cidades e da industrialização. Talvez os métodos tradicionais de solução de problemas tenham deixado de funcionar adequadamente na ausência da base comunitária.

Outros observam que a sociedade, ou ao menos as classes altas, sentiram a necessidade de controlar a turbulência social. Procurou-se reduzir os conflitos de classe e encontrar formas de manter a ordem sem perturbar os padrões vigentes de desigualdade social e política.

Uma interpretação comum indica a necessidade de controlar as vinganças privadas. Segundo esta visão, a vingança saíra de controle e somente dando ao Estado o "legítimo monopólio da violência" é que se poderia conter as vinganças. Este foi um argumento muito usado pelos seus representantes. Mas os historiadores vêm questionando o fato de que a vingança estivesse tão fora do controle, ou que as alternativas fossem tão limitadas quanto aquela explicação faz parecer.

....
24. Lawrence Leshan e Henry Margenau, *Einstein's Space and Van Gogh's Sky: Physical Reality and Beyond*, op. cit.

Parte da resposta à nossa questão talvez repouse na necessidade que os Estados emergentes tinham de monopolizar e exercer o poder. Qual o problema que o paradigma retributivo procurava resolver? Talvez a necessidade do Estado de legitimar e consolidar seu poder. Afinal, o Estado moderno é uma "instituição gananciosa", nas palavras do sociólogo Lewis Coser.[25] Seja como for, o paradigma mudou. Mas a inadequação do novo paradigma logo ficou evidente e variados epiciclos e mudanças começaram a ser introduzidos. Hoje se percebe claramente a sua disfuncionalidade. Outro paradigma seria possível? Em caso afirmativo, poderia se inspirar em elementos do passado? A tradição cristã sugere algumas possibilidades.

---

25. Lewis A. Coser, *Greedy Institutions* (New York: Free Press, 1974).

Capítulo 8
Justiça da aliança: a alternativa bíblica

Nosso passado oferece um modelo que mostra um caminho diferente; o da justiça comunitária. Mas há um outro modelo que para os cristãos é ainda mais significativo: a justiça bíblica.

Talvez seja chocante dizer que a justiça bíblica poderia oferecer um modelo muito diferente da justiça retributiva. Afinal, a citação bíblica mais frequente nessa mesma seara é justamente "Olho por olho, dente por dente" (Levítico 24:20; Êxodo 21:24). Impossível encontrar demonstração mais clara de que a Bíblia pede o "justo castigo" na forma de punição para os crimes.

Mas as aparências enganam quando se trata de "olho por olho". Um exame mais detido desse princípio da "lei de talião" não significa aquilo que muitas pessoas entendem. Além disso, este não é de modo algum o tema preponderante, o paradigma, da justiça bíblica.

O que diz a Bíblia?

O que a Bíblia tem a dizer sobre assuntos como crime e justiça? Obviamente, ela tem muito a dizer. Nem tudo faz sentido para nós, dado o tempo e a situação em que vivemos. Algumas passagens até parecem mutuamente contraditórias quando contempladas superficialmente.

Vejamos, por exemplo, os seguintes exemplos de preceitos legais, todos tirados da Torá do Antigo Testamento.

Se um homem ferir um compatriota, desfigurando-o, como ele fez, assim se lhe fará: Fratura por fratura, olho por olho, dente por dente. O dano que se causa a alguém, assim também se sofrerá. (Lev. 24:19-20)

Não te vingarás e não guardarás rancor contra os filhos do teu povo. Amarás o teu próximo como a ti mesmo. Eu sou Iahweh. Guardarás os meus estatutos. Não jungirás animais de espécie diferente no teu rebanho; não semearás no teu campo duas espécies de sementes diferentes e não usarás vestes de duas espécies de tecido. (Lev. 19:18-19)

Se alguém tiver um filho rebelde e indócil, que não obedece ao pai e à mãe e não os ouve mesmo quando o corrigem, o pai e a mãe o pegarão e levarão aos anciãos da cidade, à porta do lugar, e dirão aos anciãos da cidade: "Este nosso filho é rebelde e indócil, não nos obedece, é devasso e beberrão". E todos os homens da cidade o apedrejarão até que morra. Deste modo extirparão o mal do teu meio e todo Israel ouvirá e ficará com medo. (Deut. 21:18-21)

Se pecar e se tornar assim responsável, deverá restituir aquilo que extorquiu ou que exigiu em demasia: o depósito que lhe foi confiado, o objeto perdido que achou, ou todo o objeto ou assunto a respeito do qual prestou um falso testemunho. Fará um acréscimo de um quinto e devolverá o valor ao proprietário do objeto, no dia em que se tornou responsável. (Lev. 5:23-25)

Não lavrarás com um boi e um asno na mesma junta. (Deut. 22:10)

Aquele que blasfemar o nome de Iahweh deverá morrer, e toda a comunidade o apedrejará. Quer seja estrangeiro ou natural, morrerá, caso blasfeme o Nome. (Lev. 24:16)

Alguns trechos parecem enfatizar a retribuição. Outros parecem restaurativos. Alguns "fazem sentido" para a mente do século XX. Outros parecem completamente estranhos e até bárbaros. Obviamente não podemos seguir todos eles. Qual escolher? Como formar um preceito claro?[1]

---

1. Para uma discussão das abordagens à interpretação da Bíblia, veja Willard M. Swartley, *Slavery, Sabbath, War, and Women: Case Issues in Biblical Interpretation* (Scottdale, PA: Herald Press, 1983), cap. 5; e Perry Yoder, *Toward Understanding the Bible* (Newton, KS: Faith and Life Press, 1978).

Uma abordagem que parece reduzir o número de problemas hermenêuticos é a de nos limitarmos ao Novo Testamento, que é o material bíblico mais recente. Tal método tem seus méritos já que o próprio Cristo deixou claro que a "nova aliança" tinha precedência sobre a anterior. [2] Evidentemente, o Novo Testamento deve ser nosso padrão básico. Mas ignorar o Antigo Testamento é alijarmo-nos de um riquíssimo material que, em sua maioria, deu sustentação ao Novo Testamento. A fim de compreender mais plenamente as dimensões da justiça e das intenções do Deus da Bíblia para a humanidade, devemos levar o Antigo Testamento a sério. Não podemos ignorar o Antigo Testamento, se não por outro motivo, porque ele é citado com muita frequência em nossa sociedade.

Ao examinar a Bíblia, e especialmente o Antigo Testamento, devemos primeiro ter em mente que estamos lendo literatura de um outro mundo, um mundo distante de nós não apenas no tempo e no espaço, mas também na filosofia, nos sistemas políticos e na estrutura social. Como é de se esperar, as leis tinham uma forma muito diferente. Também seus propósitos e métodos de administração eram distintos dos de hoje.[3] Mesmo os pressupostos básicos em relação a assuntos como culpa e responsabilidade eram diferentes dos nossos, o que afetava diretamente os conceitos de lei e justiça.

A culpa, por exemplo, era coletiva, como também a responsabilidade. Por isso, na visão do povo da época, certos tipos de crime contaminavam a sociedade como um todo. Para expurgar essa culpa eram necessárias cerimônias coletivas de expiação, e por isso a corre-

----

2. Um importante exame do Novo Testamento é oferecido por Christopher Marshall, *Beyond Retribution: A New Testament Vision for Justice, Crime and Punishment* (Grand Rapids, MI: Eerdmans, 2001). Veja também Marshall, *Compassionate Justice: An Interdisciplinary Dialogue with Two Gospel Parables on Law, Crime and Restorative Justice* (Portland, OR: Cascade Books, 2012).

3. Uma útil introdução ao direito do Antigo Testamento: Hans Jochen Boecker, *Law and the Administration of Justice in the Old Testament and Ancient East* (Minneapolis: Augsburg Publishing House, 1980); Dale Patrick, *Old Testament Law* (Atlanta: John Knox Press, 1985); e o trabalho de Millard Lind, citado mais adiante.

ção sugerida pelo Antigo Testamento para certas ofensas tem caráter sacrificial, coisa que hoje nos parece estranha.

Tudo isso faz com que as leis do Levítico e do Deuteronômio nos pareçam bizarras. Como vimos dos trechos citados acima, tópicos importantes que para nós precisam constar de um código penal, como assassinato e furto, estão misturados com itens que não precisam ser contemplados como, por exemplo, normas sobre a agricultura, alimentação, vestimenta, casamento e adoração. Algumas ofensas e seus remédios jurídicos têm evidente dimensão religiosa e ritual, enquanto outras parecem mais objetivas.

Pelo fato de nossa linguagem ser tão diferente, especialmente no caso do Antigo Testamento, seria muito problemático aplicar suas prescrições legais e judiciais ao nosso contexto atual. Certamente não é adequado transplantar uma lei isolada para a nossa realidade. Nem seria acertado tomar conceitos isolados e enxertá-los num tronco filosófico distinto. Como veremos, essa abordagem na verdade tem levado à perversão de importantes ideias contidas na Bíblia. Devemos, sim, tentar compreender os princípios e intenções subjacentes e então seguir, a partir deles, em direção a conceitos de lei e justiça. Como propôs Jesus, é preciso apreender o espírito, e não apenas a letra da lei. Somente assim poderemos começar a compreender as leis bíblicas individuais para aplicação no contexto contemporâneo.

Portanto, tentaremos descobrir aqui estas perspectivas e direções. Não creio ser este o espaço adequado para uma análise detalhada da função, forma, conteúdo e administração da lei hebraica. Minha abordagem será a de esboçar o que parecem ser seus vetores subjacentes e depois contemplar os conceitos de justiça e lei a partir dessas orientações. Por fim, procurarei tirar algumas conclusões sobre o significado do crime e da justiça que tenham aplicação no contexto atual.

Dois conceitos básicos são fundamentais para desvelar o pensamento bíblico no tocante à lei e à justiça (e, na verdade, para tudo o mais): *shalom* e aliança. É preciso começar por eles.

Shalom: uma visão unificadora

Um tema essencial da mensagem bíblica, manifestado tanto no Antigo como no Novo Testamento, consiste na palavra hebraica shalom (em grego, usado no Novo Testamento, o vocábulo correspondente é *eirene*). *Shalom* não é um tema periférico, nem simplesmente um dentre muitos outros: é uma crença central básica em torno da qual muitos outros valores importantes se organizam. *Shalom* resume todas as intenções divinas fundamentais, a visão de Deus para a humanidade.

Consequentemente, devemos compreender a salvação, a remissão, o perdão e a justiça a partir da sua raiz em *shalom*.

A tradução corriqueira de *shalom*, "paz", transmite um aspecto do conceito, mas não expressa adequadamente todas as conotações da palavra. *Shalom* diz respeito a uma condição em que "tudo está certo" e as coisas estão como devem ser em inúmeras dimensões. Em seu abrangente estudo sobre o Antigo Testamento, o especialista Perry Yoder descobriu que shalom, na acepção bíblica, tem três dimensões básicas de significado para a palavra no contexto bíblico.[4]

Contrariamente ao entendimento corriqueiro, *shalom* em geral se refere a condições ou circunstâncias materiais ou físicas. Segundo a Bíblia, a intenção de Deus é que a humanidade viva em bem-estar físico. No mínimo, isto significa uma situação em que as coisas estão bem. Mas em algumas instâncias a palavra parece apontar para algo mais, para prosperidade e abundância. Ao menos as visões de futuro articuladas de modo tão pictórico pelos profetas incluem saúde e prosperidade material e ausência de ameaças físicas como doenças, pobreza e guerra.

---
4. Perry B. Yoder, *Shalom: The Bible's Word for Salvation, Justice, and Peace* (Newton, KS: Faith and Life Press, 1987). Este capítulo se baseia muito na reflexão sobre *shalom*, justiça, lei e aliança feita por Yoder.

Uma segunda dimensão da palavra diz respeito às relações sociais. Segundo a Bíblia, Deus pretende que as pessoas vivam em bom relacionamento mútuo e com Ele. Viver em *shalom* significa que as pessoas vivem em paz, sem inimizade (o que não significa sem conflitos!). Na Bíblia está claro que isto inclui viver relações econômicas e políticas justas com os outros. Ela reitera inúmeras vezes que a opressão e a injustiça são contrárias a *shalom*, não representam bons relacionamentos e não devem existir. *Shalom* depende de bons relacionamentos entre as pessoas, e isso significa a eliminação da opressão. Diferenças marcantes entre condições materiais e poder, que resultam em empobrecimento e opressão de alguns, são condições que não podem coexistir com *shalom*, pois ela significa o bem-estar de todos da sociedade. Quando isto não existe, não há *shalom*.

Uma terceira dimensão ou aplicação de *shalom* na sua acepção bíblica está no campo ético. Segundo Yoder, *shalom* se refere a uma condição de "transparência" ou "sinceridade". O conceito funciona de duas maneiras nesse contexto. Refere-se à honestidade e ausência de falsidade no trato com o outro, e a uma condição de ausência de culpa (estar sem falta ou erro). *Shalom* envolve honestidade, integridade ética. Embora importante, esta dimensão de *shalom* é a menos mencionada na Bíblia.

Shalom define o modo como Deus pretende que as coisas sejam. Deus pretende que as pessoas vivam em uma situação "correta em todos os aspectos" no mundo material, nos relacionamentos interpessoais, sociais e políticos, e também em seu caráter individual. Não pode haver *shalom* quando as coisas não estão como devem ser, e sua ausência está no cerne das críticas que os profetas do Antigo Testamento faziam ao povo de Deus. A perspectiva de *shalom* também molda as esperanças e promessas para o futuro.

Embora as implicações totais de *shalom* extrapolem o escopo da presente obra, o seu significado está na base do significado de outros pilares centrais dos valores bíblicos. A visão de *shalom* também nos ajuda a compreender as ações de Deus e suas promessas ao longo da história contada pela Bíblia.

O conceito de *shalom* embasa todo o pensamento do Antigo Testamento, mas é também central para o Novo Testamento. Os autores do Novo Testamento usavam o termo *eirene* para definir a boa nova de Deus para a humanidade.[5] Semelhante a *shalom*, *eirene* se refere à paz entre as pessoas e Deus, e entre os indivíduos em várias instâncias.

A vida de Cristo, seus ensinamentos e morte mostram o padrão para uma vida desse tipo. Transformam o relacionamento divino--humano e também o relacionamento entre as pessoas. Nas palavras de Yoder, "Jesus veio para que as coisas fossem como deveriam ser entre as pessoas e entre as pessoas e Deus e também a natureza".[6]

Assim, a reconciliação é um tema importante no Novo Testamento, mas o estado em que "tudo está certo" pretendido por Deus continua tendo dimensões materiais e físicas, como tinha no Antigo Testamento.

Aliança: a base para *shalom*

O conceito de aliança é a base e modelo primário de *shalom* na Bíblia.[7] O que diferenciava os israelitas tão marcadamente de seus contemporâneos do Oriente Próximo era, em boa parte, a crença de que Deus havia feito uma aliança com a humanidade. Este conceito de aliança moldou os conceitos de lei, justiça, ordem social, fé e esperança. Leis que talvez fossem semelhantes e até importadas de outras sociedades fronteiriças acabavam sendo radicalmente transformadas por esta aliança.

....
5. Yoder, *op. cit.*, p. 19-21.
6. Yoder, *op. cit.*, p. 21.
7. Além da obra de Yoder (*e.g.* p. 75-82), baseei-me bastante nas reflexões de Millard Lind sobre aliança e direito. Veja "Law in the Old Testament", em *The Bible and Law*, ed. Willard M. Swartley, *Occasional Papers* nº 3 do Council of Mennonite Seminaries (Elkhart, IN: Institute of Mennonite Studies, 1983); e *The Transformation of Justice: From Moses to Jesus* nº 5, *New Perspectives on Crime and Justice: Occasional Papers* (Akron, PA: Mennonite Central Committee, 1986).

No contexto bíblico uma aliança é um acordo com força de lei entre as partes. A aliança presume um relacionamento pessoal entre elas e implica em responsabilidades e compromissos recíprocos. A fé bíblica tem por pressuposto uma aliança entre Deus e o povo, uma aliança baseada nos atos salvíficos e justos Dele. O principal ato salvífico do Antigo Testamento foi um ato de libertação: o êxodo do Egito. Tal ato foi realizado por causa do amor de Deus, e não porque fosse merecido ou tivesse sido conquistado pelo esforço do povo.

Embora o êxodo seja emblemático, o Antigo Testamento é um relato de repetidos resgates e salvação renovada. Os profetas entendiam estes reiterados atos de salvação como sendo parte do compromisso de Deus, assumido através da aliança Dele com seu povo. Mesmo que o povo frequentemente falhasse no cumprimento das responsabilidades implícitas na Aliança, os profetas afirmavam que Deus havia permanecido fiel à sua promessa original.

Ocasionalmente o povo renovava sua aliança com Deus e disso resultava a criação das condições necessárias à existência de *shalom*, já que o relacionamento agora estava correto. Assim, a aliança oferecia o fundamento e também o modelo para *shalom*.

Mas uma aliança pressupõe obrigações mútuas. Os conceitos de lei e justiça possibilitavam às pessoas compreender e trabalhar por *shalom* cumprindo aquelas obrigações.

No Antigo Testamento, o ato fundamental de libertação que constituiu o paradigma da aliança e a base para a visão de *shalom* foi o êxodo e a libertação da escravidão no Egito. O novo ato de libertação representado pela vida, morte e ressurreição de Cristo formou a base para uma "nova" aliança, uma nova forma de convivência. O Novo Testamento, talvez melhor compreendido como nova aliança, foi criado em cima dos antigos entendimentos e deu continuidade aos conceitos de *shalom* e aliança, mas em forma renovada. Segundo a Bíblia, ali nasceu um novo dia no relacionamento entre Deus e a humanidade – e entre as pessoas. Mas, como no Antigo Testamento, a base para a aliança é o ato salvífico e libertador de Deus. Esse gesto de Deus oferece um caminho para conviver em *shalom*, que pressupõe responsabilidades mútuas entre Deus e a humanidade, e entre as pessoas.

A aliança do Antigo Testamento fundou-se num ato central de salvação e libertação. Tal aliança criou a base para uma nova sociedade, uma sociedade que fosse diferente das outras, que operasse por princípios próprios, e que funcionasse no sentido de realizar *shalom*. Também a aliança do Novo Testamento se assenta em atos fundamentais de salvação e libertação e lança as bases para uma nova comunidade, com seus próprios princípios operacionais e que constitui o alicerce para a obra de *shalom* neste mundo. A aliança continua sendo o fundamento.

Shalom e aliança como forças transformadoras

Na sociedade bíblica *shalom* e aliança foram forças transformadoras que desenvolveram os conceitos de direito e justiça. Ao longo de sua evolução, a sociedade dos hebreus enfrentou as mesmas carências e pressões que outras sociedades antigas do Oriente Próximo. Como o líder babilônico Hamurábi, os governantes judaicos se viram diante da necessidade de padronização e unificação diante do crescimento, da urbanização e da especialização. As ferramentas legais e judiciais adotadas ao longo desse processo por vezes tinham semelhanças formais ou mesmo raízes semelhantes em Israel e em outros reinos do Oriente Próximo. Contudo, as ideias judaicas sobre direito e justiça eram radicalmente diferentes das de Hamurábi no tocante ao conteúdo. E essa diferença vinha da transformação operada por *shalom* e a aliança.

O estudioso do Antigo Testamento Millard Lind escreveu que a Lei de Hamurábi era uma lei estatal, hierárquica, imposta, punitiva, e nitidamente enraizada num rei distante e todo-poderoso.[8]

---
8. Lind, *The Transformation of Justice: From Moses to Jesus*, op. cit., nº 5, p. 3.

O direito judaico, por outro lado, pressupunha Deus como a fonte de toda autoridade, acima de todos os reis. Esse Deus era pessoal, fiel, preocupado com os fracos e com a condição humana em geral. Tais qualidades estavam impregnadas na visão de *shalom* e na crença na aliança. Essas duas características transformaram a justiça e a lei. Assim, a justiça da aliança apresentava um contraste marcante em relação à justiça estatal.

O conceito de transformação é importante, mas há ainda uma outra dimensão. Deus opera dentro dos limites da época, dentro dos limites da nossa compreensão e visão. A compreensão humana é sempre incompleta, mas, como se lê em Marcos 10:5, Deus leva isto em conta. No entanto, Ele força esses limites, procurando expandir nossa compreensão e visão. Assim, o conhecimento humano continuou a se desenvolver através da história. A atuação de Cristo foi parte desse processo, e muitas vezes se deu pela transformação dos valores da antiga aliança. Os conceitos de *shalom* e aliança foram forças transformadoras que moldaram as ideias de direito e justiça, mas, por sua vez, também eles foram transformados.

Portanto, o conceito de transformação faz sentido em várias dimensões. Lind chamou esse processo multidimensional de "a transformação da justiça de Moisés até Jesus".

A justiça da aliança

Como está implícito no conceito de *shalom*, a questão da justiça não é um assunto marginal na Bíblia. Nela, a justiça não é uma matéria "eletiva" que possamos deixar de lado.[9] A justiça diz respeito à presença de *shalom* nos relacionamentos e, portanto, é fundamental à missão e identidade de Deus e ao nosso futuro. De fato, a justiça serve como medida e prova de *shalom*.

---

9. Além das obras citadas, veja Matthew Fox, *A Spirituality Named Compassion and the Healing of the Global Village, Humpty Dumpty and Us* (Minneapolis: Winston Press, 1979).

Assim, não é de surpreender que a questão da justiça seja tão recorrente na Bíblia. Nem é de se admirar que quando os profetas condenaram Israel por afastar-se de seu Deus, afirmaram claramente que a injustiça era o problema, tanto quanto a falta de adoração sincera.

No idioma hebraico não há uma palavra única para transmitir a ideia de "justiça", mas duas palavras frequentemente traduzidas por justiça são *sedeqah* e *mishpat*.[10] Nenhuma delas expressa exatamente o que nosso vocábulo justiça quer dizer, mas ambas dizem respeito à retidão, à correção, ao ato de retificar as coisas. Fazer justiça é corrigir as coisas, e a história da relação de aliança entre Deus e Israel é um modelo, uma promessa e um chamado. O preceito de justiça nasce, portanto, do relacionamento de Iahweh com Israel. A justiça bíblica se funda numa visão de *shalom*, moldada pelos atos salvíficos fundamentais de Deus no contexto da aliança Dele com seu povo. A forma como Deus reage aos males cometidos é uma janela para a justiça divina.

Quais são, portanto, as qualidades da justiça divina?

Seguindo as tradições grega e romana, tendemos a dividir a justiça em áreas como "justiça social", por vezes chamada justiça distributiva, e "justiça criminal" ou justiça retributiva. Quando os males cometidos se relacionam com a distribuição da riqueza e do poder, falamos em justiça social; quando foram definidos em lei como crimes, dizemos que pertencem ao âmbito da justiça retributiva.

Na nossa visão, a justiça distributiva é difícil de conseguir, é um objetivo longínquo. Enquanto ela não vem, nos empenhamos em aplicar a justiça retributiva. Ou seja, presumimos que é possível separar as áreas da justiça e lidar com cada uma delas de modo distinto.

....
10. Por exemplo, em Miqueias 6:1-8. Veja Lind, *Transformation*, op. cit., 1. Veja também nota 13.

A justiça bíblica é mais holística e vê as duas esferas como parte de um todo. A injustiça de qualquer tipo, em qualquer campo, vai contra shalom. Os atos daquele que oprime são tão graves quanto os do indivíduo que assalta e rouba. Ambos violam shalom. A justiça não é separável.

Nossos âmbitos de justiça retributiva e distributiva, embora governados por regras operacionais diferentes, baseiam-se ambos no pressuposto de que a justiça diz respeito à justa distribuição das recompensas. Ambas cuidam para que as pessoas recebam o que merecem. Assim, tanto a justiça retributiva como a distributiva se baseiam no princípio da reciprocidade, do merecido castigo. Isto remete a um tipo de ordem ética, abstrata, em que os desequilíbrios devem ser corrigidos. Implica também em que a justiça deve ser merecida ou conquistada. Por exemplo, a justiça distributiva parte do pressuposto de que as pessoas devem receber as coisas em função de seu esforço. Da mesma forma, a preocupação na justiça retributiva é conseguir que as pessoas recebam a punição que merecem.

Na Bíblia a justiça "olho por olho" tem seu lugar. Mas a ênfase está alhures. O espírito do "olho por olho" deve ser temperado pela justiça shalom, e esta, semelhante à salvação divina, preocupa-se com a necessidade e não com o mérito.

A rejeição da justiça "olho por olho" ou legalista aparece em todo o relato da Bíblia. Ela se faz presente em todas as passagens em que as consequências prescritas ou reconhecidas na lei não são executadas. Embora Caim merecesse a pena de morte pelo assassinato de seu irmão, Deus rejeita essa penalidade. Quando a mulher de Oseias comete falta grave, ela é poupada. No episódio da mulher que cometera adultério e merecia morrer pelos padrões de seu tempo, Jesus rejeita essa penalidade. Tal rejeição do merecido castigo aparece mais uma vez na parábola dos trabalhadores da vinha. Os operários que começaram ao meio-dia recebem o mesmo pagamento generoso que aqueles que chegaram de manhã cedo, contrariando as expectativas da justiça "olho por olho".

Acima de tudo, tal rejeição do "merecido castigo" é demonstrada pela própria ação de Deus, cujo propósito é servir de modelo para a justiça *shalom*. Diante de recalcitrante iniquidade, Deus não desiste de Israel. Tendemos a considerar o amor e a misericórdia como diferentes ou opostos à justiça. Um juiz pronuncia uma sentença. Depois, poderá mitigar a pena por um ato de clemência. Mas a justiça bíblica nasce do amor. Tal justiça é de fato um ato de amor que busca corrigir as coisas. Nesse modelo o amor e a justiça não são opostos, nem estão em conflito. Pelo contrário, o amor promove uma justiça que busca em primeiro lugar endireitar o que não está bem.

Vale a pena lembrar que os conceitos ocidentais de amor romântico e emocional complicam em muito nossa compreensão do amor como fonte da ação. Não que o conceito bíblico de amor deixe de lado nossos sentimentos. Cristo deixou bem claro que sentir ódio é tão grave quanto agir com ódio. Mas ali o amor não se caracteriza por uma emoção melosa. O amor é um ato consciente de zelo amoroso pelo bem do outro. Quando a Bíblia fala de amor, as palavras em geral denotam ação e volição mais do que emoções.

A justiça bíblica busca endireitar as coisas, e a ênfase é sobre a libertação. Deus procura corrigir as coisas, libertando aqueles que estão oprimidos do ponto de vista material, social e emocional. A justiça é um ato libertador, e tal libertação não acontece porque é merecida, mas porque é necessária.

Nossa imagem da justiça, emprestada dos romanos e vestida de forma jurídica pela Revolução Francesa, é a de uma mulher vendada, isenta, que segura uma balança de pratos equilibrados. A justiça trata as pessoas como iguais, sem parcialidade. Mas será realmente justo tratar os desiguais igualmente? A justiça bíblica almeja corrigir as coisas, e muitas vezes isto significa libertação para os desiguais. Portanto, a justiça bíblica mostra uma inequívoca parcialidade em relação aos oprimidos e empobrecidos. Ela está evidentemente do lado dos pobres, reconhecendo suas necessidades e desvantagens.

A justiça bíblica está de olhos abertos, e suas mãos se estendem para os necessitados.

Como a justiça bíblica visa melhorar as coisas, ela não é projetada para manter o *status quo*. De fato, seu propósito é balancear o estabelecido, aprimorar, seguir em direção a *shalom*. Esse movimento não significa uma vantagem para todos necessariamente. De fato, é uma péssima notícia para o opressor. Também este é um aspecto que contrasta com a justiça que, visando a manutenção da ordem, atua na verdade para manter a ordem estabelecida e o *status quo*, mesmo quando injustos.

Do ponto de vista bíblico a prova de justiça não se dá verificando se as regras corretas foram aplicadas da maneira certa. O teste da justiça é o resultado. A árvore se conhece pelos frutos.[11] É o mérito, e não o procedimento, o que define se foi feita justiça. E qual deve ser o resultado? O critério decisivo é o modo como os pobres e oprimidos são afetados.

Embora a administração da justiça nos tempos bíblicos fosse necessariamente um reflexo imperfeito desse ideal, ainda assim, ela encarnava os pressupostos da justiça da aliança.[12] Quando uma falta era cometida, as pessoas iam até os portões da cidade para buscar justiça numa "assembleia legal" da qual participavam os cidadãos. O foco dessa corte, por vezes chamada de "organização de reconciliação" não era satisfazer um conceito abstrato de justiça, mas encontrar uma solução para um problema. A palavra julgamento aqui poderia ser traduzida por acordo ou decisão. A restituição e a indenização eram resultados comuns. A passagem do capítulo 6 do Levítico citada acima é um exemplo disso na medida em que pede pela reparação de uma perda, e mais uma indenização. Em Êxodo 18, relata-se que Moisés estabeleceu um sistema de juízes. Seu objetivo

---
11. Veja Herman Bianchi, *A Biblical Vision of Justice*, n° 2, *New Perspectives on Crime and Justice: Occasional Papers* (Akron, PA: Mennonite Central Committee, 1984), p. 7.
12. Veja Boecker, *Law and the Administration of Justice*, p. 31 e ss.

8 • JUSTIÇA DA ALIANÇA: A ALTERNATIVA BÍBLICA

não era identificar vencedores e perdedores, mas garantir que "toda essa gente vá para casa satisfeita", ou seja, em shalom (Êxodo18:23).

Em vista dessa ênfase, não é de se estranhar que as palavras para retribuir (*shillum*) e recompensar (*shillem*) tenham a mesma raiz da palavra *shalom*. A restituição era uma forma de tentar endireitar as coisas. A recompensa, às vezes traduzida por retribuição, mas com uma conotação de satisfazer ao invés de vingar-se, representava um reconhecimento de direitos. As duas dizem respeito à restauração de *shalom*.[13]

As ofensas eram vistas como um mal cometido contra pessoas e contra *shalom*, e o processo judicial envolvia um acordo. Este é o modelo que encontramos em Miqueias 6. O povo de Israel havia contrariado as intenções divinas, violando a aliança. As queixas de Deus estão relatadas numa forma que provavelmente correspondia à das ações judiciais daquele tempo. Através do profeta Miqueias ouvimos uma viva descrição das queixas de Deus e das consequências das violações. Depois vem o resultado final. Apesar de tudo, Deus não desistiu. Em Miqueias 7:18, vemos a justiça de Deus: "Qual é o Deus como tu, que tira a falta, que perdoa o crime? Em favor do resto de sua herança, ele não exaspera sempre sua cólera, mas tem prazer em conceder graça".

....
13. Veja Daniel W. Van Ness, *Crime and Its Victims* (Downers Grove, IL: InterVarsity Press, 1986), p. 120; e Van Ness, "Persuing a Restorative Vision of Justice", em *Justice: Restorative Vision* nº 7, *New Perspectives on Crime and Justice: Occasional Papers* (Akron, PA: Mennonite Central Committee, 1989), p. 18.
Millard Lind sugere as seguintes definições:
Shillum: Recomposição, retribuição, prêmio (Oseias 9:7; Miqueias 7:3)
Shillem: Recompensa (Deut. 32:35)
Shalom: O bem-estar que nasce de um relacionamento de aliança.
Mishpat: A expressão social da retidão de Deus; a norma de comportamento que nasce do relacionamento divino-humano, e os relacionamentos entre humanos baseados naquele.
Sedeqah: Como sinônimo de *mishpat*, pode ser traduzido como justiça. Em outro contexto *mishpat* pode referir-se à justiça aplicada, enquanto que *sedeqah* representa um atributo de Deus enquanto líder soberano. Muitas vezes traduzida por salvação ou vitória. Quando usado em relação aos humanos, pode referir-se à conduta ética, aos atos humanos que são uma recordação dos feitos e ensinamentos de Iahweh.
Eirene: Harmonia e concórdia entre as nações e os indivíduos; segurança e bem-estar que nasce do relacionamento de aliança (ver *shalom*).

145

Como sugere este exemplo, a retribuição é um dos temas do Antigo Testamento. Mas em geral a punição de Deus aparecia no contexto de *shalom*. A punição não era – como é para nós hoje – o fim da justiça. Ela em geral visava uma restauração ou então subjugar o poder do opressor (reivindicando justiça para o oprimido). Esse contexto de *shalom* servia para limitar seu potencial retributivo. Da mesma forma, a punição devia dar-se num contexto de amor e na comunidade. Isto é, a punição era acompanhada por uma renovação da aliança. Portanto, a punição era vista como justa, merecida. Ela mantinha aberta a possibilidade de eventual reconciliação e restauração, ao invés de condenar a um isolamento perpétuo. Ela era uma justiça restaurativa ao invés de destrutiva. A punição não era a finalidade do processo. Assim, o conceito de *shalom* temperava o funcionamento da justiça retributiva.

Com certeza a justiça bíblica não era uma investigação forense do ato lesivo a fim de determinar a culpa e decidir qual a pena merecida. Ao contrário, a justiça bíblica era uma tentativa de endireitar o que estava errado e encontrar soluções que promovessem bem-estar.

Direito da aliança

O foco da justiça bíblica estava no mérito, muito mais do que na legalidade. A ofensa não era definida primariamente como não conformidade com as normas e leis, e a justiça não significava correta aplicação da lei.

Isto talvez pareça bastante problemático aos nossos olhos. Tendemos a ver as leis como salvaguarda da justiça e da ordem. Portanto, vemos a transgressão como violação da lei e a justiça como aplicação da lei. Na Bíblia nada disso acontece.

Os dez mandamentos, as mais famosas (embora não mais típicas) leis da Bíblia, nos oferecem uma visão da natureza e função da lei. Tendemos a interpretar estes preceitos do ponto de vista das nossas próprias leis, de modo que os percebemos como imperativos, proibições: "Faça isso, senão…". Mas esta coletânea de leis pode ser lida no futuro do imperativo. Os dez mandamentos, como tantas outras leis bíblicas, são convites, promessas: "Se você realmente estiver vivendo como se deve, será assim a sua vida. Não matarás. Não roubarás. [...]". Os dez mandamentos e, de fato, toda a Torá são um padrão para a vida em aliança, em *shalom*.[14]

A Torá é um modelo de como viver em *shalom* sob a antiga aliança. Será um engano considerá-la um conjunto de imperativos, de regras que não devem ser violadas. Elas são uma promessa, um convite, um exemplo de como deveria ser a nossa vida.

Se a Torá oferece um padrão para a vida em comunidade sob a antiga aliança, o sermão da montanha indica um padrão para viver sob a nova aliança. Novamente, é um engano ver esse conjunto de preceitos como regras imperativas e proibições. Como a Torá, eles são um convite, um modelo de *shalom*, um vislumbre de como será viver a vida em *shalom*.

O direito bíblico tem por propósito oferecer um norte: "É nesta direção que devemos seguir". A tradução da palavra Torá é "ensinamento" e ela inclui estórias e preceitos ou *halaka*, o caminho a seguir. Dada nossa visão da rigidez e finalidade da lei, muitas vezes nos espantamos com a forma como os israelitas questionavam e debatiam sua lei. Mas as leis serviam para ensinar princípios éticos. Além disso, eram pontos de partida para discussão, pois se esperava que as pessoas refletissem sobre a lei. Acredito que em sua tradução da Bíblia para o alemão, Martin Buber foi quem melhor captou o espírito da lei bíblica quando a chama de "indicações sábias". Elas colocam uma orientação e com isso estabelecem princípios, que devem ser discutidos.

---

14. Herman Bianchi, *A Biblical Vision*, op. cit., p. 5-7. Veja também sua reflexão sobre a Torá e *sedeqah*.

O propósito da lei bíblica era servir de meio, e não de fim em si mesmo. A melhor lei era o direito não escrito, pois era o espírito e não a letra da lei o que importava. Tal era o principal foco original da Torá. No entanto, com o tempo ela foi se enrijecendo. E foi a esse legalismo, a essa rigidez que Jesus Cristo se opôs frontalmente. Isto nos ajuda a compreender por que no Antigo Testamento é o espírito e não a letra da lei o que funciona. Como apontou Jesus em seus comentários sobre o Sabá, a lei foi feita para o povo, e não o povo para a lei. A intenção era promover a internalização das "indicações sábias", que fosse seguido o impulso da lei.

A Bíblia contém muitos preceitos legais sobre uma infinidade de tópicos. Tendemos a compreender essas leis do ponto de vista de nossas próprias leis, e por isso as interpretamos como códigos. De fato, muitos desses preceitos representam decisões judiciais pregressas, oferecidas como orientação para encontrar princípios aplicáveis em outras situações. Novamente, estas são "indicações sábias", mais do que regras de conduta, e oferecem princípios a serem usados na resolução de disputas, e não bases para estabelecer culpa e quantificar punições.

A lei era um meio e não um fim. Era um instrumento para construir *shalom*, para construir relacionamentos corretos. Seu propósito específico não era punir, mas redimir, fazer as coisas ficarem como devem.

Os códigos legais do Israel histórico combinavam elementos de direito comunitário e direito estatal.[15] Mas as leis como o código de Hamurábi e os códigos modernos são, afinal, impessoais e baseados no poder coercitivo do Estado. Contudo, a base de aliança do direito bíblico significava que a obediência devia advir de uma reação à ação salvífica de Deus, e não do poder cogente do Estado.

....
15. Essa discussão da lei se baseia fundamentalmente em Lind, Yoder, Boecker e Patrick. Contudo, veja também John E. Toews, "Some Theses Toward a Theology of Law in the New Testament", em *The Bible and Law*, Willard M. Swartley, p. 43-64.

Além disso, tanto o direito como as autoridades políticas estavam sujeitas a Deus. Nenhum deles era independente. O direito não era autônomo. Nem a formulação nem a administração da lei estavam centradas no Estado. Embora existisse em Israel uma espécie de monarquia, as leis jamais foram orientadas para girar em torno dela, de modo que a administração da lei continuou sendo basicamente uma questão a ser tratada pelas cortes e clãs locais.

A forma do direito bíblico reflete sua base na aliança e seu foco na redenção. As leis bíblicas em geral começam por uma afirmação sobre o que Deus realizou e depois mostram a reação adequada. Ou seja, os artigos de lei em geral começam com o que se denominou "justificação motivadora". Deus fez um ato libertador salvífico; *portanto*, isto é o que devemos fazer em resposta. A lei do Deuteronômio que dispõe sobre a escravidão, por exemplo, vem casada com uma justificação motivadora: "Lembra-te de que foste escravo na terra do Egito, e que o Senhor teu Deus te redimiu. Por isso te deu essa ordem" (Deut. 24:22).

Da mesma forma, os dez mandamentos se seguem a um lembrete sobre a ação libertadora de Deus (Deut. 5:15). Essa justificação motivadora é característica de boa parte das leis do Antigo Testamento,[16] mas o mesmo raciocínio é usado por Paulo no Novo Testamento.

A justificativa motivadora, o modelo lógico desse padrão está enraizado no conceito da aliança e, assim, a própria lei tornou-se uma reafirmação da aliança. A lei se baseia na ação salvífica e libertadora de Deus, realizada por amor e não porque o povo merecesse. Já que Deus fez isto por nós, eis como devemos retribuir. Nesse modelo a graça precede a lei, e a forma da lei afirma não apenas nossa responsabilidade mas os motivos dela: os atos de redenção praticados por Deus.

....
16. Veja especialmente Deut. 12:28 e Lev. 17:26. Para uma breve discussão do padrão de justificação motivadora, veja Lind, "Law in the Old Testament", *op. cit.*, p. 17 e ss. e Yoder, *Shalom, op. cit.*, p. 71 e ss.

A verdadeira história da Bíblia, do Antigo ao Novo Testamento, é uma só: Deus não desiste. É este o modelo a imitar para sermos "perfeitos" no amor incondicional, no amor que não foi conquistado, no perdão, na misericórdia.

A expressão "olho por olho" é usada em geral para resumir a natureza retributiva do direito bíblico. Contudo, a frase aparece apenas três vezes no Antigo Testamento. No Novo Testamento Jesus a rejeita explicitamente. "Vocês ouviram o que foi dito, 'olho por olho e dente por dente' ", diz ele, "Mas eu digo, fazei o bem àqueles que vos ofendem" (resumo de Mateus 5:38-39). Estaria ele de fato contradizendo as leis do Antigo Testamento?

"Olho por olho" era um preceito de proporcionalidade destinado a limitar e não encorajar vinganças. De fato, esse princípio legal fundou as bases para a restituição, oferecendo um princípio de proporcionalidade para reger a reação à transgressão.

Portanto o foco do preceito "olho por olho" não era a retribuição, mas sim a limitação e proporcionalidade. Mais do que isto, no contexto da aliança, centrado na libertação, esse princípio comum estabelecia a equidade.

O parágrafo 24 do Levítico é uma das passagens em que essa expressão aparece. Imediatamente a seguir vem uma admoestação no sentido de que deve haver um padrão para todos, para o estrangeiro como para o nativo. Os estrangeiros em geral eram pobres e oprimidos, e Deus frequentemente lembra ao povo de Israel que eles tinham sido estrangeiros e que uma ação salvífica de Deus os resgatou. Em troca, os nativos deviam cuidar dos estrangeiros que se encontrassem entre eles. O preceito do "olho por olho" estabelecia, portanto, a ideia de que todos deviam ser tratados igualmente.

A motivação de vingança existe e é reconhecida no Antigo Testamento, mas a lei bíblica logo tratou de estabelecer limites. Um desses limites era a "lei de talião", uma diretriz de proporcionalidade.[17] Outro limite eram as cidades que concediam asilo. O capítulo 19 do Deuteronômio ordena a criação de cidades de refúgio onde aqueles que haviam cometido assassinato não intencional podiam pedir guarida enquanto os ânimos esfriavam e as negociações eram realizadas.

O paradigma bíblico

Tudo isso mostra que o paradigma da justiça bíblica, inclusive do Antigo Testamento, não é a retribuição. A chave não está no "olho por olho", mas na justificação motivadora. A reação de Deus à transgressão é normativa.

Quando confrontado com as ofensas, Deus é descrito em termos humanos como furioso, cheio de ira. A etimologia destas palavras *(aph, anaph, naqan)* tem conotações que remetem a calor, fungar, respiração profunda. Deus fica bravo e às vezes parece punir.[18]

Novamente, é preciso estar atento à tradução. Estudiosos do hebraico relatam que várias palavras em geral traduzidas por retribuição e punição podem significar coibir, ensinar, corrigir. O conceito de punição poderá estar presente, mas em geral com uma conotação diversa do que a palavra tem no outro idioma.[19] Além do mais, Paulo lembra em Romanos 12:19, citando a Sagrada Escritura, que aquelas punições são assunto de Deus e não nosso.

....
17. Veja Patrick, *Old Testament Law, op. cit.*, cap. 4; Roland de Vaux, *Ancient Israel* (New York: McGraw-Hill, 1961), p. 149; Boecker, Law, *op. cit.*, p. 171 e ss.
18. Veja Virginia Mackey, *Punishment in the Scripture and Tradition of Judaism, Christianity and Islam* (New York: National Interreligious Task Force on Criminal Justice, 1983). Veja também C. F. D. Motile, "Punishment and Retribution: An Attempt to Delimit Their Scope in New Testament Thought", em *Suensk Exegetisk Arsbok*, XXX, 1966, p. 21-36. James B. Lindsey Jr., "Vengeance", em *The Interpreter's Dictionary of the Bible*, vol. supl. (Nashville: Abingdon, 1976), p. 932-933. Quanto à ira divina, a obra de Mort MacCallum-Paterson foi bastante proveitosa. Veja, p.ex., "Blood Cries: Lament, Wrath and the Mercy of God", *Touchstone*, maio de 1987, p. 14-25: e *Toward a Justice That Heals: The Church's Response to Crime* (Toronto: United Church Publishing House, 1988).
19. Bianchi, *A Biblical Vision, op. cit.*, 1-2. Veja também Motile, "Punishment and Retribution", *op. cit.*.

Essas conotações nos ajudam a entender o que aparenta ser uma contradição entre as descrições de Deus como alguém que castiga e de Deus como sendo lento para a cólera e cheio de amor (*e.g.* Êxodo 34:6; Números 14:18). Deus pune, mas Deus é fiel. Israel transgride repetidamente e Deus se encoleriza, mas Deus não desiste. Deus vai da ira à restauração. A retribuição que se subordina à *shalom* tempera e limita a justiça retributiva.[20]

Essa característica da justiça divina é demonstrada de modo dramático em passagens como o capítulo 26 do Levítico e o capítulo 4 do Deuteronômio. O povo de Israel recebe vivas descrições das horríveis consequências de praticar o mal. Coisas terríveis sucederão. Mas essas passagens sempre terminam prometendo que Deus não desistirá. Deus não os destruirá. Deus é fiel e compassivo.

No Novo Testamento o foco de Cristo é ainda mais nitidamente restaurativo na sua resposta ao mal feito. Não se trata de um rompimento com a direção dada pelo Antigo Testamento, nem rejeição do impulso original da antiga aliança. Pelo contrário. Esse foco oferece um passo além na compreensão do conceito, uma transformação continuada da justiça.

A Bíblia começa com a história de um assassinato. Ali ela reconhece que a retaliação ilimitada é uma resposta humana normal. O capítulo 4 do Gênesis relata a "lei de Lamec" dizendo que ele será vingado setenta e sete vezes, quase indefinidamente.[21]

Mas logo são colocados limites à vingança. No caso de Caim, o primeiro assassinato, a reação "normal" não é aplicada. E no Levítico encontramos o princípio limitador, que impõe proporcionalidade: "olho por olho".

Há ainda um outro limite: ama ao próximo. Não se vingue de seu irmão ou irmã. Vern Redekop nos oferece uma proveitosa tradução de Levítico 19:17-18:

....
20. Yoder, *Shalom*, *op. cit.*, p. 36.
21. Clarence Jordan esboçou em vários pontos esse movimento que vai de retaliação ilimitada até amor ilimitado. Veja, p.ex., *Sermon on the Mount* (Valley Forge: Judson Press, 1973), ed. rev., p. 63 e ss.

Não permitas que tua mente seja cheia de ódio contra teu irmão ou irmã. Repreende o teu parceiro e não te deixes levar pela conduta errônea (o pecado). Não te vingarás e não guardarás rancor contra as pessoas de tua comunidade. Ama ao próximo como a ti mesmo. Eu sou o Senhor.[22]

Shalom só pode se realizar se cuidarmos do bem-estar uns dos outros, mesmo nos erros.

Cristo leva esse tema adiante, aprofundando e ampliando suas aplicações. A estória do bom samaritano mostra que nosso próximo não é somente alguém da nossa raça. Temos responsabilidades que vão além de nosso próprio povo. Na verdade, devemos fazer o bem até àqueles que nos maltrataram. Isto significa dizer não à retaliação ilimitada da lei de Lamec, dizer não à retaliação limitada da lei de talião. Ao invés, amor ilimitado. Talvez não por acaso Jesus tenha multiplicado esse dever em setenta vezes sete, um número quase inimaginável.

Segundo a Bíblia, o Deus que salva, livrando da opressão sem olhar para o merecimento, é limitado na ira mas ilimitado no amor (na linguagem poética do Deuteronômio 7:9, "até a milésima geração"). É o amor ilimitado de Deus e não sua ira o que devemos imitar. A justificativa motivadora é também um modelo.[23]

A justificativa motivadora, e não a lei de talião, é o que resume a essência da justiça da aliança. A restauração e não a retribuição é seu paradigma.

No capítulo 2 esbocei uma série de pressupostos sobre os quais nosso modelo de justiça "retributivo" atual está fundado. Como se comparam aos pressupostos e critérios bíblicos? A tabela a seguir compara esses pressupostos sobre justiça.

....
22. Vern Redekop, "Update", Church Council on Justice and Corrections, Canadá. (primavera 1985).
23. Lind, *Transformation, op. cit.*, p. 5 e ss.

Conceitos de justiça, bíblicos e contemporâneos

Justiça contemporânea	Justiça bíblica
1. Justiça dividida em partes, cada qual com regras distintas	1. Justiça vista como um todo integrado
2. Administração da justiça enquanto investigação de culpa	2. Administração da justiça enquanto busca de soluções
3. A justiça é avaliada por regras, procedimentos	3. A justiça é definida por resultados, pelo mérito
4. Foco em infligir dor	4. Foco em retificar
5. Punição como fim	5. Punição como redenção, *shalom*
6. Retribuição baseada no "merecido castigo"	6. Justiça baseada na necessidade, não no merecimento
7. Justiça oposta à misericórdia	7. Justiça baseada na compaixão e no amor
8. Justiça neutra, que alega tratar a todos igualmente	8. Justiça parcial e justa
9. Justiça enquanto mantenedora do *status quo*	9. Justiça ativa e progressiva, que transforma o *status quo*
10. Foco na culpa e em princípios abstratos	10. Foco no dano causado
11. O crime como violação das regras	11. O crime como violação de pessoas, relacionamentos, *shalom*
12. Culpa como algo imperdoável	12. Culpa perdoável, embora perdurem obrigações
13. Diferenciação entre "ofensores" e os demais	13. Reconhecimento de que somos ofensores

8 • JUSTIÇA DA ALIANÇA: A ALTERNATIVA BÍBLICA

14. O indivíduo é o único responsável: o contexto social político não importa	14. Responsabilidade individual, porém num contexto holístico
15. Ação como livre escolha	15. Ação como escolha, mas reconhecendo o poder do mal
16. Lei como proibição	16. A lei como "sábia orientação", mestre, ponto de partida para discussão
17. Foco na letra da lei	17. O mais importante é o espírito da lei
18. O Estado como vítima	18. As vítimas são as pessoas e *shalom*
19. Justiça a serviço da divisão	19. A justiça a serviço da união

Nosso sistema judicial é, acima de tudo, um sistema para discutir a culpa. Consequentemente, está centrado no passado. A justiça bíblica busca antes resolver os problemas, encontrar soluções, retificar o que não está bem e olhar para o futuro.

A justiça hoje procura dar a cada um o castigo merecido, garantir que as pessoas recebam o que merecem. A justiça bíblica reage na medida do necessário, muitas vezes usando de bondade diante do mal. A justiça bíblica age porque está faltando *shalom*, e não porque a justiça deva dar o castigo merecido.

Nossa primeira – e, em geral, única – reação depois do estabelecimento da culpa é infligir dor como punição. Infligida a dor, considera-se que foi feita justiça. No contexto da justiça da aliança, quando se dá a punição, ela em geral não é um fim, mas sim um meio de restauração. Além disso, a punição é basicamente atributo de Deus. O foco primário da justiça bíblica é corrigir a situação e construir *shalom* agindo para ajudar os necessitados.

Hoje se mede a justiça avaliando se foi seguido o procedimento prescrito. A justiça bíblica, ou *sedeqah*, se mede pelo mérito, pelo resultado, pelos frutos. O resultado conseguiu corrigir a situação? Foi endireitada a vida dos mais carentes e menos poderosos, os que menos "fizeram por merecer"? A justiça bíblica visa relacionamentos corretos, e não regras corretas.

Nosso sistema jurídico define as ofensas como violações das normas, das leis. Definimos o Estado como vítima. Em termos bíblicos, entretanto, o mal não é uma violação de regras, mas uma violação do bom relacionamento. As vítimas são as pessoas e os relacionamentos, e não as regras ou governos ou a ordem moral.

Os pressupostos da justiça bíblica são, portanto, bem diferentes dos nossos. Mas uma crítica bíblica à justiça moderna vai além dos pressupostos que examinamos no capítulo 2. A justiça bíblica não nos autoriza a divorciar as questões criminais das questões pertinentes à pobreza e ao poder. A justiça é um todo que não pode ser fragmentado. Empresas fraudadoras ou aquelas que prejudicam as pessoas destruindo o meio ambiente são tão responsáveis por suas ações como os indivíduos que cometem homicídio. Além disso, o contexto social do crime deve ser levado em conta. Não se pode separar os atos criminosos ou seus atores da situação social por trás deles. As leis injustas de qualquer tipo devem ser questionadas.

A justiça contemporânea busca ser neutra e imparcial. Procura tratar as pessoas com equidade. Seu foco primário é a manutenção da ordem. Por causa disso, e pelo fato de separar questões de justiça penal de questões de justiça social, a ordem que ela tende a manter é a ordem vigente, o *status quo*. Portanto, muito frequentemente, o direito moderno age como uma força conservadora. A justiça bíblica, em comparação, é uma força ativa, progressiva, que busca transformar a ordem vigente em uma ordem mais justa e, ao fazê-lo, zela principalmente pelos pobres e fracos.

A justiça contemporânea coloca no centro o Estado e seu poder de coerção como fonte, guardião e sancionador da lei. A justiça bíblica coloca as pessoas e os relacionamentos no centro, sujeitando tanto a lei quanto os governos a Deus.

Portanto, a justiça bíblica oferece uma alternativa paradigmática que questiona frontalmente nossa abordagem retributiva centrada no Estado.

Um curto-circuito histórico

Como vimos, ao contrário do que em geral se pensa, a justiça bíblica é basicamente restaurativa ao invés de retributiva. Se isso é verdade, como se desenvolveu essa falsa ideia a respeito da justiça bíblica? Como a temática restaurativa foi subjugada pela retributiva?

Alguns têm argumentado que este erro surgiu de um "curto-circuito histórico", resultado da mistura de ideias bíblicas com conceitos greco-romanos.[24] Conceitos como os da lei de talião, que tinham um significado específico no contexto da aliança e de *shalom*, teriam sido descontextualizados e plantados na filosofia greco-romana, mais abstrata e punitiva. As ideias de retribuição e penalidade perderam seu fundamento em *shalom* e tornaram-se fins em si mesmos, fora de um contexto ou propósito restaurativo. O interesse greco-romano em princípios e ideais abstratos levou a uma abstração do conceito de justiça e merecido castigo, na contramão do espírito do direito bíblico. Assim, o foco original se perdeu e foi pervertido, enquanto algumas das antigas formas foram preservadas. Desta forma, as novas perspectivas híbridas aparentavam ter raízes bíblicas.

Isto feito, as pessoas começaram a olhar para a Bíblia através dessa nova lente, interpretando e traduzindo as passagens segundo esse ponto de vista. Partindo de uma mentalidade retributiva que enfatizava leis rígidas, culpa, punição e condenação, foi fácil encontrar na Bíblia esses tópicos, passando por cima dos temas restaurativos mais amplos e mais importantes.

....
24. Herman Bianchi, *Justice as Sanctuary: Toward a New System of Crime Control*, op. cit.

Nossa compreensão de um evento bíblico central, a remissão, pode ser pertinente à questão. Perry Yoder explica que a Bíblia em si não oferece uma teoria estruturada da remissão (*i.e.*, a morte de Cristo).[25] Apresenta apenas uma série de imagens, metáforas e visões que os teólogos usaram para construir várias explicações.

Uma questão fundamental para muitos é por que Cristo morreu, e por que sua morte poderia "remir" os pecados alheios. As teorias criadas para responder a essa questão tendem a interpretar o resto da Bíblia a partir da visão romana de justiça.

Por exemplo, algumas teorias da remissão veem a Deus como um juiz colérico que precisa ser aplacado. Segundo elas, as pessoas são culpadas de pecados e ofenderam a Deus. Merecem punição porque a punição é normativa e não há modo de recompor os danos causados. Deus não pode simplesmente perdoar porque isto representaria o fracasso da justiça retributiva. Existe uma dívida e Jesus se ofereceu para pagar. O contexto dessa abordagem é claramente retributivo ao invés de retratar a justiça *shalom*.

A tradução corrente dos versículos 1-11 do capítulo 5 da Carta aos Romanos ilustra bem essa questão. As palavras de abertura dessa passagem falam de paz e justiça, mas a formação acadêmica e as traduções obscureceram essa dimensão.[26] Em geral a tradução reza: "Portanto, desde que somos justificados pela fé, temos paz com Deus" (Bíblia de Jerusalém). Boa parte do protestantismo se fixou na justificação, interpretando-a como um ato pelo qual Deus proclama que somos inocentes mesmo que não sejamos. No cerne da remissão há um procedimento judicial, uma ficção legal, que exigiu a ação de Deus, não nossa. Lois Barrett observa que uma tradução mais fiel da passagem seria "Portanto, uma vez que estamos em relacionamento correto pela fé (ou fidelidade) [...]". Paulo falava tendo como pano

....
25. Yoder, *Shalom, op. cit.*, p. 53-70.
26. Veja Lois Barrett, "The Gospel of Peace", *MCC Peace Section Newsletter*, 18, n° 2 (março - abril de 1988) p. 1-8.

de fundo a justiça da aliança do Antigo Testamento. A remissão adquire novas dimensões sob essa luz.

Portanto, o fundamento em *shalom* empresta uma nova visão de remissão, uma visão que harmoniza a vida e a morte de Cristo com o cenário maior da história bíblica. A vida de Cristo é uma tentativa de levar a humanidade em direção a *shalom*, em direção ao reino de Deus. Isto o colocou em conflito com as autoridades estabelecidas, o que levou à sua morte. Mas Cristo ressurgiu, e sua ressurreição é um sinal, um sinal de que o sofrimento amoroso vence o mal, um sinal de que o bem triunfará a longo prazo. A vida de Cristo oferece um modelo de vida em *shalom*. Sua morte e ressurreição preconizam a libertação futura, mostram que *shalom* é possível.

Usando o simbolismo sacrificial da antiga aliança, afirma-se uma nova aliança. Como é característico da justiça da aliança, Deus oferece perdão – não porque o tenhamos conquistado ou porque o mereçamos – mas porque Deus nos ama. É possível apagar tudo e recomeçar.

Não é secundária a questão de se a Bíblia aponta na direção da retribuição ou da restauração. Essa questão está no cerne de nossa compreensão sobre a natureza de Deus e a natureza das ações de Deus na história, e esta não é uma questão que os cristãos possam evitar.

Capítulo 9

VORP e além: práticas emergentes

Em 28 de maio de 1974 dois jovens de Elmira, Ontário, se declararam culpados de vandalismo contra 22 propriedades.[1] Ninguém imaginava que o caso deles levaria a um movimento com dimensões internacionais.

Dias antes um grupo de cristãos havia se reunido para discutir sobre uma resposta cristã a assaltos em lojas. O caso de Elmira ganhara muita publicidade e surgiu naturalmente durante a reunião. Estava presente o oficial de condicional Mark Yantzi, cuja atribuição era apresentar o relatório pré-sentença.[*] "Não seria ótimo se esses ofensores pudessem se encontrar com as vítimas?", sonhou ele. Sabendo que isso era impossível, Mark abandonou a ideia.

Os programas de reconciliação vítima-ofensor – conferências vítima-ofensor

Mas Dave Worth, coordenador do Serviço de Voluntários do Comitê Central Menonita (MCC) de Kitchener, Ontário, não quis abandonar a ideia.[2] Frustrado com o processo normal e interessado em levar o trabalho de paz para a prática, ele declarou que estava

....
1. John Bender reconta essa estória em *Peace Section Newsletter*, 16, n° 1 (janeiro - fevereiro de 1986), p. 1-5. O mesmo faz Dean Peachey, "The Kitchener Experiment", *Mediation and Criminal Justice: Victims, Offenders and Community*, eds. Martin Wright e Burt Galaway (London: Sage Publications, 1989) p. 14-26.
* N. da T.: Relatório que nos Estados Unidos descreve as penalidades para o crime e suas variantes, agravantes e atenuantes, bem como alternativas e outras informações pertinentes.
2. O Comitê Central Menonita é um ministério mundial das igrejas anabatistas, que partilha o amor e a compaixão de Deus por todos em nome de Cristo, reagindo às necessidades humanas básicas e trabalhando pela paz e a justiça. Para mais informações: www.mcc.org ou www.mcccanada.ca

161

pronto para tentar algo realmente ousado. Mark, também um menonita, tinha sido apontado para o departamento de liberdade condicional através de uma parceria com o MCC. Sua missão era ajudar a explorar alternativas comunitárias. Estava aberto a novas ideias, mas tinha suas dúvidas. "Será que quero arriscar minha reputação sugerindo um acordo negociado entre as vítimas e esses ofensores, sem nenhuma base legal?", ele se perguntava. Mark por fim decidiu arriscar e propôs ao juiz que os ofensores se encontrassem com as vítimas para combinar o ressarcimento.

A primeira reação do juiz foi previsível: "Não se pode fazer isso". Mas para a surpresa de Mark e Dave, quando chegou a hora da sentença, o juiz determinou que se fizessem encontros presenciais entre vítima e ofensor a fim de chegar a um acordo de indenização. Acompanhados de seus oficiais de condicional e do coordenador, os dois rapazes visitaram todas as vítimas, salvo duas que haviam se mudado. Foi negociado o ressarcimento e dentro de alguns meses a dívida tinha sido paga. Assim nasceu o movimento de reconciliação entre vítimas e ofensores do Canadá. Nos Estados Unidos o movimento começou com um projeto em Elkhart, Indiana, em 1977-1978.

No caso de Elmira, a abordagem foi bem simples. Mark lembra que "fomos bem diretos. Nós os levávamos até a porta da casa da vítima. Os meninos batiam à porta. E nós ficávamos atrás, só anotando". Felizmente tanto a abordagem quanto a filosofia subjacente evoluíram muito desde então.

O programa original e muitos que se seguiram usavam a terminologia Programas de Reconciliação Vítima-Ofensor (em inglês, VORP). Hoje poucos programas usam esta linguagem, porque o termo reconciliação é dúbio e muitas vezes afasta as pessoas. Mais comum hoje é o termo diálogo vítima-ofensor ou conferência vítima-ofensor (VOC na sigla inglesa). Embora os nomes e as abordagens variem, hoje há centenas de programas desse tipo em inúmeros países para lidar com casos criminais. Além disso, o modelo foi adaptado para utilização em escolas e outros contextos.

O conceito VOC – Conferência Vítima-Ofensor

Na sua forma "clássica", conforme o modelo pioneiro de Kitchener, Ontário, e Elkhart, Indiana, VOC se baseia em uma organização independente, externa ao sistema de justiça criminal, mas que trabalha em cooperação com ele. O procedimento da VOC consiste em encontros presenciais entre vítima e ofensor em casos nos quais foi dado início ao processo penal e o ofensor admitiu ser autor do dano. Nesses encontros são enfatizados três elementos: os fatos, os sentimentos e os acordos. O encontro é facilitado e presidido por um mediador treinado, de preferência um voluntário da comunidade.

Esses facilitadores externos ou mediadores desempenham papel importantíssimo no processo, mas são treinados para não impor suas próprias interpretações ou soluções. Os encontros são promovidos numa atmosfera mais ou menos estruturada, mas que permite aos participantes, sem muita interferência dos facilitadores, determinar os resultados. As duas partes são incentivadas a contar suas estórias. Ambas têm oportunidades de fazer perguntas e descobrir da outra parte o que aconteceu. Falam também sobre o impacto e as implicações de sua experiência. Ao fim desse processo, as partes decidem o que será feito a respeito. Quando chegam a um acordo, assinam um contrato. Boa parte das vezes ele prevê uma restituição financeira, mas esta não é a única possibilidade.

Os ofensores poderão, por exemplo, se dispor a trabalhar para a vítima. Às vezes a vítima pede que o ofensor trabalhe para a comunidade e este assina um termo de serviço à comunidade. Ou as partes poderão chegar a um acordo sobre certo comportamento. Se o incidente envolveu pessoas que se conheciam antes do ato lesivo, o acordo poderá especificar como irão se comportar mutuamente no futuro.

Esses encontros podem constituir experiências importantes tanto para vítimas como para ofensores. As vítimas ganham a oportunidade única de "ficar sabendo de tudo", de fazer as perguntas que as estão perturbando. Também podem falar sobre o que a ofensa significou para elas e para o perpetrador. Já que têm a oportunidade de encontrar com o próprio autor do ato lesivo, os estereótipos muitas vezes são desfeitos e o medo diminui. A vítima tem a oportunidade de ter os danos ressarcidos e também de contribuir para a decisão sobre como isto será realizado. A VOC oferece, assim, uma oportunidade para expressão de sentimentos, troca de informações, e recuperação de perdas, além de deixar as vítimas com um senso de empoderamento.

Os ofensores ganham a oportunidade de mostrar sua verdadeira face àqueles que causaram dano. Eles ouvem de primeira mão sobre as consequências de seus atos. Estereótipos e racionalizações são questionados diretamente. Dessa forma, motivados a assumir o encargo de corrigir o mal, eles se responsabilizam diretamente pelo que fizeram. Têm a chance de fechar o ciclo emocional provocado pela ofensa agindo no sentido de retificar a situação e, se assim desejarem, expressando remorso ou se desculpando diante da vítima. Tornando-se de fato participantes do processo, e não meramente espectadores, os ofensores poderão também sair empoderados.

Os encontros para discutir a ofensa e sua resolução são o cerne do processo VOC, mas importantes procedimentos acontecem antes e depois desses encontros. Antes do encontro a vítima e o ofensor são contatados separadamente. Isto oferece a ambos a possibilidade de expressarem seus sentimentos e necessidades e de decidirem se querem participar. Se resolverem participar, é marcado o encontro. Depois do encontro vem a fase de acompanhamento. Um funcionário precisa monitorar os contratos, assegurando-se de que estão sendo cumpridos, e também resolver os problemas que surgirem no caso de descumprimento. Alguns programas estão promovendo também um encontro final entre vítima e ofensor para fechar o caso depois de cumprido o contrato.

A maioria dos casos encaminhados à VOC vem pela via judicial, mas há algumas exceções. Certos programas recebem encaminha-

9 • VORP E ALÉM: PRÁTICAS EMERGENTES

mentos pela via policial ou pela promotoria. Às vezes são as vítimas ou os ofensores quem procuram o programa. Alguns casos são tratados como artifício para evadir o processo, mas em sua forma "clássica" nos Estados Unidos, o programa recebe a maioria dos casos das cortes, e o acordo se transforma numa sentença, ou em parte dela. Nos casos encaminhados pelas cortes, os ofensores ficam em liberdade condicional durante o cumprimento do contrato assinado.

Nos primórdios, a maioria dos casos atendidos pela VOC nos Estados Unidos e no Canadá referem-se a dano patrimonial, sendo o furto ou furto qualificado os mais comuns. Este é um delito adequado para o processo VOC. Enquanto o "sistema" em geral considera o furto um crime menos grave, as vítimas o vivenciam como um violento ataque pessoal. O encontro com o ofensor oferece a oportunidade de ventilar sentimentos, descobrir o que realmente aconteceu e conhecer a pessoa do perpetrador. Por que você escolheu a minha casa? O que teria acontecido se eu estivesse em casa? O que aconteceu com aquele meu objeto de estimação? Nesse encontro em geral as perguntas são respondidas, o medo diminui e os estereótipos são transformados. E por existirem danos materiais, a discussão sobre restituição oferece um foco concreto para o encontro.

Hoje, crimes de outra natureza também se incluem no programa. De fato, metade dos estados americanos atualmente possuem programas ou protocolos para diálogo em caso de violência grave, quando a pessoa que causou o dano está na prisão e a pessoa que sofreu o dano solicita o encontro. Tais casos, é claro, exigem precauções especiais. Muitos buscam explicitamente promover oportunidades de cura ao invés de uma pena alternativa.[3] Algumas pesquisas sugerem que quanto mais grave o crime maior o impacto que pode ser gerado pelo encontro.

....
3. Sobre mediação em casos de violência grave, veja, p.ex., Mark S. Umbreit, *Mediating Interpersonal Conflicts: A Pathway to Peace* (West Concord: CPI Publishing, 1995), p. 148 e ss.

O que aprendemos?

A maioria das pesquisas realizadas até agora nos dá motivos para otimismo. Nem todos os encaminhamentos resultam em conferências, por várias razões, mas quando acontecem praticamente todos os encontros terminam em acordo.[4] As pesquisas têm demonstrado alto nível de satisfação dos participantes, bem como diminuição do medo e trauma por parte das vítimas. A maior parte dos estudos também demonstrou redução da reincidência por parte de ofensores.[5] Além disso, diferente de outros contratos de restituição não mediados, a maioria desses acordos é cumprida – em geral a porcentagem fica em torno de 80% e 90%.

Elas relatam inúmeras razões para participar, mas ao adentrar o programa a maioria comenta a importância da restituição. E, depois de passar por ele, outros benefícios parecem mais importantes aos seus olhos. Num estudo sobre furtos em Minneapolis, por exemplo, as vítimas relataram que o maior benefício foi o encontro com o ofensor. Muitas vezes isso abateu os temores, reduziu os estereótipos, ou deu a elas a oportunidade de providenciar para que o ofensor recebesse ajuda. Mas as vítimas também notam a importância de contar o que aconteceu e obter respostas.[6]

....

4. Pesquisas que vêm sendo realizadas desde 1990 confirmam os achados sintetizados aqui. Veja Mark S. Umbreit, *Victim Meets Offender: The Impact of Restorative Justice and Mediation* (Monsey, NY: Criminal Justice Press, 1994) e "Victim and Offender mediation: International Perspectives on Theory, Research, and Practice", Harry Mika, ed., *Mediation Quarterly*, 12, n° 3 (ed. esp., primavera de 1995) e Lawrence Sherman e Heather Strang, *Restorative Justice: The evidence* (London: Smith Institute, 2007), http://www.restorativejustice.org/10fulltext/restorative-justice-the-evidence

5. Veja por exemplo a meta-análise realizada por Lawrence Sherman e Heather Strang. Esse estudo tem certa limitação quanto aos dados de reincidência devido aos tipos de programa que foram incluídos, porém é especialmente esclarecedor no tocante às vítimas; veja http://www.restorativejustice.org/10fulltext/restorative-justice-the-evidence.

6. Mark S. Umbreit e Mike Schumacher, *Victim Understanding of Fairness: Burglary Victims in Victim Offender Mediation* (Minneapolis: Minnesota Citizens Council on Crime and Justice, 1988).

Nesse estudo o tema mais marcante foi o sentimento de participação. Aparentemente a VOC consegue possibilitar algumas das condições para a cura: empoderamento, dizer a verdade, obter respostas para as perguntas, receber ressarcimento pelas perdas e até conquistar uma sensação de segurança. O procedimento também oferece às vítimas a oportunidade de sentir que estão "fazendo alguma coisa" para, talvez, ajudar a mudar o comportamento do ofensor – um tema que a pesquisa descobriu, para surpresa de todos, ser importante para as vítimas.

Também os ofensores parecem encontrar satisfação em participar. Todos os ofensores do estudo no Centro-Oeste dos Estados Unidos citado acima, e 91% dos ofensores da pesquisa realizada em Langley, British Columbia, afirmaram que, se precisassem passar por tudo de novo, participariam da VOC novamente.[7] Os ofensores expressaram uma consciência maior em relação às vítimas como pessoas e foi possível constatar uma mudança de atitude quantificável em alguns casos. No entanto, eles acharam a experiência difícil e referiam-se a ela como uma dura punição. Muitas vezes os ofensores avaliam o encontro com a vítima como sendo a melhor e a pior parte do procedimento.

As pessoas que mediam os encontros vítima-ofensor entendem que o processo promove mudanças comportamentais nos ofensores, mas questionam se esse aspecto deve ser considerado central. A VOC é importante porque trata da desconfiança, do medo e da hostilidade entre vítimas e ofensores, e satisfaz algumas de suas necessidades mais prementes, que em geral não são atendidas. A VOC reconhece as obrigações criadas pelo crime, e mesmo que ela não tivesse nenhum impacto sobre o comportamento, só o fato de colocar as coisas novamente no trilho certo já valeria a pena.

....
7. Robert B. Coates e John Gehm, *Victim Meets Offender: An Evaluation of Victim Offender Reconciliation Programs* (Michigan City, IN: Pact Institute of Justice, 1985); e Andrew Gibson, "Victim-Offender Reconciliation Program: Research Project, Langley, BC", Simon Fraser University, 1986.

Mas a VOC faz justiça? No estudo do Centro-Oeste dos EUA perguntou-se a vítimas e ofensores o que entendiam por justiça e se eles achavam que ela tinha sido feita. Cerca de 80% das vítimas e dos ofensores que haviam passado pela VOC entenderam que tinha sido feita justiça no seu caso em particular. As definições de justiça foram variadas, mas ideias comuns foram as de "corrigir as coisas" (um conceito bíblico!), responsabilizar os ofensores e "justiça e equidade na solução de contendas". Na verdade, "corrigir as coisas" foi o principal motivo fornecido pelos ofensores para participar do programa de Langley. No estudo de Minneapolis a ideia mais tradicional de justiça (enquanto punição através da perda de liberdade) foi a preocupação menos citada pelas vítimas participantes.

O estudo de Minneapolis foi pequeno e tinha caráter preliminar, mas um de seus achados é especialmente promissor. As vítimas que passaram pela VOC tinham o dobro da probabilidade de sentirem que foram tratadas com justiça pelo sistema judiciário. Parece que a VOC de fato oferece uma vivência de justiça.

O outro objetivo da punição é coibir comportamentos específicos. Por que as pessoas voltam a transgredir? Quantidade crescente de evidências mostra que a restituição, inclusive a VOC, tem um impacto maior ou igual a outras sanções sobre as taxas de reincidência.

Tanto as vítimas como o público em geral apoiam a prática da restituição. Inúmeros estudos mostram que o público aprova sanções reparadoras e que, assim como as vítimas, apoiam mudanças no sentido de adotar sanções não custodiais que incluem restituição. Além disso, programas como a VOC podem oferecer às vítimas informações sobre o seu caso e dar a elas um senso de participação. Segundo as pesquisas esta é uma importante preocupação das vítimas.

Os objetivos são importantes

É evidente que a abordagem da VOC tem a capacidade de atender a várias necessidades. No entanto, o movimento como um todo tem sido cobrado quanto à clareza de seus valores e objetivos. Seu objetivo básico seria constituir uma pena alternativa? Recuperar ofensores? Ajudar as vítimas? Envolver a comunidade? Punir os ofensores? Os objetivos que a VOC eleger terão um grande impacto no seu modo de funcionar na prática.

De fato, o movimento tem sido lembrado de que nem sempre seus objetivos estão claros, e algumas vezes são contraditórios. O programa precisa escolher um objetivo dominante e ter claras as implicações dessa escolha para os demais objetivos e a operacionalização do programa.

Se o objetivo básico é a recuperação de ofensores ou a mitigação de sua punição, as VOCs poderão facilmente passar a negligenciar as necessidades e o ponto de vista das vítimas, mesmo alegando levar as vítimas a sério. A crítica surgiu da avaliação de alguns programas britânicos.[8] Se os programas de VOC forem primariamente uma tentativa de oferecer uma pena alternativa, acabarão por concentrarem-se em casos graves, passíveis de penas de privação de liberdade – negligenciando os casos "menores" que talvez tenham implicações graves para as vítimas, os ofensores e seu relacionamento. Assim, a clareza quanto aos objetivos e quanto à sua ordem de prioridade é muito importante.

A decisão de eleger um objetivo primário não significa que outros benefícios potenciais não existam ou não devam ser buscados, mas que são secundários. Os profissionais que atuam na VOC acreditam, por exemplo, que a responsabilidade pessoal que esse programa promove pode modificar a atitude e comportamento dos ofensores. No entanto, esse não é o objetivo primário. O processo vale a pena mesmo que essas atitudes e comportamentos não mudem. A ofensa causa dano à pessoa e cria uma obrigação em relação a ela. A reação

....
8. O Ministério do Interior Britânico patrocinou extensas pesquisas quantitativas e qualitativas sobre as VOCs ou projetos de "reparação" naquele país. Sou grato a Tony Marshall, que reviu essa pesquisa para o governo britânico e me forneceu um sumário dos resultados.

justa, portanto, envolve alguma tentativa de acertar as coisas. Essa é a coisa "certa" a fazer, independente de outras vantagens.

É um desafio combinar um programa como a VOC com o sistema da justiça criminal. Como fundir dois processos com abordagens respectivamente reparativa e retributiva? Será possível ou no final o sistema maior terá prevalência sobre o menor? Poderá a VOC ajudar a transformar o sistema de justiça criminal orientado para a retribuição, ou será que esse sistema a modificará? Será que a VOC seguirá pelo caminho de tantas outras "alternativas", tornando-se, talvez, outro instrumento de controle e punição?

Estas são perguntas legítimas e já existem pesquisas investigando sinais de alerta nessas áreas. Alguns dos programas, por exemplo, passaram a refletir a orientação para o ofensor e negligenciar as vítimas. Os indicadores da justiça criminal, como restituição e reincidência, podem facilmente eclipsar outros objetivos mais importantes de reparação e cura.

Um estudo realizado no início dos programas britânicos alertava para os perigos de atrelar experiências novas ao sistema de justiça criminal vigente.[9] Isso inclui até (ou especialmente) as experiências de reparação. No mínimo, esses estudos nos lembram de que devemos manter a questão ética e a escolha de valores no primeiro plano. Convidam a uma nova compreensão e linguagem no âmbito da justiça e indicam a necessidade de mais pesquisas que ajudem a moldar e testar a viabilidade do paradigma de reparação.

VOC como catalisador

Participo do movimento VOC desde 1978. No início eu era resistente e cético. Em virtude do meu trabalho anterior com a justiça cri-

---

9. Gwynn Davis, Jacky Boucherat e David Watson, *A Preliminary Study of Victim Offender Mediation and Reparation Schemes in England and Wales*, Research and Planning Unit Paper, 42 (London: Home Office, 1987), p. 60-65.

minal, desenvolvera uma visão que eu considerava bastante crítica. Suspeitava que a VOC não constituía um questionamento sério das premissas básicas. Mas quando participei de modo direto de uma VOC percebi que os parâmetros da minha estrutura "crítica" anterior eram, na verdade, bastante convencionais. Foi a VOC que transformou minhas ideias sobre a justiça.

No meu trabalho anterior com prisioneiros e advogados de defesa, eu não conseguira compreender a perspectiva das vítimas. E nem queria, pois elas constituíam basicamente uma interferência no processo de fazer "justiça" ao ofensor. Eu não questionava os fundamentos do papel do Estado na justiça, nem me perguntava se a administração da dor era a abordagem adequada. Não obstante, estava bem consciente das frequentes e sistemáticas injustiças no modo como a justiça criminal seleciona e trata os ofensores.

A VOC me obrigou a encontrar e ouvir vítimas de crimes, e isto me fez começar a repensar o que é o crime e o que deve acontecer quando ele é cometido. A experiência de ver duas pessoas hostis – vítima e ofensor – saírem de uma reunião com outra compreensão sobre o que aconteceu inevitavelmente deixou suas impressões em mim. Muitas vezes eles saíam com uma nova visão recíproca, muitas vezes com um relacionamento novo e até amistoso. Por fim, as implicações de tudo isso começaram a permear minha compreensão. Para mim a VOC se tornou agente transformador da minha visão de justiça e uma demonstração de que tal justiça não é apenas teórica mas passível de ser praticada. Não obstante, a implementação e disseminação da VOC tem levantado importantes questionamentos e disparado sinais de alerta.

Quando agricultores querem resolver um problema, muitas vezes fazem experiências com novas variedades de plantas. Para tanto, testam a nova variedade semeando-a em campos experimentais. Quando a experiência dá certo, essas lavouras se tornam um campo de demonstração que ajuda a convencer outros agricultores a experimentar a variedade nova. Desde 1974 a VOC vem servindo como campo de experiência e demonstração.[10] O papel demonstrativo é importante. A VOC serve como lembrete de que há outros modos de compreender e reagir ao crime – e de que a justiça pode restaurar. Mas o papel experimental não pode ser abandonado. A própria VOC deve continuar a experimentar, abrir novas fronteiras. Precisamos de experiências que vão além da VOC, que ajudem a desenvolver e testar novos conhecimentos sobre o crime e a justiça. Cada vez mais as experiências têm sido realizadas.

O papel da Igreja no plantio e cultivo de tais campos experimentais é crítico. Embora o movimento VOC esteja bem estabelecido no mundo todo, a Igreja teve um papel importante no seu desenvolvimento e disseminação e, em muitas comunidades, continua bastante envolvida no processo. Isto é adequado, pois a VOC incorpora uma visão de justiça inerentemente bíblica, e portanto oferece um espaço para implementar essa visão. O movimento VOC precisa desesperadamente da Igreja se pretende sobreviver de forma relevante. As pressões para desviar o foco desta visão são muitas. A Igreja pode oferecer o fundamento ético e institucional independente capaz de dar sustentabilidade a essa visão. Motivada por uma visão bíblica de justiça como restauração, talvez ela possa continuar a plantar campos experimentais e demonstrar outros caminhos. Se a VOC quiser sobreviver como catalisador de mudanças, a Igreja deve manter seu envolvimento.[11]

....

10. Os créditos pela analogia dos campos experimentais vão para Clarence Jordan e John H. Yoder.

11. Para mais sobre a discussão das conferências vítima-ofensor contemporâneas, veja Lorraine Stutzman Amstutz, *The Little Book of Victim Offender Conferencing* (Intercourse, PA: Good Books, 2009).

Conferências e círculos de grupos familiares

Nos primórdios da VOC o professor de direito holandês Herman Bianchi nos criticou dizendo que a abordagem era muito individualista e privada.[12] Ele nos falou que é costume em muitas culturas tratar de seus conflitos e problemas dentro do contexto familiar ou comunitário. Essas culturas achariam nossas duplas simples de vítima e ofensor algo muito isolado.

Arquivei essa ideia como algo inteligente mas difícil de implementar no nosso modelo. A teoria da reconciliação vítima-ofensor e da justiça restaurativa de fato reconhece o papel da comunidade. Na verdade, muitos de nós víamos nela uma forma de devolver os conflitos à comunidade. Nós nos consolávamos com a ideia de que a comunidade estava presente na pessoa dos mediadores voluntários e das organizações comunitárias que abrigavam muitos dos programas.

No caso de infratores juvenis, as famílias sempre foram levadas em consideração, muito embora seu papel fosse visto como algo problemático. Alguns programas veem a família do ofensor como um estorvo em potencial; devem ser informadas, mas mantidas de fora do encontro em si para evitar que assumam a responsabilidade no lugar do ofensor. Outros programas incentivam a presença da família, mas procuram garantir que o diálogo essencial seja entre o jovem ofensor e a vítima. Nessa situação os pais têm um papel a desempenhar, mas ele é de apoio e não central.

Ou seja, reconheceu-se o papel da família e da comunidade mas, na prática, esse papel tem se mostrado ambíguo e esporádico ou marginal ao invés de integral.

Hoje, duas abordagens restaurativas estão nos forçando a rever esses pressupostos. Elas oferecem formas de implementar o papel da comunidade aceitas pela abordagem restaurativa. É interessante

....
12. Adaptado do Apêndice de *Trocando as Lentes*, 3ª edição.

notar que ambas foram inspiradas na aplicação desses conceitos por culturas indígenas dentro da estrutura jurídica ocidental.

Conferências de grupos familiares

As Conferências de Grupos Familiares (CGF) nasceram na Nova Zelândia (e logo foram adaptadas na Austrália) no final dos anos 1980 como reação, em parte, às preocupações e tradições da população indígena maori. Todos sabiam que as varas de infância e adolescência ocidentais não estavam funcionando bem, e muitos maoris alegavam que o sistema era antiético aos olhos de sua tradição. Esse sistema estava orientado para punir ao invés de resolver problemas, era imposto e não negociado, e deixava a família e a comunidade de fora do processo.

No novo sistema adotado em 1989, todos os casos envolvendo jovens, exceto uns poucos crimes muito violentos, são tirados da polícia e dos tribunais e levados para as Conferências de Grupos Familiares. Como resultado, os processos nessas varas diminuíram em 80%. O juiz neozelandês Fred McElrea diz que esta foi a primeira abordagem realmente restaurativa a ser institucionalizada dentro de uma estrutura jurídica ocidental.[13]

Em vez de audiência com o juiz, um coordenador de justiça da juventude (contratado pelo serviço de assistência social e não pelo judiciário) facilita uma reunião semelhante à da VOC, no sentido de que ela oferece um espaço para a manifestação de sentimentos, a exploração de fatos, e a negociação de acordos. Os ofensores são responsabilizados e as vítimas têm a oportunidade de ter algumas de suas necessidades atendidas. Mas há também grandes diferenças em relação à VOC no formato do encontro e no escopo da discussão.

....
13. Veja, p.ex., os ensaios de McElrea em Jonathan Burnside e Nicola Baker, eds., *Relational Justice: Repairing the Breach* (Winchester, UK: Waterside Press, 1994), p. 104-113; e B. J. Brown e F. W. M. McElrea, eds., *The Youth Court in New Zealand: A New Model of Justice* (Legal Research Foundation, Publication n° 34, 1993). Descrições e avaliações de conferências de grupos familiares na Nova Zelândia e Austrália podem ser encontradas em Christine Alder e Joy Wundersitz, eds., *Family Group Conferencing and Juvenile Justice: The Way Forward or Misplaced Optimism?* (Canberra: Institute of Criminology, 1994).

9 • VORP E ALÉM: PRÁTICAS EMERGENTES

Comparados aos encontros da VOC, as CGF são imensas. Os familiares do ofensor são um ingrediente essencial, e neles se incluem tanto a família nuclear como a família estendida. No caso de famílias desmembradas ou disfuncionais, parentes ainda mais distantes ou pessoas significativas podem ser envolvidas no processo. Cuidadores que prestam serviços à família podem ser convidados e um advogado da juventude – um advogado especial – também comparece para velar pelos direitos do ofensor. As vítimas podem trazer a família e apoiadores. Além disso, a polícia (que são os procuradores de justiça nesse sistema jurídico) participa do encontro. Portanto, essas reuniões são grandes e incluem partes com interesses e pontos de vista divergentes.

Isto já parece bem radical, mas não é tudo. Espera-se que esse grupo chegue a uma recomendação para o desenlace do caso todo, e não apenas a um acordo de restituição. E é preciso haver consenso! O mais surpreendente é que na maioria dos casos eles conseguem.

É certo que essa abordagem precisa uma sintonia fina. Por exemplo, nem sempre o acompanhamento da restituição é apropriado. A legislação inicial não reconhecia adequadamente o papel central da vítima. Apesar desses pequenos problemas, as evidências que emergem dos cinco ou seis anos desta experiência são impressionantes. Da mesma forma, os esforços realizados na Austrália, como a abordagem baseada na ação policial em Wagga Wagga, parecem estar funcionando bem e serão testados em outras localidades norte-americanas.

O envolvimento das famílias maximiza as possibilidades daquilo que o criminologista australiano John Braithwaite chama de "vergonha reintegradora". Em seu livro pioneiro ele observa que uma das formas mais poderosas de controle social é a vergonha – mas que há dois tipos de vergonha: a vergonha estigmatizante e a vergonha reintegradora.[14]

....
14. *Crime, Shame, and Reintegration* (Cambridge, UK: Cambridge University Press, 1989).

Na abordagem do nosso sistema judicial retributivo a vergonha é estigmatizante. Passa a mensagem de que não apenas o *comportamento* é mau, mas que a pessoa é má. Não há nada que a pessoa possa fazer para consertar isso. Assim, fica difícil a reintegração no grupo social e as pessoas que cometeram ofensas se sentem permanentemente rotuladas como ofensores e acabam buscando a companhia de outros transgressores. Muitas teorias criminológicas partem do conceito de vergonha estigmatizante: subculturas de delinquência, teoria da associação diferencial, teoria da rotulação.

Por outro lado, a vergonha reintegradora denuncia a ofensa, mas não o ofensor, e além disso oferece um caminho de volta. Através de medidas como o reconhecimento do mal feito e ações para corrigir as coisas, o ofensor é capaz de voltar a ter respeito por si mesmo e ser aceito na comunidade. Essa vergonha usa o mal feito como oportunidade para fortalecer o caráter do ofensor e a comunidade.

As conferências de grupos familiares são um espaço para aplicação positiva dessa vergonha. É tremendo o potencial de denúncia do erro dentro do círculo familiar. Já é ruim passar vergonha diante da vítima, imagine diante de seu avô e sua avó! Mas como o ofensor é parte da família, as CGF também oferecem incentivo para a afirmação do valor do ofensor. Segundo relatos, os membros da família manifestam seu desapontamento e raiva em relação ao comportamento, mas também afirmam o valor essencial e dons do jovem que cometeu a ofensa. Trabalhando juntos como uma família, eles chegam a estratégias de colaboração através da discussão que permite ao ofensor assumir a responsabilidade de corrigir as coisas e se sentir apoiado ao longo do processo. Foram tomadas precauções quanto à elicitação deliberada de vergonha nas conferências. A vergonha é uma emoção poderosa e volátil, e facilmente pode ser utilizada de modo errado. É provável que a vergonha surja nas conferências, da parte dos ofensores, suas famílias e também das vítimas. As pesquisas sugerem que as conferências não deveriam impor mais culpa, mas ao contrário, concentrar-se em formas de remover e transformar a culpa.[15]

Além disso, o envolvimento na determinação do resultado do caso faz com que o grupo se aproprie do sucesso, o que torna mais provável que a família dê apoio e incentivo para que o acordo seja cumprido.

As CGF não são uma panaceia, é claro, mas as evidências colhidas até agora prometem muito. Nas minhas visitas à Nova Zelândia, ouvi histórias dramáticas, em geral contadas por profissionais que não costumam se deixar enganar facilmente, como juízes, policiais e advogados.

Processos circulares

Outras lições estão surgindo dos Círculos de Sentenciamento usados em algumas comunidades de nativos canadenses e também de outros processos circulares. Como no caso das CGF, os Círculos de Sentenciamento oferecem a oportunidade de incorporar abordagens tradicionais de resolução de problemas no contexto geral de um sistema jurídico ocidental. Também nesse caso o resultado do processo – inclusive planos de sentenciamento do sistema formal – é alcançado através de discussão e consenso. No entanto, comparados às Conferências de Grupos Familiares, há mais ênfase na participação da comunidade. Os encontros ou "círculos" chegam a ser bem grandes, com muitos membros da comunidade presentes.

O juiz Barry Stuart, da jurisdição de Yukon, onde esses encontros acontecem frequentemente, salienta que as dimensões de fortalecimento da comunidade e de resolução de problemas comunitários talvez sejam os resultados mais importantes dos Círculos de Sentenciamento.[16] Quando a comunidade é excluída, como no processo

---

15. Nathan Harris e Shadd Maruna, "Shame, Sharing and Restorative Justice: A Critical Appraisal" em *Handbook of Restorative Justice*, eds. Dennis Sullivan e Larry Tift (New York: Routledge, 2008).

16. "Alternative Dispute Resolutions in Action in Canada: Community Justice Circles" (trabalho não publicado, Yukon Territorial Court, Whitehouse, Yukon).

penal clássico, esta perde grandes oportunidades de crescimento e fortalecimento. Mas quando os conflitos são processados adequadamente, constituem um meio para construir relacionamentos entre pessoas e comunidades. Ao eliminar isso, elimina-se a pedra fundamental que sustenta a comunidade e a prevenção do crime. O juiz Stuart coloca dessa forma:

> O principal valor dos Círculos de Sentenciamento Comunitários não pode ser medido pelo que acontece aos ofensores, mas sim pelo que acontece às comunidades. Ao reforçar e construir um senso de comunidade, os Círculos de Sentenciamento aprimoram a capacidade da comunidade de curar indivíduos e famílias e, em última análise, prevenir o crime. Eles são uma importante oportunidade para as pessoas melhorarem sua autoimagem participando significativamente de um processo que ajuda os outros a se curarem.

Ele argumenta que esta não é uma ideia revolucionária, e se baseia nas tradições de culturas nativas e também da sociedade ocidental, antes que esta se tornasse "dependente de 'curadores profissionais' e 'resolvedores de conflitos'".

No território de Yukon, onde ele atua, são utilizados vários tipos de círculo. Círculos de Cura são usados para tratar necessidades individuais e da comunidade, inclusive relacionamentos vítima-ofensor. Várias formas de Círculos de Sentenciamento abrem espaço para desenvolver planos de sentenciamento ao mesmo tempo em que tratam de problemas e fatores desencadeantes da comunidade. Os Círculos de Sentenciamento reúnem ofensor, vítima (ou seu representante), grupos de apoio e pessoas da comunidade interessadas em discutir o que aconteceu, por que aconteceu, e o que deve ser feito a respeito. Segundo relatos, essas discussões são amplas e englobam não apenas o plano de sentenciamento mas também causas, responsabilidades comunitárias e necessidades de cura. Stuart enumera os seguintes objetivos: 1. tratar causas e não sintomas; 2. envolver as partes de modo pessoal, oferecendo uma oportunidade para ventilarem seus sentimentos e trabalharem em direção a soluções; 3. reduzir a dependência em relação a profissionais; 4. construir um senso comunitário. Ele argumenta que essa abordagem é passível de implementação tanto nas cidades como em comunidades rurais nativas.

Os Círculos de Sentenciamento, como também as Conferências de Grupos Familiares, ampliam o escopo da resolução de problemas e oferecem formas de remover e transformar a culpa, relata o juiz Stuart:

A comunidade [muitas vezes] diz ao ofensor que ele fez uma coisa má, mas também diz que ele não é uma pessoa má, que tem boas qualidades que podem ser desenvolvidas [...]. Introduzir o amor, a preocupação, o apoio e a disposição de perdoar no processo de sentenciamento é algo que influencia profundamente a atitude e as ações de muitos ofensores. Como disse um deles: "Nunca ouvi isso antes – as pessoas não gostavam de mim. Não sei, comigo era sempre assim, sabe, um cara ruim que faz coisas ruins, então eu fiquei bom em fazer coisas ruins. Por que não? Eu tinha raiva por causa do jeito que eles me tratavam, e agora descubro que eles na verdade gostam de mim – que querem me ajudar. Eu me sinto diferente – me faz querer ser diferente".

Hoje os processos circulares estão sendo usados em muitas situações fora do sistema de justiça penal. Por exemplo, são muito utilizados em escolas e para tratar de conflitos comunitários.[17] Pelo fato de estarem em sintonia com muitas abordagens indígenas à resolução de problemas, elas oferecem um modelo com aplicações muito amplas.[18]

....
17. Veja Lorraine Stutzman Amstutz e Judy H. Mullet, *Disciplina restaurativa para escolas* (São Paulo: Palas Athena Editora, 2012); e Carolyn Boyes-Watson e Kay Pranis, *Circle Forward: Building a Restorative School Community* (Saint Paul, MN: Living Justice Press, 2014). Para o nível universitário, veja David R. Karp, *The Little Book of Restorative Justice for Colleges and Universities* (Intercourse, PA: Good Books, 2013).
18. Para mais informações sobre Conferências de Grupos Familiares e Círculos de Sentenciamento veja Kay Pranis, *Processos circulares de construção de paz* (São Paulo: Palas Athena Editora, 2017), e Allan MacRae e Howard Zehr, *The Little Book of Family Group Conferences, New Zealand Style* (Intercourse, PA: Good Books, 2004).

Num certo aspecto, as histórias que nos chegam das CGF e dos processos circulares soam familiares aos que já trabalharam em reconciliação vítima-ofensor. No entanto, a inclusão da família e da comunidade sugerem direções importantes que devem ser levadas a sério se quisermos desenvolver ainda mais a teoria e prática de uma justiça que cura e restaura.

Parte IV

Lentes novas

Capítulo 10
Uma lente restaurativa

Enquanto refletia para poder escrever esse capítulo, eu costumava passar algum tempo no tribunal. Meu vizinho, um rapaz de dezoito anos, ia ser sentenciado. Ele se declarara culpado de molestar uma menina, sua vizinha. A mãe dela me pediu para ajudar pois não queria que o rapaz fosse para a cadeia. Ela sabia que lá ele se tornaria também uma vítima. Ela só queria que o mau comportamento parasse. "Se fosse outro, eu gostaria que fosse preso, mas sei que Ted só precisa de ajuda." "Vou postergar esse sentenciamento", me disse o juiz. "Francamente, Howard, não sei o que fazer. Quem sabe você pode me dar uma mão."

Por onde começar em casos como esse? Eu comecei enquadrando o caso da maneira convencional. Ele desobedeceu a lei. O que prevê a lei? O que deve o juiz ordenar? O que deveria o tribunal fazer com o rapaz? Então me lembrei de tudo que estive escrevendo e minha perspectiva começou a mudar.

A perspectiva faz muita diferença. Como interpretaremos os acontecimentos? Quais os fatores relevantes? Que reações são possíveis e apropriadas? A lente através da qual enxergamos determina o modo como configuraremos o problema e a "solução". Precisamos olhar não somente para as penas alternativas e as alternativas à punição. O professor Kay Harris, especialista em sentenciamento, nos lembra que se trata de uma questão de valores alternativos e não tecnologias alternativas para punir.[1] Precisamos buscar formas alternativas de enxergar o problema e a solução.

....
1. Veja M. Kay Harris, "Strategies, Values and the Emergencing Generations of Alternatives to Incarceration", *op. cit.*, 141-190, e "Observations of a 'Friend of the Court' on the Future of Probation and Parole", *Federal Probation* 51, nº 4 (dezembro de 1987), p. 12-21.

A lente retributiva tem sido o foco deste livro. Como observamos na história que relatei no início do livro e em outros exemplos, o processo baseado na lente retributiva não atende a muitas das necessidades de vítimas e ofensores. Tais carências do processo são indicadores negativos que mostram a necessidade de mudança. Mas há indicadores positivos, que mostram a direção a seguir. As experiências e necessidades de vítimas e ofensores mostram alguns dos problemas que devemos tratar. A tradição bíblica oferece alguns princípios úteis.

Nossa experiência histórica e os recentes "campos experimentais" sugerem algumas abordagens possíveis. Talvez esses indicadores possam servir como elementos para a construção de uma nova lente.

Uma nova lente talvez, mas será esse um novo paradigma? Um paradigma é mais do que uma visão ou uma proposta. Ele exige uma teoria bem articulada, combinada com uma gramática coerente e uma física que permita sua aplicação – bem como um certo grau de consenso. O paradigma não precisa resolver todos os problemas, mas deve solucionar a maioria dos mais prementes e apontar o norte. Não creio que tenhamos chegado nesse ponto, ainda.

Nesse estágio em que estamos, seria mais realista falar de visões alternativas fundamentadas em princípios e experiências, e que possam guiar nossa busca de soluções para a crise atual. Podemos adotar uma lente diferente, mesmo que ainda não seja um paradigma plenamente desenvolvido. Tais visões podem ajudar a orientar-nos na direção de uma viagem, forçosamente partilhada, de experiências e explorações.

Estamos buscando uma visão do que pode ser considerado um padrão, uma visão da norma, e não de uma reação realista adequada a todas as situações. A lente atual se fundamenta naquilo que é pouco usual e bizarro. As regras criadas para essas exceções são a norma, valem para as ofensas "ordinárias". Alguns ofensores são tão inerentemente perigosos que precisam ficar presos. Alguém tem que tomar essa decisão com base em regras e salvaguardas de direito. Algumas ofensas são tão hediondas que requerem tratamento especial. Mas a reação a esses casos especiais não deveria ser a norma. Portanto, nossa abordagem seria a de identificar o que o crime significa e o que deveria acontecer normalmente quando ele ocorre, reconhecendo as necessidades impostas por algumas exceções. Assim, por ora não nos preocuparemos em avaliar se nossa visão pode englobar todas as situações. Tentaremos visualizar o que deveria ser a norma.

Um modo de começar essa exploração é tirando o crime de seu pedestal abstrato. Isto significa compreendê-lo como a Bíblia compreendia e da forma como nós o vivenciamos: como um dano e uma violação de pessoas e relacionamentos. A justiça deveria se concentrar na reparação, em acertar o que não está certo.

Nesse caso, duas lentes bem diferentes poderiam ser descritas da seguinte forma:

Justiça retributiva

O crime é uma violação contra o Estado, definida pela desobediência à lei e pela culpa. A justiça determina a culpa e inflige dor no contexto de uma disputa entre ofensor e Estado, regida por regras sistemáticas.

Justiça restaurativa

O crime é uma violação de pessoas e relacionamentos. Ele cria a obrigação de corrigir os erros. A justiça envolve a vítima, o ofensor e a comunidade na busca de soluções que promovam reparação, reconciliação e segurança.

No capítulo 12 falarei de algumas ressalvas em relação ao termo justiça retributiva e o forte contraste entre esta e a justiça restaurativa. Também refinarei o modo como defino o conceito de justiça restaurativa. Tal crítica partirá deste capítulo, de modo nenhum invalidando seu conteúdo. Contudo, essas dicotomias muito contrastadas oferecem uma linguagem inicial que permite fazer distinções importantes.

Crime: violação de pessoas e relacionamentos

No primeiro capítulo vimos que as pessoas muitas vezes vivenciam até mesmo crimes patrimoniais de pequena monta como ataques à sua própria pessoa. As pessoas se sentem vítimas de uma violação pessoal, mesmo quando o dano foi somente contra a propriedade. A visão de *shalom* nos lembra que esse nível material é importante para o senso de bem-estar individual.

A visão de *shalom* também nos lembra que o crime representa uma violação dos relacionamentos. Ele afeta nossa confiança no outro, trazendo sentimentos de suspeita e estranheza, e até racismo. Não raro ergue muros entre amigos, pessoas amadas, parentes e vizinhos. O crime afeta nosso relacionamento com todos à nossa volta.

O crime também representa um relacionamento dilacerado entre vítima e ofensor. Mesmo se eles não tinham um relacionamento prévio, o delito cria um vínculo, que em geral é hostil. Se não resolvido, esse relacionamento hostil afetará, por sua vez, o bem-estar da vítima e do ofensor.

O crime significa um agravo à vítima, mas poderá também ser um agravo ao ofensor. Muitos crimes nascem de violações. Muitos ofensores foram vítimas de abusos na infância e carecem das habilidades e formação que possibilitariam um emprego e uma vida significativa. Muitos buscam validação e empoderamento. Para eles o crime é uma forma de gritar por socorro e afirmar sua condição de pessoa. Em parte, prejudicam os outros porque foram prejudicados. E não raro são prejudicados ainda mais pelo sistema judicial. Tal dimensão nasce, em certa medida, de outras questões de justiça distributiva. É também parte integrante da visão de *shalom*.

Em seu cerne o crime é, portanto, uma violação cometida contra outra pessoa por um indivíduo que, por sua vez, também pode ter sido vítima de violações. Trata-se de uma violação do justo relacionamento que deveria existir entre indivíduos. O crime tem ainda uma dimensão social maior. De fato, os efeitos do crime reverberam, como ondas, afetando muitos outros indivíduos. A sociedade é uma parte interessada no resultado, e portanto tem um papel a desempenhar. Não obstante, essa dimensão social não deveria ser o ponto inicial do processo. O crime não é primeiramente uma ofensa contra a sociedade, muito menos contra o Estado. Ele é em primeiro lugar uma ofensa contra as pessoas, e é delas que se deve partir.

Essa dimensão interpessoal do crime nos lembra que o crime envolve um conflito.[2] De fato, inúmeros estudiosos europeus que estão trabalhando em direção a uma lente nova para o crime vêm nos incitando a definir o crime como uma espécie de conflito. Afinal, o crime cria conflitos interpessoais e às vezes nasce de um conflito. Sem dúvida ele está ligado a outros prejuízos e conflitos sociais. Se abordadas adequadamente, muitas dessas situações conflituosas poderiam ser oportunidades de aprendizado e crescimento, estejam ou não definidas como crimes.

Marie Marshall Fortune nos alerta para o fato de que rotular o crime como *conflito* pode ser enganador e perigoso.[3] Em casos de violência doméstica, por exemplo, atos violentos com sérias consequências têm sido com demasiada frequência definidos como simples resultado de conflitos. Isto tende a calar a responsabilidade por comportamentos através da culpabilização da vítima. Somos levados também a presumir que a violência é simplesmente uma escalada do conflito. Fortune nos lembra que a violência não é simplesmente

....
2. Veja, *e.g.*, Louk Hulsman, citado antes. Veja também John R. Blad, Hans van Mastrigt e Niels A. Uildriks, eds., *The Criminal Justice System as a Social Problem: An Abolitionist Perspective* (Rotterdam, Holanda: Erasmus Universiteit, 1987).
3. Marshall Fortune levantou a questão num parecer sobre justiça restaurativa em "casos graves", exposto em Guelph, Ontário, em 1986.

uma intensificação do conflito. A violência está numa categoria diferente. Uma coisa é ter uma diferença de opiniões e brigar, outra bem diferente é atacar o outro fisicamente.

Em virtude de suas dimensões interpessoais, o crime obviamente envolve conflito. Mas fazer dele um sinônimo de conflito poderá levar a erro e toldará alguns aspectos importantes.

O que dizer da palavra *crime*? Alguns gostariam que a palavra fosse evitada. O crime é resultado de um sistema legal que faz distinções arbitrárias entre variados danos e conflitos. É um construto artificial que joga num só balaio uma série de comportamentos e experiências distintos, separando-os de outros danos e violações e, assim, ocultando o verdadeiro significado da experiência.

Por isso o criminologista e advogado holandês Louk Hulsman sugeriu o termo "situações problemáticas".[4] Essa expressão é útil pois nos lembra da ligação entre os crimes e outros tipos de danos e conflitos. Sugere também as possibilidades de aprendizado inerentes a tais situações. Mas "situações problemáticas" soa um pouco vago e, no caso de violações graves, pode parecer minimização das dimensões do dano. Na linguagem corrente, é muito difícil imaginar como substituiríamos a palavra crime por "situações problemáticas"!

Seria bom ter um termo alternativo, mas por enquanto não encontrei um substituto aceitável. Assim, por ora continuaremos utilizando o termo crime, tendo sempre em mente suas inadequações.

O crime envolve violações que precisam ser sanadas. Essas violações representam as quatro dimensões básicas do mal cometido:

1. à vítima
2. aos relacionamentos interpessoais
3. ao ofensor
4. à comunidade

---
4. Veja "Critical Criminology and the Concept of Crime", *Contemporary Crises: Law, Crime and Social Policy*, 10, 1986, p. 63-80.

A lente retributiva se concentra basicamente na última, nas dimensões sociais. E o faz tornando a comunidade algo abstrato e impessoal. A justiça retributiva define o Estado como vítima, define o comportamento danoso como violação de regras e considera irrelevante o relacionamento entre vítima e ofensor. Os crimes, portanto, estão em outra categoria, separados dos outros tipos de dano.

A lente restaurativa identifica as pessoas como vítimas e reconhece a centralidade das dimensões interpessoais. As ofensas são definidas como danos pessoais e como relacionamentos interpessoais. O crime é uma violação de pessoas e relacionamentos.

Formas de ver o crime

Lente retributiva	Lente restaurativa
1. O crime é definido pela violação da lei	1. O crime é definido pelo dano à pessoa e ao relacionamento (violação do relacionamento)
2. Os danos são definidos de modo abstrato	2. Os danos são definidos concretamente
3. O crime está numa categoria distinta de outros danos	3. O crime está reconhecidamente ligado a outros danos e conflitos
4. O Estado é a vítima	4. As pessoas e os relacionamentos são as vítimas
5. O Estado e o ofensor são as partes no processo	5. A vítima e o ofensor são as partes no processo
6. As necessidades e direitos das vítimas são ignorados	6. As necessidades e direitos das vítimas são a preocupação central
7. As dimensões interpessoais são irrelevantes	7. As dimensões interpessoais são centrais

8. A natureza conflituosa do crime é velada	8. A natureza conflituosa do crime é reconhecida
9. O dano causado ao ofensor é periférico	9. O dano causado ao ofensor é importante
10. A ofensa é definida em termos técnicos, jurídicos	10. A ofensa é compreendida em seu contexto total: ético, social, econômico e político

Até o momento limitamos boa parte de nossa discussão aos danos e conflitos que em geral rotulamos como crimes. Esse foco é muito estreito se pensarmos em termos do paradigma bíblico. Ele nos oferece uma visão de como as pessoas deveriam conviver num estado de *shalom*, de relacionamentos retos. Os comportamentos que chamamos de crime violam esses relacionamentos, da mesma forma que muitas outras violações, inclusive atos de injustiça e opressão dos poderosos contra os desprovidos de poder. O paradigma bíblico nos obriga a ver a injustiça de modo holístico, sem divisões artificiais entre crimes e outras injustiças. É preciso ter diante dos olhos todo o *continuum* dos danos. Os crimes se mesclam com outros males e conflitos que em geral colocamos no âmbito do direito civil. Mas tais injustiças se juntam às injustiças do poder e da riqueza. Usando a linguagem do Antigo Testamento, os profetas nos lembram que a injustiça estrutural é um pecado, que por sua vez gera mais injustiças.

Restauração: o objetivo

Se o crime é um dano, uma lesão, o que é a justiça? Novamente, valendo-nos da visão consignada na Bíblia, se o crime machuca as pessoas, a justiça deveria tentar sanar o dano e acertar as coisas entre as pessoas. Quando um mal é cometido, a questão central não deveria ser "O que devemos fazer ao ofensor?" ou "O que o ofensor merece?", mas sim "O que podemos fazer para corrigir a situação?".

Em vez de definir a justiça como retribuição, nós a definiremos como restauração. Se o crime é um ato lesivo, a justiça significará reparar a lesão e promover a cura. Atos de restauração – ao invés de mais violação – deveriam contrabalançar o dano advindo do crime. É impossível garantir recuperação total, evidentemente, mas a verdadeira justiça teria como objetivo oferecer um contexto no qual esse processo pode começar.

Se o ato lesivo tem quatro dimensões, as energias reparadoras deveriam tratar todas elas. O primeiro objetivo da justiça deveria ser, portanto, reparação e cura para as vítimas.

Cura para as vítimas não significa esquecer ou minimizar a violação. Implica num senso de recuperação, num grau de resolução e transcendência. A vítima deveria voltar a sentir que a vida faz sentido e que ela está segura e no controle. O ofensor deveria ser incentivado a mudar. Ele deveria receber a liberdade de começar a vida de novo. A cura abarca um senso de recuperação e esperança em relação ao futuro.

Sanar o relacionamento entre vítima e ofensor deveria ser a segunda maior preocupação da justiça. O movimento de reconciliação vítima-ofensor chamou esse objetivo de reconciliação.

A palavra descreve pleno arrependimento e perdão e envolve o estabelecimento de um relacionamento positivo entre vítima e ofensor. A experiência da VOC sugere que isso é possível. Contudo, não seria realista esperar que a reconciliação aconteça em todos os casos. Em muitos deles não se chegará a nada parecido com reconciliação. Em outros será possível evoluir para um relacionamento satisfatório que não signifique intimidade ou confiança total. Os participantes jamais devem sentir que estão sendo coagidos a se reconciliar. Ron Kraybill, ex-diretor do Mennonite Conciliation Service [Serviço de Conciliação Menonita], nos lembra que a reconciliação tem um ritmo e uma dinâmica próprios. Mesmo desejando conscientemente a reconciliação, nossas emoções podem seguir outro rumo:

Diante das preocupações do cérebro em relação ao que deve ser, o coração responde com o que é. A cabeça pode traçar uma rota para o coração, mas o coração deve chegar lá no seu próprio ritmo. A reconciliação partindo do coração é um ciclo com vários estágios de permeio.[5]

Segundo Ron Claassen, fundador do VORP de Fresno, Califórnia, devemos ver a reconciliação como um *continuum*.[6] Num extremo temos franca hostilidade; no outro, restauração ou criação de um forte relacionamento positivo. Quando acontece um crime, o relacionamento em geral está no extremo hostil da escala. Sem atendimento, o relacionamento via de regra fica estagnado ou até caminha para uma hostilidade mais acirrada. O objetivo da justiça deveria ser, portanto, levar o relacionamento em direção à reconciliação. A cura desses relacionamentos, mesmo que apenas parcial, é um passo importante para a cura individual. A justiça não pode garantir nem forçar a reconciliação, mas deveria oferecer a oportunidade para que essa reconciliação aconteça.

Estive envolvido em casos nos quais aparentemente houve pouco progresso em direção à reconciliação. Reunidos para discutir a ofensa e sua resolução, vítima e ofensor continuaram hostis. No entanto, a natureza de sua hostilidade mudou. Eles não estavam mais com raiva de uma abstração, de um estereótipo de vítima ou ofensor. Estavam agora zangados com uma pessoa concreta. Isto já é um progresso.

Também ofensores precisam de cura. É claro, eles devem ser responsabilizados pelo que fizeram. Não se pode "deixar passar em branco". Mas essa responsabilização pode ser em si um passo em direção à mudança e à cura. Também suas outras necessidades precisam de atenção.

....
5. Ron Kraybill, "From Head to Heart: The Cycle of Reconciliation", *Mennonite Conciliation Service: Conciliation Quarterly*, 7, nº 4, 1988, p. 2.
6. Ron Claassen e Howard Zehr, VORP *Organizing: A Foundation in the Church* (Elkhart, IN: Mennonite Central Committee, 1988), p. 5.

A comunidade igualmente precisa de cura. O crime solapa seu sentido de inteireza e essa lesão precisa de tratamento. A experiência de justiça é uma necessidade humana básica. Sem ela a cura e a reconciliação são difíceis ou até impossíveis. A justiça é pré-condição para uma solução.

É claro que uma sensação plena de justiça é algo raro. No entanto, até uma "justiça aproximada" pode ser de ajuda.[7] Mesmo uma experiência parcial pode lançar as bases necessárias para obter uma sensação de recuperação e encerramento do ciclo. Por exemplo, quando o ofensor não foi identificado, ou quando ele se nega a assumir a responsabilidade, a comunidade pode desempenhar o seu papel promovendo uma experiência de justiça. Ela pode ouvir sinceramente e valorizar a vítima, concordando com suas queixas de que o que aconteceu foi errado e atendendo e dando ouvidos às suas necessidades. Uma quase justiça é melhor do que nenhuma justiça e ajuda o processo de cura.

Que imagem deveríamos ter da justiça? A deusa vendada com a balança na mão simboliza bem a natureza impessoal, preocupada com o procedimento, do paradigma atual. Qual seria a alternativa?

Uma possibilidade é ver a justiça como a cura de uma lesão. Meu colega Dave Worth descreveu bem essa imagem:

> Novos tecidos devem crescer para preencher o espaço daquele que foi dilacerado. As condições e nutrientes adequados precisam estar disponíveis para que o novo cresça. São necessários segurança, higiene e tempo. Algumas vezes ficam cicatrizes, às vezes incapacidades. Mas quando a ferida sara é possível novamente mover-se, recuperar as funções e crescer. Através da vivência da lesão e da cura, é possível

---
7. Marie Marshall Fortune sugeriu essa terminologia no parecer apresentado em Guelph. Veja Fortune, "Making Justice: Sources of Healing for Incest Survivors", *Working Together* (verão, 1987), p. 5; e "Justice-Making in the Aftermath of Women-Battering", *Domestic Violence on Trial*, ed. Daniel Sonkin (New York: Springer Publishers, 1987), p. 237-248.

compreender as condições que levaram àquela lesão e as condições que trouxeram a cura. [Então] podemos trabalhar para mudar a lesão e oferecer a cura a outros que foram feridos. [8]

Wilma Derksen, cuja filha foi brutalmente assassinada, sugeriu ainda uma outra metáfora que considero ainda mais promissora. O crime cria um vazio, portanto a justiça é preencher o vazio.[9] O parâmetro bíblico de justiça mostra que a justiça restaurativa deve muitas vezes ser uma justiça transformadora.[10] Para corrigir a situação, é provável que voltar à condição original seja desaconselhável e até impossível; a justiça deve ir além do retorno ao *status quo*. Nos casos de violência conjugal, por exemplo, não é suficiente cobrir os danos. A verdadeira justiça não acontecerá a não ser que as pessoas e relacionamentos sejam transformados em algo saudável de modo que a violência não seja recorrente. Nesse contexto, a justiça pode significar uma mudança ao invés da volta à situação anterior.

A justiça pode envolver mais do que preencher um buraco e nivelar a superfície. Talvez seja necessário fazer um monte por cima do buraco. Novamente, Dave Worth resume essa imagem melhor do que eu:

> Na Segunda Carta aos Coríntios 5:18 e ss., faz-se uma analogia entre reconciliação e recriação. Esta talvez seja a essência da reconciliação. Nela, algo novo acontece entre duas pessoas. Algo que não está fundado no modo como as coisas foram no passado, mas no modo como deveriam ser. A reconciliação é uma abordagem prospectiva do problema.
>
> A verdadeira justiça remete à abundância. Não é uma abordagem legalista de justiça enquanto o mínimo necessário. Não estamos falando da balança da justiça. Falamos de uma situação na qual a

---

8. Dave Worth, em carta ao autor.
9. Wilma Derksen, *Have You Seen Candace?* (Wheaton, IL: Tyndale, 1992).
10. Devo esse termo a Marie Marshall Fortune.

verdadeira justiça aconteceu, trazendo à luz algo novo. Algo que não deixa as pessoas menores, nem iguais, mas plenas e superabundantes, de modo que possam sair e espalhar a mesma justiça para todos à sua volta. Talvez o problema da atual abordagem legalista seja justamente esse – ela não satisfaz plenamente as pessoas e, portanto, elas não estão prontas a partilhar justiça com outros.

A justiça começa nas necessidades

Uma justiça que vise satisfazer e sobejar deve começar por identificar e tentar satisfazer as necessidades humanas. No caso de um crime, o ponto de partida deve ser as necessidades daqueles que foram violados. Quando um crime acontece (tenha o ofensor sido identificado ou não), a primeira preocupação é: "Quem sofreu dano?", "Que tipo de dano?", "O que estão precisando?". Esse tipo de abordagem, é claro, difere muito da justiça retributiva que pergunta em primeiro lugar: "Quem fez isso?", "O que faremos com o culpado?" – e que dificilmente vai além disso.

As vítimas têm muitas necessidades a serem atendidas para chegarem a vivenciar algo que se aproxime de justiça. Em muitos casos as necessidades principais e mais prementes são de apoio e segurança.

Logo depois, no entanto, surgem várias outras necessidades, algumas das quais descrevi no primeiro capítulo. As vítimas precisam de alguém que as escute. Precisam de oportunidades para contar a história e ventilar seus sentimentos, talvez repetidamente. Elas precisam contar sua verdade. E precisam que os outros partilhem de seu sofrimento, lamentem com elas o mal que lhes foi feito.

Em algum ponto do processo as vítimas necessitam sentir-se vindicadas. Precisam saber que o que lhes aconteceu estava errado e não era merecido, e que os outros também acham aquilo errado. Elas precisam saber que algo foi feito para corrigir o mal e reduzir as chances de uma nova ocorrência. Querem ouvir os outros reconhecendo sua dor e legitimando sua experiência.

A linguagem usada para dizer a verdade, se lamentar e exigir restituição é, via de regra, bastante rude e raivosa. Devemos aceitar isso e ouvir verdadeiramente. Somente assim as pessoas poderão superar essa fase e seguir adiante. Mort MacCallum-Paterson chegou à conclusão que os gritos de angústia das vítimas de crime são parecidos com os gritos de dor exigindo vingança retratados no Antigo Testamento como "orações" dirigidas aos ouvidos de Deus, pedindo por sua simpatia e lamento. Muitas vezes soam a ódio e vingança, mas nem sempre são uma exigência de ação por parte da comunidade. Como disse o pai de uma vítima de assassinato a Paterson: "Talvez pareça que estamos pedindo a pena de morte. Na verdade não estamos [...] mas, o que mais podemos dizer?".

O que mais se pode dizer? Essa é a questão. Não há palavras mais expressivas do que reclamar sangue para falar da dor, do pesar e do ódio daqueles que a vítima de assassinato deixou para trás. A escolha dessas palavras como estratégia de ação a fim de obter a execução do assassino é uma outra questão. Isto dependerá de uma decisão posterior. O lamento como tal não contém as decisões mas [...] o lamento é uma linguagem que assume a forma de uma maldição. Com efeito, é um pedido para que Deus amaldiçoe aquele que tirou a vida da vítima.[11]

A retribuição pode ser uma forma de vindicação, mas a restituição também. Num pequeno e importante livro intitulado *Mending Hurts*, John Lampen, da Irlanda do Norte, observa que a restituição é uma reação humana tão fundamental como a retribuição.[12]

A restituição representa a recuperação de perdas, mas sua verdadeira importância é simbólica. A restituição significa um reconhecimento do erro e uma declaração de responsabilidade. A correção do mal é, em si, uma forma de expiação que poderá promover a cura mais eficazmente do que a retribuição.

....
11. Mort MacCallum-Paterson, "Blood Cries: Lament, Wrath and the Mercy of God", *op. cit.*, p. 19.
12. John Lampen, *Mending Hurts*, *op. cit.*, p. 57.

A retribuição em geral deixa um legado de ódio. Talvez a retribuição seja melhor do que nada em termos de uma experiência satisfatória de justiça, mas ela não ajuda em nada para aplacar hostilidades que dificultam a cura. Essa é a beleza do perdão. Ao tratar os sentimentos hostis, ele permite que vítima e ofensor assumam o controle de suas próprias vidas. Como vimos no caso da reconciliação, não é fácil chegar ao perdão e não se pode forçá-lo. Para muitos a experiência de justiça é pré-requisito necessário ao perdão. Para alguns o perdão parecerá impossível.

Tanto a retribuição como a restituição dizem respeito à restauração de um equilíbrio. Embora a retribuição e a restauração tenham importante valor simbólico, a restituição é uma forma mais concreta de restaurar a equidade. Também a retribuição busca o equilíbrio baixando o ofensor ao nível em que foi parar a vítima. É uma tentativa de vencer o malfeitor anulando sua alegação de superioridade e confirmando o senso de valor da vítima. A restituição, por outro lado, busca elevar a vítima ao seu nível original. Para tanto, reconhece o valor ético da vítima, percebendo ainda o papel do ofensor e as possibilidades de arrependimento – assim reconhecendo também o valor ético do ofensor.[13]

A maioria de nós presume que a retribuição é a prioridade das vítimas. Mas pesquisas realizadas com as vítimas mostram um quadro diferente. As vítimas muitas vezes são favoráveis a penas reparativas que não envolvem encarceramento – na verdade, muito mais vezes do que se faz público.[14]

Além disso, elas frequentemente listam a reabilitação do ofensor como algo importante. Afinal, ajudar o ofensor é uma das maneiras de tratar do problema da segurança e prevenção de delitos futuros.

....

13. Veja Jeffrie G. Murphy e Jean Hampton, *Forgiveness and Mercy* (Cambridge: Cambridge University Press, 1988).

14. Veja, p.ex., Russ Immarigeon, "Surveys Reveal Broad Support for Alternative Sentencing", *National Prison Project Journal*, nº 9 (outono, 1986), p. 1-4.

Outrossim, as vítimas precisam ser empoderadas. A justiça não pode simplesmente ser feita para e por elas. As vítimas precisam se sentir necessárias e ouvidas ao longo do processo. Uma das dimensões do mal é que elas foram despidas de poder, portanto, uma das dimensões da justiça deve ser a restituição desse poder. No mínimo isso significa que elas devem ser a peça principal na determinação de quais são suas necessidades, e como e quando devem ser atendidas. Mas as vítimas deveriam participar de alguma forma do processo como um todo.

As vítimas têm necessidade de segurança, reparação, vindicação e empoderamento, mas precisam, especialmente, encontrar significado. Recordemos a percepção de Ignatieff no sentido de que a justiça oferece uma estrutura de significado. As vítimas precisam encontrar respostas para suas dúvidas sobre o que aconteceu, por que aconteceu e o que está sendo feito a respeito. Precisam lidar com as seis questões que listei no segundo capítulo e que abrem o caminho para a recuperação. Somente a própria vítima pode responder a algumas daquelas questões, embora talvez possamos ajudar na busca das respostas. Mas algumas dessas questões dizem respeito aos fatos. Quem fez, por que, que tipo de pessoa ele/ela é, e o que está sendo feito a respeito? No mínimo, a justiça deve oferecer informações acerca dessas perguntas.

Por isso as vítimas almejam vindicação, que inclui denúncia do mal cometido, lamento, narração da verdade, publicidade e não minimização. Buscam equidade, inclusive reparação, reconciliação e perdão. Sentem necessidade de empoderamento, incluindo participação e segurança. Querem proteção e apoio, alguém com quem partilhar o sofrimento, esclarecimento das responsabilidades e prevenção. E necessitam significado, informação, imparcialidade, respostas e um sentido de proporção.

As vítimas se sentem violadas pelo crime, e essa violação gera necessidades. Mas as comunidades também se sentem violadas, e têm necessidades análogas. Uma vez que não se pode ignorar as dimensões públicas do crime, em muitos casos o processo judicial não pode ser inteiramente privado. Também a comunidade quer estar segura de que o ocorrido é errado, algo está sendo feito a respeito, e medidas estão sendo tomadas para evitar a reincidência. Também nesse caso a informação é importante, pois pode ajudar a reduzir os estereótipos e medos infundados. E, novamente, a restituição desempenha um papel importante já que oferece um símbolo da restauração da integridade. De fato, o papel do simbolismo é fundamental. O crime perturba o sentido de inteireza da comunidade. A reparação da comunidade como um todo requer algum tipo de ação simbólica que tenha elementos de denúncia da ofensa, vindicação, restauração da confiança e reparação.

Essas dimensões públicas do crime são importantes portanto, mas elas não devem ser o ponto de partida da justiça. E a comunidade precisa ser questionada no tocante a alguns de seus pressupostos sobre o crime. Uma dessas suposições é a de que total segurança e ordem são possíveis no contexto de uma sociedade livre.

Recentemente, numa festa organizada para levantar fundos para nosso VORP local, eu estava sentado à mesa de piquenique com um homem abastado. Ameaçava um temporal, e todos tinham nos abandonado para buscar o abrigo da casa. Sentados olhando a chuva, ele me perguntou sobre a organização para a qual tinha acabado de contribuir, e isto levou a uma conversa sobre a justiça. Ele me falou com grande honestidade sobre sua própria batalha interna a respeito. Conhecia desde a infância um homem que era ladrão. Parte dele se preocupava com a reabilitação e bem-estar do amigo. Por outro lado, considerava-se um conservador e sentia que o ladrão devia ter uma punição dura. "Às vezes acho que deveríamos fazer como no Irã – cortar o braço do ladrão, punir severamente. Só assim estaríamos seguros", disse-me ele. "Talvez", respondi, "Mas, se fosse assim, será que você gostaria de viver aqui?".

A ordem e a liberdade são dois extremos de um *continuum*. A liberdade total, ao menos no sentido de liberdade para fazer qualquer coisa sem controles formais ou informais, seria, provavelmente, caótica e insegura – o mundo vislumbrado por Hobbes. A ordem total, por outro lado, mesmo se possível de obter, seria alcançada pela perda da liberdade. Se punições severas pudessem coibir o crime, teriam que ser rápidas e certeiras. O preço a pagar? Deveríamos estar dispostos a cometer muitos erros e dar poder arbitrário a uma autoridade central – um poder que certamente seria usado abusivamente. A maioria de nós não gostaria de viver num mundo assim. Portanto, nos vemos indo e voltando na região média daquele *continuum*, buscando um equilíbrio entre liberdade e poder. Os conservadores tendem mais para o extremo da ordem, os liberais mais para o extremo oposto.

Há ainda um outro engano nos pressupostos correntes sobre liberdade e ordem. Quase sempre pensamos na ordem como sendo feita de regras e penalidades, ou seja, controles formais. Nos esquecemos, contudo, que ao longo da história a ordem vem sendo mantida por controles informais – por sistemas de crença, por pressões e obrigações sociais, pelas recompensas da conformidade. Isto vale também para nossa vida diária. Presumir que a ordem deriva simplesmente da lei e da punição é ignorar os laços que mantêm a sociedade unida.

A questão é que não podemos viver em total segurança e ao mesmo tempo manter alguns valores que nos são caros. Por outro lado, nossa liberdade também está em risco quando não trazemos à responsabilidade as pessoas que tentam exercer sua vontade violando a liberdade dos outros.

O crime gera obrigações

A reflexão sobre necessidades logo leva às questões de responsabilidade e dever. Violações geram obrigações.

A obrigação primária, obviamente, é da pessoa que causou a violação. Quando alguém prejudica outrem, tem a obrigação de corrigir o mal. Isto é o que deveria ser chamado de justiça. Significa levar os ofensores a compreender e reconhecer o mal que fizeram e, em seguida, a tomarem medidas, mesmo que incompletas e simbólicas, para corrigi-lo.

Corrigir é algo central para a justiça. Acertar o que está errado não é uma atividade periférica e opcional. É uma obrigação. Idealmente, o processo de justiça pode ajudar os ofensores a reconhecer e assumir suas responsabilidades voluntariamente. Isto pode acontecer e de fato acontece no processo de encontro vítima-ofensor. Mas na maioria das vezes as pessoas aceitam essa responsabilidade com relutância no início. Muitos ofensores relutam em se tornar vulneráveis ao tentar entender as consequências de seus atos. Afinal, construíram edifícios de estereótipos e racionalizações a fim de se protegerem exatamente contra esse tipo de informação. Muitos relutam em assumir a responsabilidade de corrigir o mal. Receber uma punição é mais fácil por uma série de motivos. Embora ela cause sofrimento por algum tempo, não envolve responsabilidades nem ameaça as racionalizações e estereótipos. Frequentemente os ofensores precisam de forte incentivo ou mesmo coerção para aceitar suas obrigações.

O movimento VOC nos Estados Unidos e em outros países tem discutido essa questão em várias ocasiões. Obviamente, a aceitação voluntária de responsabilidade é melhor. Mas também é óbvio que podem haver abusos na coerção. Mesmo assim, em princípio não me oponho à exigência de que os ofensores assumam a responsabilidade. Afinal, se alguém causa dano a outrem, esse alguém tem uma obrigação, uma dívida. O ofensor deveria reconhecer isto voluntariamente e aceitar as responsabilidades, e o processo judicial deveria servir de estímulo.

Ainda assim, as pessoas não assumem responsabilidades facilmente. Um dos motivos pelos quais muitos ofensores se metem em encrencas é justamente a sua irresponsabilidade em algum aspecto.

Não é possível superar tal irresponsabilidade com tanta rapidez. Mas o que a sociedade de fato pode fazer é dizer ao ofensor: "Você errou ao lesar alguém. Você tem a obrigação de corrigir os seus erros. Você pode fazer isso voluntariamente, e permitiremos que você participe do processo para descobrir como fazê-lo. Se você não quiser aceitar essa responsabilidade, nós decidiremos por você o que precisa ser feito e exigiremos que você o faça".

Pode-se pedir ao ofensor que aceite a obrigação de corrigir o mal. Pode-se incentivá-lo fortemente a assumir a responsabilidade e encarar suas vítimas. Contudo, não se pode e não se deve obrigá-lo a isso. Com certeza, não se deve coibi-lo a participar! Encontros forçados dificilmente serão bons, quer para o ofensor quer para a vítima, e o esforço pode resultar em mais prejuízo. Podemos solicitar que o ofensor corrija seu erro, mas ele não pode assumir inteiramente a responsabilidade sem algum grau de vontade própria.

Um dos propósitos da punição e da reparação é enviar uma mensagem. A função utilitária da punição é dizer ao ofensor: "Não cometa ofensas pois elas são contra a lei. Aqueles que fazem o mal devem sofrer". A reparação ou a restituição visam enviar uma mensagem diferente: "Não cometa ofensas pois elas prejudicam alguém. Aqueles que prejudicam os outros têm que corrigir seu erro". A intenção da mensagem que nossas ações pretendem exprimir nem sempre é ouvida, como observou o autor britânico Martin Wright. Mas em caso afirmativo, ainda será preciso verificar se foi ouvida a mensagem correta.[15]

Com relação à necessidade de enviar a mensagem de que o crime é errado, Wright observa: "Podemos denunciar o crime de maneira mais construtiva fazendo coisas pela vítima (e pedindo ao ofensor que faça) ao invés de contra o ofensor".[16]

....
15. Martin Wright, "Mediation" *Mediation UK*, 5, n° 2 (março de 1989), p. 7.
16. Martin Wright, "From Retribution to Restoration: A New Model for Criminal Justice", *New Life: The Prison Service Chaplaincy Review*, 5, 1988, p. 49.

O crime dá origem a uma dívida que precisa ser acertada, e essa dívida permanece, independente de ter havido perdão ou não. Quando causamos dano não podemos presumir que pelo fato de termos o perdão de Deus ou mesmo da vítima foram extintas as nossas obrigações. No entanto, é também verdade que a vítima pode escolher perdoar mesmo as obrigações concretas devidas. Raramente um ofensor consegue compensar plenamente aquilo que a vítima e o ofensor perderam. Herman Bianchi observou que o crime cria uma dívida, e que o perdão é a suspensão da obrigação no tocante àquilo que não pode ser restituído.

Na medida do possível os ofensores deveriam oferecer compensação pelo que fizeram. No entanto, em muitos casos há grande demora na identificação dos ofensores. Muitas vezes eles jamais são identificados. Além disso, está fora do alcance do ofensor suprir muitas das necessidades da vítima e da comunidade. E também os ofensores têm necessidades. Esta é uma responsabilidade social: atender as necessidades que os indivíduos sozinhos não conseguem atender. Portanto, o crime gera também obrigações para a comunidade.

Ofensores também têm necessidades

Segundo o paradigma bíblico, a justiça é feita não por merecimento, mas por necessidade. Embora um modelo retributivo ou do "merecido castigo" dite que os ofensores não "merecem" que suas necessidades tenham prioridade, é do interesse da sociedade que essas necessidades integrem uma reação justa ao crime. A identificação e tratamento das necessidades dos ofensores é um elemento-chave da justiça restaurativa.

Na história com a qual abri o presente capítulo, Ted precisava de tratamento. O sistema jurídico interpreta seu comportamento como "molestação sexual", e esse comportamento faz parte de um padrão mais amplo de inadequação e disfunção. Sem tratamento, o problema irá se agravar. Parte do tratamento necessário envolve ajudar Ted a reconhecer o impacto de suas ações sobre sua jovem vítima.

Os ofensores têm muitas necessidades, é claro. Precisam que seus estereótipos e racionalizações – suas falsas atribuições – sobre a vítima e o evento sejam questionados. Talvez precisem aprender a ser mais responsáveis. Talvez precisem adquirir habilidades laborais ou interpessoais. Em geral necessitam de apoio emocional. Muitas vezes precisam aprender a canalizar raiva e frustração de modo mais apropriado. Talvez precisem ajuda para desenvolver uma autoimagem mais sadia e positiva e também para lidar com a culpa. Como no caso das vítimas, se essas necessidades não forem atendidas, os ofensores não conseguem fechar o ciclo.

Na esteira do crime, as necessidades das vítimas são o ponto inicial para a justiça restaurativa. Mas não se devem negligenciar as necessidades do ofensor e da comunidade.

Uma questão de responsabilidade

Necessidades e responsabilidades – trata-se de prestar contas a alguém por um ato cometido. Quando um dano ocorre, o causador precisa responder pelo que fez vendo as consequências naturais de seus atos. Isto significa compreender e reconhecer o dano e agir para corrigir a situação. Há uma terceira dimensão intermediária na responsabilidade do ofensor: partilhar da responsabilidade de decidir o que precisa ser feito. O juiz Challeen fala sobre sentenciamento responsável.[17]

....
17. Dennis A. Challeen, *Making It Right: A Common Sense Approach to Crime* (Aberdeen, SD: Melius and Peterson, 1986).

Uma vez que o comportamento dos ofensores muitas vezes revela irresponsabilidade, simplesmente dizer a eles o que vai acontecer seria poupá-los e incentivar seu comportamento irresponsável. Portanto, em sua vara, ele expõe aos ofensores as dimensões pelas quais precisarão prestar contas. Então, o juiz lhes dá um prazo ao fim do qual devem voltar com uma proposta de como vão atender às exigências e como a sentença será monitorada e sancionada. A VOC ajuda nessa fase, levando os ofensores a negociar e chegar a um acordo de restituição.

Na experiência de "reparação juvenil" que funcionava no Center for Community Justice [Centro de Justiça Comunitária] de Indiana, há alguns anos os jovens ofensores passavam pelo programa antes do sentenciamento. Ali eram incentivados a perceber que seu comportamento causa danos: 1. à vítima; 2. à comunidade; 3. a si mesmos. Os profissionais do programa trabalhavam com eles para que chegassem a uma proposta de "sentença" que satisfizesse os três envolvidos. Através da VOC os jovens ficavam sabendo sobre as necessidades das vítimas e tinham a oportunidade de propor restituição. Podiam tentar pagar sua dívida com a comunidade através de voluntariado. Por meio de acompanhamento, terapia e outras atividades, tinham a chance de atender a algumas de suas próprias necessidades. A questão é esta: prestar contas de seus atos pode empoderar e incentivar a responsabilidade. Isto exige empenho nos três níveis de obrigação: vítima, comunidade e ofensor.

Os ofensores devem responder pelos seus atos, mas a sociedade também. A sociedade deve responder às vítimas, ajudando a identificar e atender suas necessidades. Da mesma forma, a comunidade deve atender às necessidades dos ofensores, buscando não apenas restaurar, mas transformar. A responsabilização é multidimensional e transformadora.

Visões da responsabilidade

Lente retributiva	Lente restaurativa
1. Os erros geram culpa	1. Os erros geram dívidas e obrigações
2. A culpa é absoluta, ou	2. Há graus de responsabilidade
3. A culpa é indelével	3. A culpa pode ser redimida pelo arrependimento e reparação
4. A dívida é abstrata	4. A dívida é concreta
5. A dívida é paga sofrendo punição	5. A dívida é paga fazendo o certo
6. A "dívida" com a sociedade é abstrata	6. A dívida é com a vítima em primeiro lugar
7. Responder pelos seus atos aceitando o "remédio"	7. Responder pelos seus atos assumindo a responsabilidade
8. Presume que o comportamento foi livremente escolhido	8. Reconhece as diferenças entre a realização potencial e atual da liberdade humana
9. Livre arbítrio ou determinismo social	9. Reconhece o papel do contexto social nas escolhas sem negar a responsabilidade pessoal

O processo deve empoderar e informar

Juízes e advogados têm por certo que o que as pessoas mais querem é ganhar o processo. Mas pesquisas recentes mostram que o processo em si conta muito, e que o processo criminal frequentemente não deixa uma impressão de justiça. O importante não é apenas o que acontece, mas também *o modo como se chega à decisão*.[18]

....
18. Veja Wright, *Mediation, op. cit.*, junho de 1988, e Martin Wright, *Making Good: Prisons, Punishment and Beyond* (London: Burnett Books, 1982), p. 246 e ss.

A justiça precisa ser vivida, e não simplesmente realizada por outros e notificada a nós. Quando alguém simplesmente nos informa que foi feita justiça e que agora devemos ir para casa, como vítimas, ou para a cadeia, como ofensor, isto não dá a sensação de justiça. Nem sempre é agradável vivenciar, passar pela experiência da justiça. Mas ao menos saberemos que ela existiu porque participamos dela ao invés de ter alguém a fazer isto por nós. Não é suficiente que haja justiça, é preciso *vivenciar* a justiça.

O primeiro passo na justiça restaurativa é atender às necessidades imediatas, especialmente as da vítima. Depois disso a justiça restaurativa deveria buscar identificar necessidades e obrigações mais amplas. Para tanto o processo deverá, na medida do possível, colocar o poder e a responsabilidade nas mãos dos diretamente envolvidos: a vítima e o ofensor. Deve haver espaço também para o envolvimento da comunidade. Em segundo lugar, ela deve tratar do relacionamento vítima-ofensor facilitando sua interação e a troca de informações sobre o acontecido, sobre cada um dos envolvidos e sobre suas necessidades. Em terceiro lugar, ela deve se concentrar na resolução dos problemas, tratando não apenas das necessidades presentes, mas das intenções futuras.

Já mencionei a importância da participação, tanto para vítima quanto para ofensor. No caso da vítima a perda de poder é um elemento central da violação. O empoderamento torna-se crucial para que haja recuperação e justiça. Para o ofensor a irresponsabilidade e a falta de poder podem ter pavimentado o caminho que o levou ao delito. Somente pela participação na solução é que ofensor e vítima poderão evoluir para a responsabilidade e o encerramento da vivência.

Também nesse caso a comunidade tem um papel a desempenhar. Parte da tragédia da sociedade moderna é nossa tendência de delegar a solução de nossos problemas a especialistas. É o que fazemos em relação à saúde, educação, e criação de filhos – e com certeza também aos males e conflitos que chamamos de crimes. Ao fazê-lo, perdemos o poder e a capacidade de resolver nossos próprios problemas.

Pior, abrimos mão da oportunidade de aprender e crescer com aquelas situações. A resposta restaurativa deve reconhecer que a comunidade tem um papel a desempenhar na busca da justiça.

Uma parte importante da justiça é a troca de informações – uns sobre os outros, sobre os fatos, sobre a ofensa, sobre necessidades. As vítimas querem respostas para suas dúvidas quanto ao que aconteceu, por que aconteceu, e quem fez aquilo. Rostos precisam substituir os estereótipos. Representações equivocadas precisam ser questionadas. Essa troca de informações é vital, e idealmente ela deveria acontecer numa interação direta. Num contexto assim é possível tratar do que aconteceu no passado e do que vai acontecer no futuro. Os resultados dessa interação devem ser registrados na forma de acordos passíveis de serem quantificados e monitorados.

A mediação e o diálogo entre vítima e ofensor é uma abordagem de justiça que atende a esses critérios.[19] A mediação vítima-ofensor fortalece os participantes, põe em cheque as representações equivocadas, oferece ocasião para troca de informações e incentiva ações com o propósito de corrigir a situação. Quando mediadores da comunidade estão envolvidos, esse tipo de mediação também abre espaço para a participação comunitária. A mediação é totalmente compatível com a abordagem restaurativa à justiça.

Mas a mediação deve atender a alguns pré-requisitos. Deve-se garantir a segurança. Os participantes precisam receber o apoio emocional necessário e estar dispostos a participar. O treinamento dos mediadores é essencial. E tudo deve acontecer no momento certo.

Depois de atendidas essas condições, a mediação deve ser realizada de modo adequado e focalizar os temas centrais. Mark Umbreit mostrou a importância de um estilo de mediação "empoderador" ao invés de um no qual o mediador impõe seu programa de intenções

---

19. Embora os profissionais da justiça restaurativa ainda utilizem o termo mediação, eu não me sinto mais confortável com ele, especialmente quando aplicado a ofensas graves. Prefiro termos como diálogo e conferência. Veja Zehr, *Justiça Restaurativa* (São Paulo: Palas Athena Editora, 2017).

prévias e sua personalidade, seja diretamente ou através de manipulação.[20] Não se pode pular a troca de informações e a expressão de sentimentos no caminho para o acordo. Ron Claassen ensina seus mediadores que realizam as VOCs que, para que a mediação seja completa, três questões precisam ser satisfatoriamente respondidas.

Em primeiro lugar, a injustiça foi reconhecida e assumida? O ofensor reconheceu e aceitou a responsabilidade por seus atos? As perguntas da vítima foram respondidas? O ofensor teve chance de explicar o que vem acontecendo na sua vida?

Segundo, houve concordância quanto ao que precisa ser feito para restaurar a equidade na medida do possível?

Em terceiro lugar, foram abordadas as intenções para o futuro? O ofensor pretende ter o mesmo comportamento no futuro? A vítima se sente segura? Há um programa para acompanhamento e monitoração do acordo?

Usando a metáfora bíblica, Claassen resume as três fases em confissão, restituição e arrependimento.[21]

Mas a mediação nem sempre é apropriada. Mesmo com apoio e garantia de segurança, a vítima pode sentir muito medo. A diferença de poder entre as partes pode ser muito pronunciada e impossível de superar. A vítima ou o ofensor podem não estar dispostos a participar. O crime talvez seja por demais hediondo e o sofrimento lancinante. Uma das partes pode estar emocionalmente instável. O contato direto entre vítima e ofensor pode ser de muita ajuda, mas a justiça não pode depender apenas de interações diretas.

Nesses casos há maneiras de manter o foco na interação e troca de informações. O uso de vítimas substitutas, adotado em programas pioneiros no Canadá e na Inglaterra, é exemplo disso. Ali alguns

20. Mark Umbreit, *Victim Understanding of Fairness: Burglary Victims in Victim Offender Mediation* (Minneapolis: Minnesota Citizens Council on Crime and Justice, 1988), p. 25 e ss.
21. Claassen e Zehr, VORP *Organizing, op. cit.,* p. 24-25.

ofensores se encontram com vítimas que não são as suas como um passo em direção a assumir a responsabilidade e partilhar informação. Isto pode ser de muita ajuda em situações muito emocionais, como no caso de crimes sexuais, ou nos casos ainda não resolvidos.[22] A maioria das terapias aplicadas em casos de abuso sexual atende vítima e ofensor separadamente. Isto não proporciona reconhecimento nem formas de tratar o abuso de confiança característico da ofensa. Não se abre uma trilha para a resolução do caso. Não se dá atenção ao modo como os fatos foram percebidos nem às falsas representações sobre o evento ou sobre os indivíduos envolvidos.

A terapia para ofensas sexuais desenvolvida pelo terapeuta Walter Berea é diferente.[23] Essa abordagem terapêutica tem três estágios. O primeiro é o estágio de comunicação. Nele o terapeuta entra em contato com o oficial de condicional, os terapeutas anteriores e, eventualmente, com a vítima. O contato com a vítima oferece informações mais completas sobre os eventos, permite que a vítima saiba que o ofensor está em terapia, e dá oportunidade para que o terapeuta pergunte se as necessidades da vítima estão sendo atendidas.

No segundo estágio da terapia são questionadas as falsas representações que o ofensor faz sobre a vítima. O ofensor recebe ajuda para reconhecer a responsabilidade e compreender as consequências de seu comportamento. Durante esse estágio ele escreve uma carta pedindo desculpas à vítima. Esse estágio oferece um tempo para que a vítima se assegure de que não é culpada.

O terceiro e último estágio da terapia tem foco na reconciliação. Isto pode acontecer de vários modos, incluindo: receber a carta de desculpas do ofensor; ter um encontro face a face com ele; ou, sem

....
22. Veja, p.ex., Russ Immarigeon, "Reconciliation between Victims and Imprisoned Offenders: Program Models and Issues" (Akron, PA: Mennonite Central Committee, 1994). Um outro exemplo de programa pioneiro, dessa vez para violência grave, é conduzido pela Community Justice Initiatives Association, em Langley, na Colúmbia Britânica, Canadá; veja www.cjibc.org
23. Walter H. Berea, "The Systematic/Attributional Model: Victim-Sensitive Offender Therapy", em James M. Yokley, ed. *The Use of Victim-Offender Communication in the Treatment of Sexual Abuse: Three Intervention Models* (Orwell, VT: Safer Society Press, 1990).

ter contato com o ofensor, estabelecer um contrato com ele dispondo sobre o futuro. A escolha fica a critério da vítima. Essa abordagem leva a sério o dano e as dimensões interpessoais da ofensa e também as necessidades da vítima e do ofensor.

"*Genesee Justice* – criada com orgulho no estado de Nova York" são os dizeres do logo de um programa do Departamento de Polícia de Batávia, Nova York. Preocupados com o recurso abusivo ao encarceramento e com as necessidades das vítimas, esse programa foi criado especificamente para casos de violência grave: homicídio culposo, tentativa de assassinato e homicídio doloso. Quando uma ofensa desse tipo ocorre, ajuda imediata e intensiva é oferecida a vítimas e sobreviventes. Esse apoio é holístico e visa não apenas as necessidades legais, mas também emocionais e espirituais.[24]

Os funcionários do programa acompanham as pessoas ao longo de todo o processo, fornecem ajuda para que elas consigam dar toda a informação requerida pelo "sistema" sobre sua experiência. Durante o processo as vítimas podem ter algum envolvimento em decisões sobre fiança e até sentenciamento, por exemplo, através de um encontro vítima-ofensor. Dado todo o apoio e participação, os desejos das vítimas muitas vezes acabam sendo surpreendentemente criativos e redentores. No mínimo, suas necessidades são levadas em conta e as muitas dimensões do mal cometido são reconhecidas.

Os ideais de empoderamento e interação direta entre vítima e ofensor nem sempre podem ser atingidos. Algumas decisões por terceiros são inevitáveis. Casos que tenham implicações muito graves para a comunidade não podem ficar simplesmente nas mãos de vítima e ofensor. Deve haver algum tipo de supervisão da comunidade. Mas esses casos não precisam ser a regra de como enxergamos e reagimos ao crime. Mesmo nesses casos, precisamos manter diante dos olhos um quadro da natureza verdadeira do crime e do que realmente precisaria acontecer.

....
24. Essa é a descrição do programa à época em que a 1ª edição deste livro foi publicada. O programa ainda existe hoje em dia, mas talvez a descrição não seja mais exata.

A justiça envolve rituais

Nosso sistema jurídico tem muitos rituais. De fato, os júris são em boa parte ritual e teatro. Contudo, em geral ignoramos as mais importantes necessidades de ritual.

Uma dessas ocasiões onde o ritual é importante é quando ocorre uma ofensa. Nesse momento é que o ritual do lamento, tão eloquentemente narrado nos Salmos, se torna apropriado. O programa descrito acima percebeu essa necessidade e oferece cerimônias religiosas de lamentação e cura para os interessados.

Mas, enquanto é feita justiça – seja completa ou incompleta – precisamos de rituais que fechem o ciclo. Louk Hulsman chamou a esses rituais de "rituais de reordenação", e eles podem ser importantes tanto para vítima quanto para ofensor.

Esses rituais são um espaço onde as tradições espirituais podem desempenhar um papel significativo.

Há lugar para punição?

Venho argumentando que a punição não deveria ser o foco da justiça. Mas haveria lugar para algum tipo de punição dentro do conceito de justiça restaurativa? Com certeza opções como a restituição serão entendidas como punição por alguns, embora uma punição mais merecida e lógica. Num grande estudo realizado sobre a VOC os ofensores descreveram o resultado como punição, porém vista por eles como mais positiva do que a punição tradicional. Talvez a terminologia punitiva tenha surgido devido à nossa falta de termos alternativos (embora tenha havido quem usasse a expressão "corrigir os erros" para descrever a justiça). No entanto, é doloroso assumir responsabilidades, e isso é algo necessariamente compreendido como punição – da mesma forma que é doloroso o isolamento de pessoas consideradas perigosas, mesmo que nas melhores condições de isolamento.

A verdadeira questão não é, portanto, se as pessoas vivenciarão alguns elementos da justiça restaurativa como punição, mas se a punição, imposta com *intenção punitiva*, tem alguma função. Christie argumenta que se a dor – infligida com o propósito de causar dor – for utilizada, ao menos não deveria ter propósitos ulteriores.[25] A dor deve ser infligida apenas como punição, não como forma de atingir outro objetivo, como reabilitação ou controle social. Infligir dor com propósitos utilitários é desonesto e é usar as pessoas como coisas. Christie oferece uma analogia com o lamento. Quando lamentamos uma morte, o fazemos por causa da dor que sentimos, e não em função de outros objetivos. Ele também nos aconselha a infligir dor apenas nas situações em que isto reduzirá o nível de dor.

Talvez seja impossível eliminar inteiramente a punição dentro da abordagem restaurativa, mas ela não deve ser normativa, e sua utilização e propósitos deveriam ser indicados com cuidado. O paradigma bíblico sugere que o objetivo, natureza e contexto da punição são de vital importância. No contexto bíblico, por exemplo, a punição não é um fim, mas visa libertar e criar *shalom*. A justiça bíblica é administrada no contexto da compaixão. A possibilidade de perdão e reconciliação é a luz no fim do túnel. A punição tem limites e a compaixão não. O amor que redime é a primeira responsabilidade humana – e não a punição.

Quando nós, enquanto sociedade, punimos, devemos fazê-lo no contexto do que é justo e merecido. A punição precisa ser vista como justa e legítima, observa Ignatieff, porque não conseguimos sentir que houve justiça a menos que ela forneça uma estrutura de sentido que viabilize a compreensão da experiência. Para que a punição pareça justa o resultado e o processo precisam ter uma ligação com o mal cometido. Contudo, o contexto social também deve ser visto como justo, e isto levanta questões mais amplas de justiça social, econômica e política.

....
25. Veja trabalhos já citados.

Se há lugar para punição na abordagem restaurativa, ele não deve ser um lugar central. A punição precisaria ser aplicada sob condições em que o nível de dor é controlado e reduzido a fim de manter a restauração e a cura como objetivos. Talvez possa existir uma "punição restaurativa". No entanto, me apresso a dizer que as possibilidades de punição destrutiva são muito mais numerosas.

Duas lentes

Fiz acima um breve sumário das lentes retributiva e restaurativa. Essas duas perspectivas podem ser apresentadas de modo mais extenso. Segundo a justiça retributiva: (1) o crime viola o Estado e suas leis; (2) o foco da justiça é o estabelecimento da culpa (3) para que se possa administrar doses de dor; (4) a justiça é buscada através de um conflito entre adversários (5) no qual o ofensor está contra o Estado; (6) regras e intenções valem mais que os resultados. Um lado ganha e o outro perde.

Segundo a justiça restaurativa: (1) o crime viola pessoas e relacionamentos; (2) a justiça visa identificar necessidades e obrigações (3) para que as coisas fiquem bem; (4) a justiça fomenta o diálogo e entendimento mútuo; (5) dá às vítimas e ofensores papéis principais; (6) é avaliada pela medida em que responsabilidades foram assumidas, necessidades atendidas, e cura (de indivíduos e relacionamentos) promovida.

Uma justiça que busca em primeiro lugar atender necessidades e endireitar as situações se apresenta muito diferente da justiça que tem como cerne a culpa e a dor. O quadro a seguir procura comparar algumas das características e implicações dos dois conceitos de justiça.

Visões de justiça

Lente retributiva	Lente restaurativa
1. A apuração da culpa é central	1. A solução do problema é central
2. Foco no passado	2. Foco no futuro
3. As necessidades são secundárias	3. As necessidades são primárias
4. Modelo de batalha, adversarial	4. O diálogo é a norma
5. Enfatiza as diferenças	5. Busca traços comuns
6. A imposição de dor é a norma	6. A restauração e a reparação são a norma
7. Um dano social é cumulado ao outro	7. Enfatiza a reparação de danos sociais
8. O dano praticado pelo ofensor é contrabalançado pelo dano imposto ao ofensor	8. O dano praticado é contrabalançado pela reparação do mal
9. Foco no ofensor: ignora-se a vítima	9. As necessidades da vítima são centrais
10. Os elementos-chave são o Estado e o ofensor	10. Os elementos-chave são a vítima e o ofensor
11. Falta informação às vítimas	11. As vítimas recebem informação
12. A restituição é rara	12. A restituição é normal
13. A verdade das vítimas é secundária	13. As vítimas têm a oportunidade de dizer a sua verdade
14. O sofrimento das vítimas é ignorado	14. O sofrimento das vítimas é lamentado e reconhecido

15. O Estado age em relação ao ofensor; o ofensor é passivo	15. O ofensor tem participação na solução
16. O Estado monopoliza a reação ao mal cometido	16. A vítima, o ofensor e a comunidade têm papéis a desempenhar
17. O ofensor não tem responsabilidade pela resolução	17. O ofensor tem responsabilidade pela resolução
18. Os resultados incentivam a irresponsabilidade do ofensor	18. O comportamento responsável é incentivado
19. Rituais de denúncia e exclusão	19. Rituais de lamentação e reordenação
20. Denúncia do ofensor	20. Denúncia do ato danoso
21. Enfraquecimento dos laços do ofensor com a comunidade	21. Reforço da integração do ofensor com a comunidade
22. O ofensor é visto de modo fragmentado: a ofensa o define	22. O ofensor é visto de modo holístico
23. O senso de equilíbrio é conseguido pela retribuição	23. O senso de equilíbrio é conseguido pela restituição
24. O equilíbrio é alcançado rebaixando o ofensor	24. O equilíbrio é alcançado soerguendo vítima e ofensor
25. A justiça é avaliada por seus propósitos e pelo procedimento em si	25. A justiça é avaliada por seus frutos ou resultados
26. A justiça como regras corretas	26. A justiça como relacionamentos saudáveis
27. Ignora-se o relacionamento vítima-ofensor	27. O relacionamento vítima--ofensor é central
28. O processo aliena	28. O processo visa reconciliação

29. Reação baseada no comportamento pregresso do ofensor	29. Reação baseada nas consequências do comportamento do ofensor
30. Não se estimula o arrependimento e o perdão	30. Estimula-se o arrependimento e o perdão
31. Procuradores profissionais são os principais atores	31. Vítima e ofensor são os principais, mas contam com ajuda profissional
32. Valores de competição e individualismo são fomentados	32. Valores de reciprocidade e cooperação são fomentados
33. O contexto social, econômico e moral do comportamento é ignorado	33. Todo o contexto é relevante
34. Presume resultados em que um ganha e o outro perde	34. Possibilita um resultado do tipo ganha-ganha

Justiça retributiva e justiça restaurativa – o mundo nos parece bem diferente olhando através dessas duas lentes. A justiça retributiva é o que temos. Ela talvez não faça o que precisa ser feito, nem o que seus adeptos alegam que ela faz, mas ela "funciona" no sentido de que sabemos como operá-la. O que dizer da perspectiva menos conhecida que chamei de justiça restaurativa? Qual será seu futuro?

Capítulo 11
Implementando um sistema restaurativo

Como faremos para implementar plenamente um sistema restaurativo? Seria interessante especular a esse respeito.[1]

Possibilidades sistêmicas

Alguns nos exortam a "civilizar" a lei.[2] Diferente do direito penal, o direito civil define os atos lesivos em termos de dano e obrigação sem falar de culpa. Como resultado, portanto, temos o acordo e a restituição ao invés de punição. Ele permite uma graduação da responsabilidade sem que seja definida como derrota/vitória. Como o Estado não é a vítima, os participantes ganham o centro do palco, mantendo ao longo do processo significativo poder e responsabilidade. Como os resultados não são primordialmente punitivos, as salvaguardas procedimentais são menos rígidas e os fatos relevantes menos circunscritos. O que aconteceria se modificássemos o processo civil para incluir certas salvaguardas? E se colocássemos um advogado da vítima no processo, permitindo decisões de terceiros quando não fosse possível chegar a um acordo ou quando questões de risco iminente estivessem em pauta? E se tirássemos alguns casos do processo penal para fazê-los correr por um processo civil modificado?

A aplicação do direito penal é o que desencadeia o paradigma retributivo. Mas a lei penal é uma aquisição relativamente nova da sociedade ocidental e funciona sob pressupostos que, em muitos as-

....
1. Este capítulo é igual ao da 1ª edição, com pequenas modificações.
2. Veja Martin Wright, *Making Good* (London: Nurnett Books, 1982) p. 249-250.

pectos, estão em dissonância com o resto de nossa vida. A estrutura do direito civil pode ser uma alternativa para um conceito de justiça que passe ao largo daqueles pressupostos.

Talvez não devamos sonhar em desmontar o sistema retributivo, mas sim desenvolver um sistema paralelo mantendo a escolha de qual deles usar. Herman Bianchi argumenta que na Idade Média a existência de caminhos paralelos – justiça estatal e justiça da Igreja – foi positiva em certos aspectos. A existência de dois caminhos oferecia escolhas para as partes em certos casos. Além disso, cada caminho servia como verificação e juízo crítico do outro.

O desenvolvimento de caminhos jurídicos diferentes tem sido a estratégia dos Conselhos Comunitários em São Francisco. Esses programas vêm sendo desenvolvidos com base na estrutura dos bairros para resolver disputas fora do "sistema". O programa treina pessoas da comunidade para servirem como agentes de resolução de conflito e mediadores, e também investe muito na educação e empoderamento da comunidade. Seu processo de mediação serve como alternativa para as varas cíveis e criminais. De fato, eles se recusam a aceitar um caso que já esteja correndo pelo caminho judicial. O programa é uma forma de educar e fortalecer a comunidade a fim de que ela resolva seus próprios problemas.

Os Conselhos Comunitários e outros programas de resolução de conflitos se mostram bastante promissores.[3] Representam uma forma de implementar de fato uma visão de justiça orientada para a resolução de problemas em comunidade. No entanto, esse tipo de justiça informal vem sendo alvo de crescentes ataques nos últimos anos.[4]

Vários alertas foram dados. Os resultados desses procedimentos não são uniformes e, portanto, contradizem o senso de justiça

....

3. Fundados em 1976, os Conselhos Comunitários são considerados o mais antigo centro de mediação pública dos Estados Unidos.
4. Veja Roger Matthews, ed., *Informal Justice?* (London: Sage, 1980).

mais básico. A justiça informal pode acabar sendo reservada aos pobres e impotentes, negando a eles acesso a outras formas de justiça. As vítimas podem acabar com poder demais. No final das contas, o Estado e seu sistema formal de justiça podem acabar tendo mais em vez de menos poder e legitimação. O movimento de resolução de conflitos está sendo incitado a rever cuidadosamente seus pressupostos e metas.

Nesse contexto, o modelo japonês se mostra especialmente interessante. John O. Haley, um especialista em direito nipônico, relata que funciona ali um singular sistema judicial de duas vias.[5]

Uma das vias é um sistema criminal formal ao estilo ocidental com muitas características que nos são familiares. O processo se concentra na culpa e punição, é regido por normas formais e operado por profissionais como promotores públicos. Esse caminho é utilizado para muitos crimes. No entanto, poucos casos chegam a passar por todo o sistema, terminando num longo tempo de prisão ou outras penalidades severas. Os casos são constantemente deixados de lado. Para alguém de fora, o sistema parece ser excessivamente tolerante.

Essa aparente tolerância e a falta de envolvimento de longo prazo por parte do sistema jurídico formal é resultado de um segundo sistema menos formal, uma via que não tem paralelo no Ocidente. Haley descreve resumidamente esse sistema da seguinte forma:

> Um padrão de confissão, arrependimento e absolvição domina cada etapa do sistema de manutenção da ordem no Japão. Os atores do processo não incluem apenas autoridades em novos papéis, mas também o ofensor e a vítima. Desde o primeiro interrogatório na polícia até a

---

5. Baseio-me num artigo ainda não publicado, "Mediation and Criminal Justice: The Japanese Model – Confession, Repentance, and Absolution", apresentado no Seminário CLE "Creative Justice Through Mediation", Seattle, 29 de outubro de 1988. Veja também John O. Haley, "Victim-Offender Mediation: Lessons from the Japanese Experience", *Mediation Quarterly*, 12, nº 3 (primavera de 1995), p. 233-248.

última audiência judicial para sentenciamento, a grande maioria dos acusados confessa, mostra arrependimento, negocia o perdão junto à vítima e se submete à clemência das autoridades. Em troca, são tratados com grande tolerância. No mínimo o acusado ganha a perspectiva de absolvição institucional, saindo do processo formal de justiça.

Os casos saem do sistema jurídico formal em qualquer estágio do processo. Somente uma fração dos casos chega à denúncia, e menos ainda acaba passando por todo o processo acusatório. Uma pequena minoria chega ao encarceramento e poucos ficam mais que um ano na prisão. Mas isto não significa que os criminosos japoneses não são condenados. De fato, no Japão o índice de condenações chega a 99,5%.

Vários fatores influenciam a decisão de tirar o caso do processo formal ou impor sentenças não punitivas. Algumas dessas considerações são conhecidas dos ocidentais, como a gravidade da ofensa e a natureza do ofensor. Mas, além disso, há variáveis singulares: a disposição do ofensor em reconhecer a culpa, expressar remorso e compensar a vítima, e a disposição da vítima de receber essa compensação e perdoar.

No Japão os índices de condenação são altos em boa parte porque os ofensores se mostram dispostos a confessar e assumir a responsabilidade. As raízes dessa disposição são em parte culturais, é claro, mas em parte se devem ao entendimento de que, se confessarem, o resultado provavelmente se concentrará em compensação e correção, mais do que em punição. Enquanto o complexo sistema jurídico punitivo da sociedade ocidental desestimula a confissão, o sistema nipônico parece fazer dele a norma.

As vítimas têm um papel importante nesse processo. A restituição pelas perdas é um resultado esperado. E elas têm voz quando se trata da decisão da autoridade de denunciar, diligenciar e sentenciar. No entanto, não controlam o processo, nem fazem um papel de adversário ou acusador.

11 • IMPLEMENTANDO UM SISTEMA RESTAURATIVO

Os ocidentais ficam espantados com a disposição das autoridades de tirar o caso do sistema jurídico formal. Isto se deve apenas ao nosso pressuposto de que o processo formal é primário e seu foco principal é estabelecer a culpa e aplicar a punição. O objetivo básico do processo criminal no Japão é corrigir, e esse princípio rege as decisões das autoridades.

Como afirma Haley:

Assim, o papel [das autoridades] não fica confinado às tarefas formais de prender, acusar e sentenciar. Ao contrário, quando pessoalmente convencidos de que o suspeito é autor do ilícito, muda sua primeira preocupação, que era com as provas evidenciais da culpa, tornando-se uma preocupação com a atitude do suspeito e suas perspectivas de reabilitação e reintegração na sociedade, inclusive sua aceitação da autoridade. A tolerância é considerada uma reação adequada quando tem início o processo de correção.

Haley conta que o padrão de reação típica do japonês diante do crime é

reconhecimento da culpa, expressão de remorso, inclusive negociação direta com a vítima quanto à restituição e perdão como pré-requisitos para um tratamento tolerante, evitando-se o recurso ao encarceramento por longos períodos.

Os ocidentais entendem que uma reação tão "leniente" não conseguiria coibir a criminalidade. Mas Haley conclui que esse tipo de reação é, na verdade, parcialmente responsável pelos baixos índices de criminalidade no Japão.

Haley se admira de que os japoneses tenham institucionalizado os conceitos de arrependimento e perdão e o Ocidente não. O imperativo do arrependimento e perdão é, no mínimo, tão forte na tradição judaico-cristã como na japonesa. No entanto, o Ocidente

223

não conseguiu desenvolver mecanismos institucionais para a implementação de imperativos éticos. Em vez disso, as instituições legais e procedimentos do direito ocidental refletem e reforçam as exigências sociais de retribuição e vingança.

Embora o padrão nipônico esteja obviamente ligado à cultura japonesa, Haley acredita que temos muito a aprender com esse exemplo, que sugere possibilidades intrigantes de ligação entre os sistemas formal e informal, adversarial e não adversarial. O modelo japonês sugere um lugar para a máquina formal da justiça e para o Estado, mas guarda um lugar para a restauração e dá à vítima e ao ofensor papéis ampliados. Embora o Ocidente não possa simplesmente imitar esse modelo, ele mostra que a justiça pode ser a um só tempo pessoal e formal. Jerome Auerbach vem se preocupando com os perigos da lei sem justiça, mas especialmente da injustiça sem lei. O modelo japonês nos oferece a esperança de que essas não são as únicas possibilidades.

E as possibilidades são intrigantes. Contudo, devo admitir que não acredito muito em projetos prontos para implementação sistêmica, ao menos não nesse estágio. Fiquei aliviado quando soube que Kay Harris, numa oficina sobre justiça restaurativa, nos incitou a continuar desenvolvendo a visão e a resistir às pressões no sentido de uma "praticidade prematura".[6]

Há muito trabalho conceitual por fazer. No capítulo anterior mencionei que a justiça restaurativa ainda não se tornou um paradigma. É preciso desenvolver muitas questões e responder umas tantas outras. *Comunidade* é um termo não muito preciso e do qual temos abusado bastante. O que significa e como emprestar realidade a esse termo dentro da abordagem restaurativa? Qual é o papel apropriado do Estado?

....
6. Veja M. Kay Harris, "Alternative Visions in the Context of Contemporary Realities", em *Justice: The Restorative Vision*, nº 7, *New Perspectives on Crime and Justice: Occasional Papers* (Akron, PA: Mennonite Central Committee, 1989), p. 31-40.

11 • IMPLEMENTANDO UM SISTEMA RESTAURATIVO

Tenho enfatizado as responsabilidades dos ofensores, mas o que dizer das responsabilidades em relação aos ofensores? O que fazer com a "minoria perigosa"? Encarceramos? Em caso afirmativo, como tomar essa decisão? Há espaço para punição? Como a ideia de justiça restaurativa no âmbito penal se coaduna com questões mais amplas de justiça social, econômica e política? A fonte bíblica supõe uma ligação estreita entre esses fatores, mas o que isso significa hoje na prática?

Além disso, em que medida minha formulação não estará refletindo a perspectiva de um homem branco da classe média norte--americano? A visão de Kay Harris sobre o conceito feminista de justiça aponta na mesma direção, mas nem sempre.[7] A ideia de justiça restaurativa precisa ser testada em vista das perspectivas de várias culturas, tradições e experiências.

Mesmo que pudéssemos apresentar a justiça restaurativa como um paradigma pronto e acabado, devo admitir que uma implementação sistêmica continuaria me preocupando.

Uma das fraquezas da teoria de Kuhn sobre mudanças de paradigma é que elas são tratadas como se fossem uma atividade intelectual, negligenciando a dinâmica política e institucional dessas mudanças de paradigma. Os interesses políticos e institucionais certamente afetam a ocorrência ou não das mudanças e a forma que elas finalmente assumem. O paradigma retributivo está fortemente associado aos interesses e funções do Estado moderno e isto terá impacto decisivo sobre a possibilidade de mudança e, se ela ocorrer, a forma que irá assumir. A história da mudança na área do direito e da justiça não é muito animadora. Os esforços nesse sentido foram frequentemente cooptados e desviados de suas visões originais, por vezes de modo perverso e nocivo. A origem das prisões é um caso típico, e deve servir de lembrete e aviso

---

7. Veja "Moving into the New Millennium: Toward a Feminist Vision of Justice", em Harold Pepinksy e Richard Quinney, eds., *Criminology as Peacemaking* (Bloomington: Indiana University Press, 1991).

permanente àqueles dentre nós que pensam em mudanças. Talvez essas "melhorias" deram errado porque não questionaram os pressupostos fundamentais, como sugeri acima. Mas o problema é ainda mais complexo.

Muitas vezes as chamadas alternativas usam uma nova linguagem para vestir ideias que não são novas.[8] Frequentemente as ideias têm implicações ocultas que levam tempo para emergir. E uma série de pressões – internas e externas – tendem a desviar esses esforços de sua direção original. Por vezes, acabam reformulando aquelas alternativas para que sirvam a interesses e objetivos bem diferentes dos pretendidos.

Portanto, antes de sonharmos alto demais, temos a obrigação de pensar cuidadosamente em todas as implicações. Devemos estudar ao máximo a dinâmica da mudança e antever todos os tropeços de nosso sonho.

Enquanto isso

Enquanto contemplamos possibilidades mais amplas, devemos também perseguir metas e atividades intermediárias. Há muitas coisas que podem e devem ser feitas nesse meio tempo, aqui e agora.

Devemos continuar a dialogar, "palavrear"[9] com os simpatizantes e os não simpatizantes. Devemos testar, explorar, e desenvolver nossa visão.

....
8. Matthews, *Informal Justice?*, op. cit., p. 102.

9. Estamos usando esse nome (que vem do português "palavra") para nossas discussões por sugestão de Herman Bianchi. Russ Immarigeon, do Main Council of Churches, observou recentemente que, segundo o *The American Heritage Dictionary*, ele é definido como "conversa sem propósito" ou "conversa que visa encantar e conquistar", ou ainda "uma conversação entre exploradores europeus e representantes de populações locais, especialmente na África". "Estaríamos jogando conversa fora?", pergunta ele. E por que "especialmente na África"? O dicionário mostra outro nível de acepção mais neutra que significa discussão e debate, mas talvez as outras conotações devam ser lembradas também!

11 • IMPLEMENTANDO UM SISTEMA RESTAURATIVO

Devemos nos tornar agricultores da justiça, plantando nossos campos experimentais e de demonstração. Precisamos plantar mais VOCs, por exemplo, e testar novas formas e aplicações. Devemos oferecer novos serviços às vítimas, serviços com uma estrutura restaurativa, incluindo rituais importantes que demonstrem que nós, enquanto comunidade, estamos com elas no seu sofrimento, na denúncia do mal, e na busca de cura. Precisamos igualmente oferecer novos serviços aos ofensores e suas famílias. E ao fazê-lo, também explorar alternativas à punição que ofereçam oportunidades de responsabilização, reparação e empoderamento.

Através da VOC ficamos sabendo bastante sobre abordagens restaurativas ao crime patrimonial. Agora chegou a hora de aplicar o teste dos "casos difíceis". Como será com o assassinato? E agressão contra cônjuge e crianças? Estupro?[10] Quais são as possibilidades e quais os limites? Que procedimentos funcionam e quais não funcionam? Que salvaguardas serão necessárias?

A discussão e avaliação dessas questões já começou, mas ainda há muito por fazer. Esta é uma empreitada que exigirá criatividade, e que envolve riscos e sonhos, assim como realismo, trabalho duro e cautela. Demandará cooperação entre teóricos e profissionais que atuam na prática, entre especialistas e leigos. O envolvimento de pessoas que foram vítimas e ofensores no passado é fundamental.

Ao explorar as alternativas, teremos que testar constantemente se elas de fato são alternativas. Será que realmente refletem valores alternativos? Ou são simples alternativas tecnológicas? São coerentes com o foco restaurativo? Elas nos levam nessa direção?

Precisamos desenvolver abordagens e estratégias intermediárias, mas sempre atentar para onde elas estão nos levando. No mínimo, devemos fazer as seguintes perguntas a respeito de nossos

....

10. Muitos trabalhos animadores têm aparecido nesse campo desde que a presente obra foi publicada pela primeira vez. A violência doméstica continua sendo uma área controvertida quanto à aplicação da justiça restaurativa, que se mostra cheia de desafios e perigos, embora algumas abordagens promissoras tenham surgido.

projetos: Eles incentivam ou desestimulam valores punitivos? Podem ser usados para construir novos modos de controle e punição? Produzirão um reservatório de experiências que sirvam de campo de teste ou demonstração? Incorporam elementos-chave de uma visão restaurativa?

Quais são os elementos-chave de uma visão restaurativa? Talvez pudéssemos começar a desenvolver indicadores restaurativos para medir nossos esforços. Procurei fazer uma listagem mais completa na seção de Recursos, mas basicamente as perguntas possíveis seriam as seguintes: O programa ou seu resultado busca corrigir o mal que a vítima sofreu? Trata das necessidades do ofensor? Leva em conta as necessidades e responsabilidades da comunidade? Cuida do relacionamento vítima-ofensor? Fomenta a responsabilidade do ofensor? Vítima e ofensor são incentivados a participar do processo e da decisão?

O novo dentro do antigo

Enquanto isso, a Igreja pode desempenhar um papel importante. O estudioso do Antigo Testamento Millard Lind nos lembrou que a justiça bíblica é – e sempre foi – muito diferente da justiça estatal. Diante dessa constatação, ele propõe importantes perguntas: Como os cristãos relacionam este novo modelo de justiça com os sistemas de justiça vigentes? Qual a responsabilidade da comunidade cristã?

Lind fala de quatro tipos de resposta da Igreja ao longo dos séculos. A primeira é a estratégia do isolamento. Em dados momentos a Igreja tentou se isolar do mundo. Esta é uma estratégia de infidelidade pois ignora a qualidade "agressiva" da justiça divina, que deve ser partilhada. Uma segunda resposta é a de Constantino, a estratégia da capitulação. Esta vem sendo a reação predominante da Igreja, que adotou em grande parte os pressupostos do mundo secular. Uma terceira estratégia foi aquela adotada pelo Iluminismo, que nega a tensão entre os modelos de justiça.

11 • IMPLEMENTANDO UM SISTEMA RESTAURATIVO

Mas a estratégia adotada por Cristo oferece uma quarta opção: criar o novo no seio do antigo. Em *Easy Essays*, Peter Maurin capturou belamente esse espírito ao falar do trabalhador católico:

> O trabalhador católico acredita na criação de uma nova sociedade dentro da casca da antiga, utilizando a filosofia da nova, que não é uma nova filosofia, mas uma muito antiga, tão antiga que parece nova.

A estratégia do Cristo foi criar uma nova sociedade (a Igreja), com novos pressupostos e princípios operacionais, que funcionasse no seio da antiga, servindo de exemplo e desafio a esta.[11]

Para responder às perguntas de Lind, portanto, precisamos organizar de modo eficiente nossa visão. Muito frequentemente temos ignorado a vítima e reagido ao crime com uma lente retributiva que tomamos emprestada da sociedade em geral. O apóstolo Paulo advertiu os cristãos para evitarem levar suas contendas às cortes estatais que, segundo ele, operam sob pressupostos inadequados. Seu argumento não era meramente negativo. Ele supunha que a Igreja desenvolveria suas próprias estruturas alternativas para a implementação da justiça da aliança. O certo é que devemos reexaminar as lentes que usamos para lidar com o mal e os conflitos dentro dela, criando novas estruturas que incorporem uma visão restaurativa. Desse modo, a Igreja poderá oferecer um modelo à sociedade.

Quando operamos fora da estrutura da Igreja, precisamos levar conosco nossa lente restaurativa, permitindo que ela molde e informe as coisas que fazemos. A Igreja deve também mostrar o caminho implementando estruturas alternativas dentro da estrutura antiga. Devemos assumir a liderança na plantação de campos de teste e demonstração.

Se quisermos algum dia chegar a uma alternativa à justiça retributiva que seja de fato um verdadeiro paradigma, será preciso ir

....
11. Veja John H. Yoder, *The Original Revolution* (Scottdale, PA: Herald Press, 1971).

além da teoria e construir uma nova gramática e uma nova "física" – ou seja, precisamos uma nova linguagem e também um novo conjunto de princípios e procedimentos de implementação que façam do novo paradigma algo coerente. A Igreja tem especial responsabilidade nesse processo.

No mínimo

A justiça retributiva está profundamente cravada em nossas instituições políticas e em nossa psique. Talvez seja esperar muito pensar que ela possa mudar a partir de suas bases. Mesmo assim, devemos reconhecer a importância dos paradigmas que usamos e ter a liberdade de questioná-los. Também podemos começar a usar uma nova lente para dar forma àquilo que decidirmos que vale a pena fazer. E podemos começar a usar outra lente naquelas áreas da nossa vida onde temos algum controle: na família, na comunidade religiosa, na vida diária.

Se a justiça restaurativa não é um paradigma, talvez ela possa, ainda assim, servir como "teoria sintetizadora".[12] Quem sabe possa ao menos nos fazer pensar cuidadosamente antes de infligir dor a alguém.

Muitos observadores vêm buscando compreender por que a Holanda tem tido índices tão baixos de encarceramento desde a Segunda Guerra Mundial. Um estudo recente concluiu que a relutância das autoridades locais em impor penas de prisão é menos resultado de uma filosofia de sentenciamento e mais o resultado de uma "consciência pesada" em relação ao aprisionamento.[13]

A combinação da vivência nas prisões nazistas e de um currículo de direito que questionava o encarceramento acabou por moldar toda uma geração de juristas. O resultado foi a relutância em infligir dor na forma de aprisionamento. No mínimo a discussão sobre nos-

....
12. Sebastian Scheerer, "Towards Abolitionism", *Contemporary Crises: Law, Crime and Social Policy*, 10, n° 1, 1986, p. 9.
13. Willem De Haan, "Abolitionism and the Politics of 'Bad Conscience'", *The Harvard Journal of Criminal Justice*, 26, n° 1 (fevereiro de 1987), p. 15-32.

11 • IMPLEMENTANDO UM SISTEMA RESTAURATIVO

sas lentes pode contribuir para criar um meio no qual a imposição de dor se torne um último recurso, uma admissão de fracasso ao invés do fulcro da justiça.

A importância das visões

O que escrevi talvez soe incrivelmente visionário e pouco realista.[14] Também a abolição da escravatura foi assim. Com efeito, muito daquilo que hoje consideramos mero bom senso foi um dia considerado utopia. As lentes mudam.

Mesmo assim, confesso que para mim, na minha própria vida, estas coisas de fato me parecem utopias. Confrontado com minha própria raiva, minha tendência a culpar, relutância em dialogar e minha aversão por conflitos, muitas vezes tive medo de escrever este livro.

Mas acredito em ideais. Na maioria das vezes não conseguimos atingi-los, mas eles continuam servindo como farol, um objetivo que se coloca no horizonte, um critério para medir nossas ações. Eles mostram a direção. Somente quando temos uma direção é que podemos saber se nos desviamos da rota. O lugar para começarmos a vivenciar a restauração não é em cima, mas embaixo, nas nossas próprias casas e comunidades. Continuo acreditando que a comunidade do povo de Deus pode nos levar nessa direção. Certamente falharemos muitas vezes, como fizeram aqueles sobre os quais lemos na Bíblia. Mas com igual certeza Deus nos perdoará e restaurará.

Confessei que a justiça restaurativa é em parte um ideal, e isto levanta uma outra questão. Me preocupa que diante dessa confissão o leitor não leve a sério essa visão. Lembro-me do prefácio ao livro de Copérnico – não sugerindo que o meu seja do mesmo tipo, mas para tirar proveito da lição que pode nos ensinar.

O livro de Copérnico revolucionou a forma como pensamos sobre o cosmos em si. Foi um elemento-chave na mudança de para-

....
14. Esta seção figurava no posfácio da 1ª edição.

digma que chamamos de revolução científica. Mas levou um século para que as pessoas o levassem a sério.

No começo as pessoas não o levaram a sério – em parte porque ia contra o bom senso da época. Mas também o seu prefácio talvez tenha induzido àquele desprezo. Com efeito, no prefácio o escritor Oreander diz: "Veja, leitor, que livro interessante. Ele merece ser lido. Mas lembre-se, é só uma ideia, um modelo, uma visão. Não é necessariamente a realidade". Esse comentário pode ter tornado o livro mais palatável aos seus inimigos, mas pode também ter despistado os leitores por sugerir que o paradigma de Copérnico era apenas um modelo imaginário. Temo estar fazendo o mesmo.

Minha esperança é de que você compreenderá isto como uma visão – uma visão que é menos uma miragem enganadora e mais uma destinação ainda incerta numa estrada necessariamente longa e serpenteante.

Capítulo 12
Reflexões 25 anos depois

Quando eu escrevia este livro em meados da década de 1980, às vezes especulava se ele seria motivo de chacota e desprezo. É verdade que os encontros vítima-ofensor estavam sendo praticados em vários países naquela época, mas era algo ainda pouco conhecido do público em geral e a estrutura conceitual da justiça restaurativa era nova e parecia um pouco fora de esquadro.

Vinte e cinco anos depois a justiça restaurativa já está bem estabelecida internacionalmente como movimento e campo de estudo e prática. Ela continua marginal em muitas comunidades e é desconhecida em outras, mas cada vez mais notícias sobre justiça restaurativa se difundem pelo mundo afora. Ela agora é debatida por acadêmicos em conferências e os livros sobre o assunto se multiplicam rapidamente nos vários idiomas. Alguns governos chegam a advogar a justiça restaurativa e custeá-la. Cada vez mais comunidades e países estão implementando a justiça restaurativa. Muitas pessoas buscam carreiras nesse campo.

Nós que estivemos envolvidos nisso nos anos 1980 jamais teríamos sonhado que a justiça restaurativa viraria assunto de debate e até seria praticada em lugares como Rússia, África do Sul, Brasil, Coreia do Sul, Paquistão e Irã... e a lista poderia continuar. Nem poderíamos imaginar que a justiça restaurativa se tornasse um processo judicial padrão, com o sistema de varas criminais servindo como segurança, como no caso do sistema da Nova Zelândia para menores infratores.[1]

---
1. Para mais informações veja MacRae e Zehr, *The Little Book of Family Group Conferences New Zealand Style*, op. cit.

O campo da justiça restaurativa começou com ofensas relativamente leves, mas começa a se ampliar incluindo casos de violência grave e até casos de pena de morte. Além disso, a abordagem chegou muito além da justiça criminal, tendo entrado nas escolas, locais de trabalho, e mesmo no âmbito societário em situações pós-conflito. De fato, os ambientes educacionais são provavelmente o campo de aplicação em maior crescimento hoje em dia.

Num período relativamente curto de tempo o fio de água se transformou num rio.

Aprendemos muito com essas experiências e interações. Uma coisa que aprendemos é que embora a justiça restaurativa seja essencialmente um conceito muito simples, suas implicações são profundas, complexas e até problemáticas. De fato, junto com a boa notícia de seu impacto positivo veio a má notícia sobre as inevitáveis forças de cooptação e deturpação (esboçadas na seção Recursos) que estão em franca expansão.

Observo que alguns tópicos mereceriam mais atenção do que receberam nesta obra. O ensaio bibliográfico desta edição sugere fontes, inclusive de alguns dos meus livros mais recentes, que melhor examinam tais questões.

Nas aulas que ministro para a graduação em justiça restaurativa, muitas vezes peço aos participantes que escrevam uma redação sobre como o livro *Trocando as lentes* poderia ser melhorado à luz das experiências e escritos posteriores. Nesse sentido, Gary Shapiro manifestou uma característica fundamental desse livro, que devemos ter em mente:

> O contexto é basicamente moderno, ocidental, racionalista, cristão, liberal-democrata e individualista. O que falta é uma perspectiva mais ampla e profunda que integre a cultura social e política não ocidental e coletivista a uma espiritualidade não hierárquica e não teísta.

A validade dessa descrição torna-se cada vez mais evidente à medida que a articulação ocidental da justiça restaurativa interage com outras culturas e tradições religiosas. Nas minhas aulas, que recebem profissionais de vários países e tradições, os alunos muitas vezes descobrem que a justiça restaurativa tem uma ligação muito profunda com suas próprias tradições culturais e religiosas, mas que a teoria, prática e pressupostos básicos não podem ser simplesmente transportados para seus próprios contextos.

Por outro lado, a justiça restaurativa é um importante catalisador para discussões em variados contextos – sempre que for tomada pelo que é, e não como um pacote pronto para implementação. Na melhor das hipóteses a justiça restaurativa é uma bússola que aponta a direção, não um mapa detalhado que descreve como se chega lá. Em última análise o mais importante da justiça restaurativa talvez não seja sua teoria ou prática específicas, mas o modo como ela abre o diálogo e o questionamento sobre os pressupostos e necessidades de nossa comunidade e sociedade. O que queremos dizer com a palavra justiça? Os sistemas vigentes fazem justiça? O que precisa mudar? Quais são nossos valores, o que é importante para nós? Quando conduzo oficinas sobre justiça restaurativa inevitavelmente falamos não apenas sobre o sistema de justiça formal, mas também sobre as escolas, comunidades e o modo como vivemos enquanto indivíduos em sociedade. Tais discussões em geral abrem janelas de esperança no sentido de permitir que tentemos fazer as coisas de outro modo.

A seguir, portanto, alguns dos temas que gostaria de tratar caso estivesse escrevendo *Trocando as lentes* hoje em dia.

Questões pertinentes às partes interessadas

A justiça restaurativa surgiu, em parte, da análise das necessidades e papéis daqueles que têm interesse na justiça.[2] Este livro identifica
....

2. Meu ex-aluno Jarem Sawatsky me alertou de que "interessado" seria um termo infeliz, já que talvez tenha origem na prática histórica dos homens brancos que tinham interesse na terra indígena. [N. da T.: Em inglês, *stakeholder*, literalmente aquele que segura a estaca, refere-se aos colonizadores norte-americanos que cravavam estacas na terra indígena, a fim de tomar posse.]

tais interessados como sendo em primeira instância as vítimas, os ofensores e as comunidades. Trata relativamente pouco sobre o papel do governo enquanto parte interessada. Embora isso reflita um viés pessoal favorável às iniciativas da sociedade civil, e um certo ceticismo em relação ao governo (advindo, em parte, de minha formação religiosa anabatista), o governo de fato tem interesses em jogo e um papel importante na justiça restaurativa. No mínimo, o governo tem a importante função de alicerçar esses processos, salvaguardando direitos humanos e oferecendo procedimentos que deem conta das situações quando não é possível aplicar uma abordagem totalmente restaurativa. Mas o papel apropriado do governo é um tema complexo e muito discutido no campo da justiça restaurativa.

Nos últimos anos a questão comunitária vem se tornando muito mais parte da justiça restaurativa, mas também mais complexa e contenciosa. Muitos defensores da justiça restaurativa entendem que ela não estará completa a menos que a comunidade esteja plenamente representada no processo restaurativo. Alguns argumentam que as abordagens de justiça restaurativa, como os processos circulares, têm potencial para incentivar uma forma mais participativa de democracia no âmbito da comunidade. Sugerem que um dos critérios de avaliação da justiça restaurativa seja justamente sua capacidade de fortalecer a comunidade. Seja como for, as comunidades têm interesse porque em certa medida elas também são vítimas, e também têm obrigações, representando um recurso importante.

Embora a importância da comunidade na justiça restaurativa tenha sido enfatizada de modo crescente, a definição de comunidade continua objeto de grande debate. Como definir a comunidade? O que significa na prática? Qual o papel adequado do governo no tocante às iniciativas comunitárias? Alguns defendem que a comunidade deveria ser proprietária e gerenciar os processos restaurativos, enquanto outros entendem que a comunidade está por demais traumatizada e doente para podermos confiar a ela esse processo. Aqueles que vivem em contextos como os da Europa Ocidental, onde a maioria dos governos desempenhou um papel positivo importante para o bem-estar social, argumentam que, segundo sua experiência, os governos representam legitimamente os interesses da comunidade. Hoje tenho bem mais experiência com vítimas de crime do que tinha nos anos 1980 e, portanto, poderia falar muito mais sobre seu ponto de vista. Se eu fosse escrever de novo, seria bem mais específico sobre quais são suas necessidades em relação ao processo de justiça, e também sobre os desafios de criar uma justiça restaurativa realmente voltada para a vítima. Do mesmo modo, muito mais poderia ser dito sobre os ofensores. Interessei-me especialmente pelo papel desempenhado pela vergonha e pelo trauma na vida de ofensores e vítimas e pela importância de criar novas narrativas de vida para conseguir superar o passado.

Desde o lançamento do livro desbravador de John Braithwaite, *Crime, Shame and Reintegration*, a vergonha tornou-se um importante tema de debate dentro da justiça restaurativa.[3] Braithwaite argumenta que a vergonha se torna estigmatizante se não for apropriadamente gerenciada, e quando ela se torna um estigma, acaba por estimular comportamentos ofensivos. Ele argumenta também que boa parte dos processos judiciais que conhecemos no Ocidente são estigmatizantes, o que ajuda a perpetuar o ciclo ofensivo. Contudo, argumenta que a vergonha pode ser positiva e reintegradora se adequadamente aplicada e gerenciada, como no caso das conferências restaurativas. Mas alguns duvidam que a vergonha possa ser uma força positiva. Alguns se preocupam que certos profissionais de justiça restaurativa estejam interpretando de modo equivocado a mensagem de Braithwaite e outros. Em vez de se concentrarem em como remover e transformar a vergonha de modo a torná-la reintegradora, profissionais e participantes por vezes se empenham para que os

---
3. John Braithwaite, *Crime, Shame and Reintegration* (Cambridge, UK: Cambridge University Press, 1989).

ofensores sintam vergonha, uma estratégia que tenderá a produzir um efeito contrário ao esperado.

Estou convencido de que as questões de vergonha e humilhação – e seus opostos: o respeito, a dignidade e a honra – são de fato importantes para compreendermos a experiência e necessidades de ofensores e vítimas. Vergonha e respeito, humilhação e honra têm enorme poder analítico e podem nos ajudar a compreender as experiências, motivações e perspectivas de ofensores e também de vítimas. Vivências de vergonha e desrespeito também ajudam a explicar por que tantas vezes a justiça produz resultados contrários ao seu propósito. Não creio que devamos impor vergonha propositalmente ao ofensor. Ao longo do processo da justiça restaurativa a experiência de encontrar a vítima e familiares, de criar empatia com eles, em geral naturalmente já provoca vergonha em boa parte dos ofensores. Nossos esforços devem se concentrar em buscar maneiras para que o ofensor possa se livrar da vergonha, na medida do possível transformando-a em um senso de respeito próprio.

História e origens

Ao escrever sobre a minha própria tradição "indígena" europeia, na época em que o livro foi escrito, não atentei suficientemente para tudo que a justiça restaurativa deve a muitas tradições indígenas. Dois povos fizeram contribuições profundas e muito específicas às práticas nesse campo: os povos das primeiras nações do Canadá e dos Estados Unidos e os maori da Nova Zelândia. Mas de muitas maneiras a justiça restaurativa representa a validação de valores e práticas que são característicos de muitos grupos indígenas. Enquanto alguns tentam desqualificar essa alegação como um "mito de origem", verifiquei que a justiça restaurativa tem eco em muitas tradições indígenas com as quais tive contato nas minhas aulas e viagens. Braithwaite escreveu que ele ainda está para encontrar uma tradição indígena que não tenha elementos tanto de justiça restaurativa quanto de retributiva, e isso confere também com a minha experiência.

Hoje vejo a justiça restaurativa como um modo de legitimação e resgate dos elementos restaurativos das nossas tradições – tradições que foram frequentemente desprezadas e reprimidas pelos colonizadores europeus. No entanto, a justiça restaurativa moderna não é uma simples recriação do passado, mas sim adaptação de alguns valores básicos, princípios e abordagens dessas tradições combinados com a moderna realidade e sensibilidade quanto aos direitos humanos. Colocando de outra forma, um juiz maori de uma vara de menores da Nova Zelândia me disse uma vez que minha abordagem de justiça restaurativa era uma forma de articular os elementos-chave de sua própria tradição de modo que fossem compreensíveis e aceitáveis para um ocidental.

No capítulo 7 descrevi brevemente a "revolução jurídica" que promoveu um sistema judicial mais retributivo. Se eu integrasse pesquisas históricas mais recentes seria possível traçar um quadro mais completo de como a teoria jurídica e a teologia em desenvolvimento se distorceram e se reforçaram mutuamente, implantando valores punitivos nas profundezas da cultura ocidental.

O conceito de justiça restaurativa

Embora meu conceito básico de justiça restaurativa não tenha fundamentalmente mudado ao longo das centenas de conferências que proferi e debates que coordenei, o modo como a descrevo tornou-se mais claro.[4] Hoje muitas vezes descrevo a justiça restaurativa da seguinte forma:

A justiça restaurativa

1. Tem foco nos *danos* e consequentes *necessidades* (da vítima, mas também da comunidade e do ofensor).

---

4. Veja Zehr, *Justiça Restaurativa*, São Paulo: Palas Athena Editora, 2016.

2. Trata das *obrigações* resultantes desses *danos* (obrigações do ofensor mas também da comunidade e da sociedade).
3. Utiliza processos *inclusivos e cooperativos*.
4. Envolve todos os que têm um *interesse* na situação (vítimas, ofensores, membros da comunidade e a sociedade).
5. Busca reparar os danos e *corrigir* os males, dentro do possível.

Às vezes descrevo a justiça restaurativa como uma roda. No centro dessa roda está o eixo, que é o esforço no sentido de "consertar" o mal feito, na medida do possível (item 5). No entanto, a minha visão desse esforço se ampliou. Depois de ouvir as vítimas e também observar os participantes das conferências de grupos familiares na Nova Zelândia – e especialmente os participantes maoris –, percebi que "corrigir" significa que devemos tratar dos danos e necessidades das vítimas, mas também as causas da ofensa. Assim, o plano que emerge das conferências de justiça para a juventude da Nova Zelândia deve ter duas partes fundamentais: um plano para cuidar dos danos e necessidades da vítima, e um plano para tratar daquilo que está acontecendo na vida do jovem ofensor e que contribuiu para levá-lo à ofensa. Isto representa um esforço holístico para corrigir a situação.

Em volta do eixo da roda (o esforço para corrigir) há quatro raios (os itens 1 a 4 listados). A justiça restaurativa trata de danos e necessidades bem como das obrigações decorrentes, e envolve todos os que sofrem o impacto ou têm algum interesse na situação utilizando, na medida do possível, processos cooperativos e inclusivos.

Uma roda não funciona apenas com um eixo e raios. É preciso um aro, e para mim fica cada vez mais claro que esse aro são os valores que cercam e alicerçam nosso trabalho. Uma crítica importante à justiça restaurativa contida neste livro é que ela focaliza princípios mas não os valores subjacentes a eles. De fato, é possível seguir os princípios da justiça restaurativa e, ainda assim, fazer coisas bem pouco restaurativas – a menos que enunciemos claramente e nos deixemos guiar por seus valores subjacentes. Discutirei três desses valores mais adiante.

No fundo, *Trocando as lentes* nos incita a mudar as perguntas que fazemos. Em vez de nos preocuparmos com as três indagações que dominam o sistema judicial ocidental (Que lei foi violada? Quem fez isso? O que ele merece?), proponho que sejamos guiados pelo que denominei "Perguntas balizadoras da Justiça Restaurativa":

1. Quem sofreu o dano?

2. Quais são suas necessidades?

3. Quem tem obrigação de supri-las?

4. Quais as causas?

5. Quem tem interesse na situação?

6. Qual o processo apropriado para envolver os interessados no esforço de tratar das causas e corrigir a situação?

Nas páginas anteriores descrevi a "justiça retributiva" como muito distinta da justiça restaurativa. Embora a compaixão ajude a evidenciar características-chave da abordagem ocidental de justiça, raramente uso o termo justiça retributiva para descrever nosso sistema jurídico ocidental, pois isso seria uma simplificação exagerada e deixa de fora os atributos positivos do sistema. Embora acredite que tais comparações ainda sejam úteis como ferramentas, não me valho mais de dicotomias tão marcadas. De fato, alguns críticos apontam que estas dicotomias refletem a mesma abordagem adversarial que procuro criticar nesta obra. Permita-me observar três dimensões quanto a essa questão:

1. O ensaio de Conrad Brunk em *The Spiritual Roots of Restorative Justice* me ajudou a perceber que no nível teórico a retribuição e a restauração têm muito em comum.[5] O objetivo principal tanto da teoria retributiva como da restaurativa é conseguir reciprocidade "igualando o placar". A diferença repousa naquilo que de fato conseguirá igualar os pratos da balança. Ambas reconhecem a intuição ética básica de que o mal feito desestabilizou um equilíbrio. Em consequência, a vítima merece algo e o ofensor deve algo. As duas abordagens propõem que deve haver um relacionamento proporcional entre o ato e a reação. Mas diferem quanto à moeda que quitará as obrigações e endireitará os pratos da balança.

A teoria retributiva crê que a dor vindicará, mas na prática isto é contraproducente tanto para a vítima como para o ofensor. A teoria da justiça restaurativa, por outro lado, argumenta que a vindicação vem do reconhecimento dos danos sofridos pela vítima e de suas necessidades, junto com um esforço ativo no sentido de incentivar os ofensores a assumirem a responsabilidade e corrigirem o mal, e de tratar as causas de seu comportamento lesivo. Ao criar um contexto positivo para a necessidade de vindicação, a justiça restaurativa tem o potencial de afirmar tanto vítima como ofensor e ajudá-los a transformarem suas vidas.

Portanto, pintar a retribuição e a restauração como mutuamente excludentes acaba por diminuir as possibilidades de exploração de traços comuns e interesses mútuos entre aqueles que defendem uma e outra posição. Colocá-las como opostos também obscurece os elementos retributivos que podem ser parte de uma abordagem restaurativa.

....
5. Conrad Brunk, "Restorative Justice and the Phylosophycal Theories of Criminal Punishment", em *The Spiritual Roots of Restorative Justice*, ed. Michael L. Hadley (Albany: State University of New York Press, 2001), p. 31-56

2. Ao invés de opostas, as duas abordagens à justiça – a abordagem legalista e a restaurativa – podem ser vistas como o começo e o fim de uma escala ou medida. Por vezes o ponteiro irá mais para o lado legalista, outras vezes mais para o lado restaurativo. Como mencionei antes, ao trabalhar em regiões do mundo onde não existe um sistema legal que funcione bem e onde inexiste uma tradição clara de direitos humanos, percebi que precisamos de sistemas judiciais bem estruturados que ajudem a salvaguardar esses direitos e a estabelecer algum tipo de "verdade" quando tais direitos estão sendo negados. Não se pode presumir que esses sistemas existam sempre. Contudo, também é preciso ver claramente os pontos fracos da abordagem legalista ocidental e trabalhar no sentido de obter, do nosso sistema e nos casos dos quais cuidamos, processos e resultados que sejam tão restaurativos quanto possível. Em dados momentos avançaremos bastante em direção ao extremo restaurativo, enquanto que outras vezes talvez caminhemos muito pouco naquela direção. O objetivo deve ser um processo tão restaurativo quanto possível dentro da realidade da situação, talvez colocando a justiça restaurativa como procedimento padrão, à semelhança do sistema de justiça para a juventude, vigente na Nova Zelândia.

O ideal, talvez, fosse um sistema com base e cerne restaurativos, mas com opções menos restaurativas para quando as mais restaurativas não forem eficazes ou apropriadas. Em *Restorative Justice and Responsive Regulation*, Braithwaite argumenta que, usadas como último recurso, as opções menos restaurativas (como intimidação e privação de liberdade) se tornam mais eficazes num contexto restaurativo do que num contexto punitivo.[6]

3. Dentro da justiça restaurativa, vejo um *continuum* que vai do totalmente restaurativo numa ponta até o não restaurativo na outra.

....
6. John Braithwaite, *Restorative Justice and Response Regulation* (Oxford: Oxford University Press, 2002).

Entre esses dois polos teremos variadas opções com qualidades restaurativas. Algumas serão parcialmente restaurativas e algumas potencialmente restaurativas. Algumas abordagens – como os serviços de atendimento às vítimas – são essenciais dentro de um sistema restaurativo, mas não podem, sozinhas, dar conta de todos os critérios desse sistema, visto que não podem tratar adequadamente de questões relativas ao ofensor. Outras abordagens, como os programas de restituição dos serviços comunitários, podem ser restaurativos se adequadamente concebidos e implementados, embora a maioria dos programas existentes não sejam restaurativos. Essa precisão analítica e terminológica ganha importância à medida que o termo "justiça restaurativa" se transforma num chamariz utilizado por várias abordagens, algumas das quais não são nem um pouco restaurativas.

A discussão que vem sendo travada sobre a adequação ou não do termo "justiça restaurativa" apresenta críticas em pelo menos dois níveis. Em primeiro lugar, como se reconhece neste livro, as palavras com prefixo "re" são problemáticas porque muitos dos envolvidos ou interessados no processo não entram nele buscando um retorno ao estado anterior, mas querem progredir para condições novas e melhores. De fato, a necessidade na maioria dos casos é de achar uma nova realidade. Alguns sugeriram que "justiça transformadora" seria um termo mais preciso.

Os partidários desse termo também observam, com razão, que se a justiça restaurativa replicar a ênfase dada aos indivíduos pelo sistema judiciário sem tratar das causas mais amplas, estruturais, da ofensa e vitimização, ela continuará a perpetuar o crime. Eles advogam, portanto, uma abordagem transformadora para a justiça, que não apenas trate da questão do ato lesivo individual mas também dos danos e obrigações inerentes aos sistemas sociais, econômicos e políticos.

Recentemente, o importante livro *The New Jim Crow: Mass Incarceration in The Age of Colorblindness*, de Michelle Alexander, disseminou de modo amplo a consciência das reais disparidades raciais dentro do judiciário norte-americano e suas implicações para nossas comunidades.[7] O campo da justiça restaurativa estaria ignorando ou replicando esses padrões? Será que estamos monitorando e tratando adequadamente essas questões? Estamos pensando em formas de a justiça restaurativa ajudar a resolver o problema? Nós, profissionais e defensores da justiça restaurativa, estamos conscientes de nossos preconceitos e responsabilidade em relação a tudo isso? Essas são as questões que terão de ser enfrentadas se a justiça restaurativa deseja ser de fato transformadora.

A meu ver a justiça restaurativa deveria levar a uma justiça transformadora, mas para fazê-lo precisaremos enfrentar essas questões. Reconheço também que a formulação da justiça restaurativa, na forma como aparece em *Trocando as lentes*, provavelmente não lida satisfatoriamente com essas questões estruturais mais amplas.

Neste livro tentei explorar os pressupostos básicos – expressos e velados – que estão na base de nossa compreensão do crime e da justiça. Para usar um termo mais recente, nesta obra faço um convite à reestruturação da nossa compreensão a respeito. Mas o que eu não compreendia na época em que escrevi era que nossos pressupostos e estruturas estão profundamente sedimentados e moldados pela linguagem e pela metáfora. Se eu fosse reescrever este livro, exploraria mais essa dimensão.

Resumindo, a troca de lentes envolve uma troca de perguntas e de metáforas.

....
7. Michelle Alexander, *The New Jim Crow: Mass Incarceration in the Age of Colorblindness* (New York: New Press, 2010).

Na prática

Como mencionei antes, a prática da justiça restaurativa foi muito além da utilização de encontros vítima-ofensor para casos de roubo. No entanto, embora os encontros ou conferências vítima-ofensor continuem sendo a forma predominante de justiça restaurativa praticada nos Estados Unidos, duas novas formas de encontro foram criadas – todas com raízes em comunidades indígenas. Ambas ampliam bastante o círculo de envolvimento e impacto. Descrevi as Conferências de Grupos Familiares e os Círculos no capítulo 9. Contudo, essas formas de encontro vêm se mesclando cada vez mais, de modo que as distinções entre elas vão ficando menos nítidas. O que ficou claro é o valor de se aumentar o número de interessados envolvidos e, em muitas situações, o número de assuntos abordados nesses encontros.

Uma das modalidades dessa prática dentro do campo da justiça criminal, e uma que jamais teria sido prevista, é sua aplicação nos casos de pena de morte nos Estados Unidos. O movimento Defense Victim Outreach – DVO, criado pela pioneira Tammy Krause, minha ex-aluna, e por Mickell Branham, atua em casos de pena de morte criando uma ponte entre a família da vítima de assassinato e os advogados de defesa a fim de ajudar no atendimento das necessidades das vítimas e reduzir os traumas do processo judicial. Operando a partir dos princípios de justiça restaurativa, em função do eixo de necessidades da vítima e obrigações do ofensor, um especialista em apoio a vítimas trabalha com elas para identificar quais são suas necessidades e o que querem obter do processo penal, dentro do que for possível obter do ofensor e de seu advogado de defesa. Muitas vezes essa necessidade é de informação autêntica sobre o que aconteceu durante o crime e o que vai acontecer durante o processo. Os membros sobreviventes da família muitas vezes querem que o ofensor reconheça sua responsabilidade. Frequentemente o trabalho com as vítimas chega a resultar em acordos que levam o ofensor, entre outras coisas, a declarar-se culpado, reconhecendo assim sua responsabilidade. Em outros casos os especialistas de apoio às vítimas se limitam a cuidar daquelas necessidades das vítimas que podem ser atendidas dentro do processo judicial padrão. Embora esses casos em geral levem a um encontro entre os sobreviventes e o ofensor, no mais das vezes trata-se de uma justiça restaurativa parcial, com ênfase no empoderamento das vítimas, atendimento de algumas de suas necessidades, e redução do trauma criado pelo processo judicial.

Em uns poucos anos esse movimento de apoio a vítimas caminha para se tornar a norma nos casos federais de pena capital. À medida que os advogados de defesa aprendem mais sobre a importância das necessidades das vítimas em casos penais, sua utilização cresce, tanto em casos de pena capital como em outros.

Em várias comunidades da Califórnia, as conferências restaurativas estão sendo usadas para manter os jovens fora do sistema penal. Com base no modelo neozelandês, essas conferências incluíam o jovem que causou o dano, seus familiares, a pessoa lesada e seus apoiadores, membros da comunidade e, por vezes, policiais. Através de um acordo com a promotoria, os facilitadores podem oferecer um "miranda reverso", ou seja, o processo é mantido em confidencialidade e as informações ali reveladas não serão usadas contra o ofensor em procedimentos futuros. Planos consensuais de quatro partes são firmados: endireitar as coisas para a vítima, a família, a comunidade e para si mesmo.[8] As taxas de reincidência são incrivelmente baixas, em especial para jovens afro-americanos.

A justiça restaurativa avançou muito além das aplicações no âmbito penal. Como observei, escolas e universidades representam espaços onde sua aplicação mais cresce, evidentemente com as devidas modificações linguísticas e procedimentais adequadas a esses contextos.

....
8. Treinamento e apoio sob a supervisão de sujatha baliga são oferecidos pelo Restorative Justice Project at Impact Justice, em Oklahoma, Califórnia.

Minha ex-aluna Barb Toews, hoje professora na Universidade de Washington Tacoma, e a arquiteta Deanna Van Buren colaboram para explorar o relacionamento entre valores restaurativos e a arquitetura dos espaços nos quais a justiça acontece.[9] Utilizando processos colaborativos e dialógicos, elas trabalham dentro de prisões e comunidades a fim de identificar o que é necessário para criar espaços seguros que promovam a vida. Jamais imaginei que a justiça restaurativa seria relevante no campo do desenho de espaços arquitetônicos.

E agora, qual o caminho a seguir?

No capítulo 11 delineei algumas opções para implementar a justiça restaurativa mais amplamente. O sistema judicial para a infância e juventude sugere outra opção. Que tal se as cortes não fossem o procedimento padrão, mas servissem de reforço e salvaguarda? Que tal se várias opções restaurativas fossem o padrão, e os casos seguissem para julgamento nas cortes apenas quando os réus engajassem sua responsabilidade ou quando aspectos do caso fossem muito complicados ou talvez difíceis demais para uma conferência restaurativa?[10] Basicamente, o que fizemos foi criar um processo para os casos piores e mais difíceis, e os transformamos na norma geral. Que tal se nos déssemos conta de que as cortes são um recurso escasso e também que há muito a ganhar se incentivarmos o envolvimento da comunidade na resolução de danos e responsabilidades? Muitas escolas de direito já estão defendendo que a justiça é melhor servida pela colaboração entre profissionais e leigos. [11]

....
9. Sua organização é chamada Designing Justice+Designing Spaces. Veja http://www.designingjustice.org/
10. Braithwaite explora essa ideia em *Responsive Regulation*.
11. Veja, por exemplo, Albert W. Dzur, *Punishment, Participatory Democracy and the Jury* (New York: Oxford University Press, 2012).

É essencial ter um sistema jurídico. Os direitos humanos e o princípio do devido processo legal devem ser preservados. É preciso ter um sistema para identificar aqueles que cometeram crimes. Ações más precisam ser nomeadas e denunciadas. O estado de direito e o devido procedimento legal são vitais. No entanto, podemos certamente ser mais restaurativos no tocante ao seu foco e função.

Meu sonho é um sistema jurídico que consiste de colaboração entre leigos – a comunidade – e profissionais de justiça. Nesse sonho todos os envolvidos no processo judicial seriam guiados pelos valores e princípios da justiça restaurativa. A polícia, os promotores, juízes e advogados fariam as perguntas restaurativas diante de todas as situações que encontrassem: Quem foi prejudicado? Quais são suas necessidades? Como se pode corrigir as coisas? Quem é responsável por atender essas necessidades e obrigações? Quem tem interesse, e como podem se envolver na solução do caso?

Neste mundo dos meus sonhos, aqueles que sofreram dano seriam ajudados a fim de descobrir quais são suas necessidades e garantir que fossem atendidas, independente do fato de o responsável pelo dano estar disponível ou ser capaz de fazê-lo. Os advogados envolvidos se veriam não como gladiadores mas como curadores e pacificadores. Como sugere Braithwaite em *Responsive Regulation*, haveria lugar para a detenção e o aprisionamento, mas estes seriam utilizados como último recurso, depois que opções restaurativas, respeitosas e menos coercitivas tivessem sido tentadas – e seriam levados a cabo da forma mais restaurativa possível.[12]

---

12. Para ideias de justiça restaurativa como terceira via, veja Howard Zehr "Three Justice Orientations", *Zehr Institute for Restorative Justice* (blog), September 7, 2009, http://emu.edu/now/restorative-justice/2009/09/07/three-justice-orientations/.

Um modo de vida?

Ao longo dos anos tenho ouvido muitas pessoas argumentarem que a justiça restaurativa é um modo de vida. No início isso me causava perplexidade. Como pode uma estrutura conceitual, um conceito até bem simples, projetado para aplicação a crimes, ser visto como algo que transforma a vida ou como um modo de vida?

Mas recentemente conclui que a justiça restaurativa como modo de vida diz respeito ao sistema ético que ela encarna. Alguns sustentam que a justiça restaurativa reflete ou toca valores universais – daí sua ligação com tantas tradições indígenas e religiosas. Seja isso verdadeiro ou não (pessoalmente acho que deve ser), a justiça restaurativa de fato corporifica um sistema de valores lógico e internamente coerente, algo que não pode ser dito a respeito da justiça criminal.

O sistema criminal ocidental tem o propósito de promover alguns valores positivos importantes: os direitos inerentes da pessoa, os limites do comportamento aceitável, a importância da justiça e da coerência. Contudo, o faz de modo bastante negativo, afirmando "faça isso, ou então faremos a você aquilo que você fez aos outros"; o sofrimento se paga com sofrimento; a penalidade é um espelho da ofensa. Um dos motivos pelos quais temos tanta literatura racionalizando o princípio da punição é que o Estado tem o poder de infligir dor, muito embora esse ato seja visto na maior parte das vezes como algo eticamente questionável.

Para manter o sistema humanizado e mitigar o sofrimento que causamos, somos obrigados a nos reportar a valores importantes que são alheios ao sistema ético da justiça. Por exemplo, é necessário ensinar os praticantes de justiça restaurativa a tratar com humanidade os ofensores porque nossa visão punitiva e baseada no "justo castigo" não enfatiza esse valor. Valores importados são sempre menos eficazes do que os valores internos. Além disso, a abordagem punitiva da justiça não oferece em si mesma uma visão do bem ou de como queremos conviver.

A justiça restaurativa, por outro lado, oferece um sistema de valores inerentemente positivo e relativamente coerente. Ela traduz uma visão do bem e de como queremos conviver. Semelhante a muitas tradições religiosas e indígenas, a justiça restaurativa se funda no pressuposto de que, como indivíduos, estamos todos interligados, e o que fazemos afeta todas as outras pessoas e vice-versa. Assim, os princípios básicos da justiça restaurativa constituem orientações que a maioria de nós gostaria que regessem o nosso convívio diário. A justiça restaurativa nos faz lembrar da importância dos relacionamentos, nos incita a considerar o impacto de nosso comportamento sobre os outros e as obrigações geradas pelas nossas ações. Ela enfatiza a dignidade que todos merecemos. Talvez, portanto, a justiça restaurativa de fato sugira um modo de vida.

Valores

Como observei anteriormente, a "roda" da justiça deve estar cercada por um aro de valores. Três deles se tornaram especialmente importantes para mim.

Respeito

O primeiro é o *respeito*. Estou convencido de que a questão do respeito é central em boa parte das ofensas e no modo negativo como muitos ofensores vivenciam a justiça. Da mesma forma, respeito e desrespeito desempenham papéis importantes no processo de trauma e recuperação das vítimas, bem como no modo negativo como vivenciam a justiça.

Em poucas palavras, a justiça restaurativa é respeito. Se levarmos esse valor a sério, tentando ativamente respeitar as perspectivas, necessidades e valor de todos os envolvidos, inevitavelmente faremos justiça de modo restaurativo.

Humildade

O segundo valor chave é a *humildade*. Incluo nesse termo sua acepção comum, a ideia de não desejar excessivo reconhecimento. De fato, esse é um valor importante para os profissionais da justiça restaurativa. Quando a justiça é bem feita, em geral os participantes não atentam para o papel do facilitador, e é importante que os profissionais possam viver bem com essa falta de reconhecimento.

Mas com o termo humildade quero significar também algo mais básico e mais difícil: um reconhecimento profundo dos limites do nosso conhecimento. Um dos princípios no cerne da justiça restaurativa é o de que ela deve ser contextual, ou seja, moldada sempre a partir do zero em cima de um dado contexto. A humildade nos ajuda a ter muito cuidado e não fazer generalizações, aplicando o que presumimos saber às situações de outras pessoas. A humildade também nos força a ter profunda consciência de como nossa biografia pessoal molda conhecimento e preconceitos. Nosso gênero, cultura, etnia e histórico pessoal e coletivo informam profundamente o modo como conhecemos e o objeto do nosso conhecimento, e de uma forma que dificilmente conseguimos perceber conscientemente. A humildade nos convida a apreciar com profundidade e grande abertura a realidade do outro. Tal abertura é de vital importância num mundo cada vez mais polarizado.

Somente a humildade pode nos proteger de uma justiça que, enquanto libertadora para nós, se torna um fardo para os outros – ou, como aconteceu em muitas outras "reformas" precedentes, se torna uma arma contra as pessoas. Há uma lição a ser aprendida do histórico do sistema prisional moderno: ele foi introduzido como reforma, mas logo se tornou tão brutal que o movimento para reformá-lo é quase tão antigo quanto o próprio. A humildade pede àqueles que defendem a justiça restaurativa que ouçam nossos detratores, comparem nossas visões com a realidade, sejam a um só tempo defensores e críticos.

Maravilhamento

O terceiro valor é o *maravilhamento*, o assombro. O modo ocidental de conhecer foi profundamente influenciado pelo filósofo Descartes. Sua abordagem epistemológica básica era a dúvida. Duvide de tudo, dizia ele, até que possa encontrar alguma certeza. Para ele a única certeza era o axioma "penso, logo existo". Essa tese da dúvida tem seus pontos fortes – eu mesmo argumentei acima que a humildade pede que sejamos um pouco céticos em relação ao que sabemos e fazemos – mas uma atitude de ceticismo generalizado pode levar a um alto grau de cinismo.

Meu professor Delbert Wiens começou o curso de filosofia do meu primeiro ano de faculdade reconhecendo este axioma do pensamento ocidental e depois sugerindo uma correção: o modo de encarar o mundo é através do maravilhamento. Essa visão vem se tornando cada vez mais importante para mim e, acredito, também para o campo da justiça restaurativa. O maravilhamento, o assombro, significam a apreciação do mistério, da ambiguidade, do paradoxo e até das contradições. A habilidade de viver com aquilo que desconhecemos, com surpresas e com o aparentemente ilógico é essencial para a prática adequada da justiça restaurativa.

Em seu livro *My Story as Told by Water*, David James Duncan define assim o maravilhamento: "Maravilhamento é vivenciar o desconhecido como prazer".[13] Nessa perspectiva, o campo da justiça restaurativa promete ser muito prazeroso. Embora a justiça restaurativa contemporânea já tenha mais de 25 anos de história, e apesar de suas raízes estarem fincadas na história da humanidade, ainda estamos começando a aprender. Há muita coisa que ainda não sabemos.

No final do capítulo 11, descrevi a justiça restaurativa como "uma destinação ainda incerta de uma jornada necessariamente longa e serpenteante". Hoje, muitas décadas depois, posso dizer com

---
13. David James Duncan, *My Story as Told by Water* (San Francisco: Sierra Club Books, 2001).

confiança que, embora a jornada ainda se mostre cheia de curvas, desvios e atalhos errados, a estrada e seu destino não são tão incertos como no começo.

Acredito que se embarcarmos nessa viagem com respeito e humildade, com uma atitude de maravilhamento, ela poderá nos levar ao mundo que desejamos para nossos filhos e netos.

RECURSOS

Ensaios

Salvaguarda da visão de justiça restaurativa

Quando visões inovadoras são operacionalizadas, tendem a ser desviadas (ou subvertidas) de suas intenções originais. Às vezes acabam servindo a propósitos diametralmente opostos aos pretendidos. Essa tendência se evidencia em várias áreas, inclusive (e especialmente) na justiça criminal. A justiça restaurativa também pode se transformar em algo totalmente diferente do plano original. De fato, alguns vêm argumentando que esse processo está em andamento.

Ao longo dos anos e do meu envolvimento diversificado com a justiça restaurativa, tenho lutado para compreender as forças que tendem a distorcer nossa visão. Essas distorções talvez sejam inevitáveis, mas elas podem ser minimizadas se entendermos a dinâmica do processo. Os parágrafos seguintes são uma tentativa de catalogar algumas das fontes desses desvios ou subversões da forma como eu as percebo. Estão colocadas em três categorias:

Interesses da justiça criminal

Nos círculos da justiça restaurativa discute-se frequentemente um desvio que nasce do conflito entre objetivos retributivos e restaurativos. O sistema de justiça criminal é essencialmente retributivo, buscando fundamentalmente a punição. Contudo a justiça restaurativa se declara preocupada com a restauração. Será que esses dois objetivos conseguirão coexistir? Ou será que o sistema maior nos pressionará a adotar seus objetivos? Se falarmos a língua que o sistema entende, a linguagem da punição, esta poderá eclipsar a restauração. Se nos recusarmos a falar a língua da punição, é provável que continuemos marginais, assessórios e destinados a casos "menores".

O sistema de justiça criminal cria pressões deturpadoras de muitas outras formas. A justiça criminal é inerentemente orientada para o ofensor. Os acontecimentos, o processo e os principais atores são todos definidos em torno do ofensor. A vítima tem pouca relevância jurídica. Trabalhando em paralelo e recebendo casos indicados por um sistema orientado para o ofensor, será que conseguiremos fazer justiça igual e verdadeira para a vítima?

Uma terceira fonte de pressão se origina nos interesses do próprio processo penal. Como notei antes, todas as partes do "sistema" têm interesses próprios e tendem a encontrar maneiras de cooptar e controlar novos conceitos para que se coadunem com seus interesses. E *Justice without Law*, de Jerold Auerbach, oferece uma anatomia desse processo no tocante à resolução de conflitos na história estadunidense.

A dinâmica da institucionalização

Para que as ideias se tornem realidade, é preciso criar instituições. A dinâmica mesma dessas instituições cria pressões deturpadoras.

Considerações administrativas começam a se tornar importantes. A administração requer indicadores de fácil coleta, tabulação e processamento. Eles são usados para justificar a existência da organização. No caso das conferências ou diálogos vítima-ofensor, por exemplo, é tentador medir ou avaliar segundo o número de casos tratados e a quantidade de desfechos de sucesso.

Uma vez que a reconciliação é difícil de medir, talvez comecemos a enfatizar a restituição, que é bem mais fácil de medir. Pode acontecer de começarmos a pressionar os mediadores para terminar logo os casos a fim de ter volume, sem grande preocupação com a qualidade do resultado. Talvez comecemos a lançar mão de mediadores profissionais. Assim, os objetivos administrativos e suas quantificações podem facilmente remodelar a visão do projeto.

Como se vê, estão envolvidas questões de subsistência. Isso nos leva ao tema do custeio e das fontes mantenedoras. Para fazer o bem, precisamos de dinheiro. Como alguém já disse, os programas acabam ficando com a cara das fontes mantenedoras.

Outra dimensão da dinâmica da institucionalização é o desenvolvimento da identidade da equipe e seus objetivos de carreira. À medida que as instituições crescem, as pessoas começam a querer fazer carreira dentro delas. Passam a tomar decisões pessoais e profissionais com vistas a esses objetivos de carreira. Os efeitos disso são sutis e significativos.

Todos procuramos apoio nas pessoas que estão à nossa volta, os nossos pares. Onde estão os pares das pessoas envolvidas com a justiça restaurativa? Ao nos fixarmos provavelmente comecemos a procurar nossos pares dentro dos meios da justiça criminal. Isto tem suas vantagens, mas também cria pressões de conformidade com os valores e pressupostos que movem aquele sistema.

As pessoas que integram a equipe e seus valores são fundamentais. Boa parte das análises feitas sobre a subversão de inovações mostra um processo gradual de cooptação. Mas o processo é mais básico e começa muito antes. Enquanto os líderes articulam uma visão grandiosa, a equipe talvez tenha sido formada por pessoas que exerciam funções dentro do sistema de justiça criminal tradicional. Guiados por uma perspectiva tradicional ao invés de um paradigma alternativo, eles tendem a fazer as coisas do modo tradicional. Se todos não partilham de valores alternativos, é difícil conseguir resultados expressivos.

Ao longo de seu desenvolvimento, as organizações passam por vários estágios. Cada um deles requer um certo tipo de liderança, cada qual com suas forças e deficiências. Também isto afeta a forma do programa.

Os primeiros estágios de uma organização requerem empreendedores. Esses líderes são visionários, aceitam assumir riscos, têm criatividade. As ideias devem ganhar forma e ser operacionalizadas. É preciso encontrar recursos e articulá-los de modo criativo.

Pessoas com esse tipo de empreendedorismo trazem muita energia, entusiasmo e criatividade ao trabalho. Mas em muitos casos, não são gerentes. Portanto, em algum momento é importante que a liderança se torne mais gerencial a fim de lidar com as realidades de manter uma organização e seus programas. Mas os gerentes em geral não são visionários. Tendem a se preocupar mais com as necessidades operacionais e menos com implicações de longo prazo, avaliação dos programas e sonhos. Eles não gostam muito de riscos.

Se o programa seguir para a fase "gerencial" sem ter construído funções proféticas e visionárias, teremos uma outra fonte de deturpação em potencial.

Planejamento e operação de programa

Os programas buscam atingir uma série de metas, mas seu bom funcionamento em geral exige que haja apenas uma meta principal. Além disso, pode haver objetivos contraditórios.

Descobrimos que isto aconteceu na VOC de Elkhart, e estudos recentes na Inglaterra confirmam o mesmo resultado. A meta de não levar as pessoas ao encarceramento por vezes conflita com a de reconciliação, por exemplo. Os programas que começaram por preocupar-se com reduzir penas de privação de liberdade tendem a deixar para segundo plano a reconciliação e as necessidades da vítima.

Como se vê, é fácil implementar políticas sem examinar suas implicações de longo prazo, tanto práticas como filosóficas. Uma série de pequenas medidas concretas, sem avaliação, pode nos levar para muito longe do caminho original e, inadvertidamente, nos perdemos.

Atividade em grupo: Análise de campos de força

Faça uma tabela com duas colunas. O título de uma das colunas é "Forças que estimulam uma abordagem verdadeiramente restaurativa". A outra coluna se chama "Forças que atrapalham ou levam à cooptação e subversão da JR". Em grupo grande ou em pequenos grupos, identifiquem as forças sociais, políticas e culturais de um e outro lado. Se houver tempo, discutam estratégias para resistir ou desestimular as forças que "subvertem" e incentivar as forças restaurativas.

Indicadores de justiça restaurativa

1. As vítimas vivenciam uma experiência de justiça?
    a. Há suficientes oportunidades para que elas contem sua verdade a ouvintes relevantes?
    b. Elas estão recebendo a restituição ou compensação necessária?
    c. A injustiça foi adequadamente reconhecida?
    d. Estão suficientemente protegidas de mais violações?
    e. A decisão reflete adequadamente a gravidade da ofensa?
    f. Estão recebendo informação suficiente sobre o evento, o ofensor e o processo?
    g. Elas têm voz no processo?
    h. A experiência da justiça é adequadamente pública?
    i. Elas recebem apoio adequado de terceiros?
    j. Suas famílias estão tendo a assistência e apoio devidos?
    k. Outras necessidades – materiais, psicológicas, espirituais – estão sendo atendidas?

2. Os ofensores vivenciam uma experiência de justiça?
    a. São incentivados a entender e assumir a responsabilidade pelo que fizeram?

b. São questionadas suas falsas representações?

c. Eles recebem incentivo e oportunidade para corrigir a situação?

d. Têm a oportunidade de participar do processo?

e. São incentivados a mudar de comportamento (arrependimento)?

f. Há mecanismos para monitorar ou verificar mudanças?

g. Suas necessidades estão sendo atendidas?

h. Suas famílias estão recebendo apoio e assistência?

3. O relacionamento vítima-ofensor está sendo cuidado?

a. Há oportunidade de encontro direto ou terapêutico, quando apropriado?

b. Há oportunidade e estímulo para troca de informações recíprocas e sobre o evento?

c. As falsas representações estão sendo questionadas?

4. Estão sendo levadas em conta as preocupações da comunidade?

a. O processo e a decisão estão sendo adequadamente disponibilizados ao público?

b. Estão sendo tomadas medidas para garantir a segurança da comunidade?

c. Há necessidade de restituição ou ato simbólico para a comunidade?

d. A comunidade foi representada de alguma forma no processo?

5. O futuro está sendo levado em consideração?

a. Há medidas para resolver os problemas que causaram o evento lesivo?

b. Há medidas para resolver os problemas causados pelo evento lesivo?

c. Foram levadas em conta as intenções futuras?
d. Foram tomadas medidas para monitorar e verificar resultados e resolver eventuais problemas?

Atividade em grupo: estudo de caso

Escolha um caso ou programa do seu contexto ou na internet, e discuta com seus colegas em que medida ele atende a esses indicadores. O que poderia ser feito para tornar essa situação ou programa mais restaurativo?

Dez modos de viver restaurativamente

1. Leve os relacionamentos a sério, com a perspectiva de que você pertence a uma teia de pessoas, instituições e ambientes interconectados.
2. Tente estar consciente do impacto – potencial e real – de suas ações sobre os outros e sobre o meio ambiente.
3. Quando suas ações impactarem os outros negativamente, assuma a responsabilidade reconhecendo o que fez e procurando reparar o dano – mesmo quando haveria a chance de se livrar evitando ou negando a situação.
4. Trate a todos com respeito, mesmo aqueles que você não espera reencontrar, mesmo aqueles que você sente que não merecem, mesmo os que fizeram mal ou ofenderam você ou outros.
5. Na medida do possível, envolva no processo de tomada de decisão as pessoas que serão afetadas por ela.
6. Veja os conflitos e danos em sua vida como oportunidades.
7. Ouça os outros com profundidade e compaixão, procurando entender mesmo que não concorde com eles. (Pense em quem você gostaria de ser nessa situação, ao invés de simplesmente querer estar com a razão.)

8. Trave diálogo com os outros, mesmo se o que está sendo dito é difícil, e permaneça aberto, aprendendo com as pessoas e situações.
9. Seja cauteloso e não tente impor "verdades" e visões de mundo a outras pessoas e situações.
10. Use de sensibilidade para enfrentar as injustiças diárias, inclusive os preconceitos de gênero, raça, posição social e homofobia.

Atividade em grupo: discussão

Discutam sobre o que aconteceria caso vocês levassem a sério essas diretrizes na sua vida pessoal e social. Há alguma sugestão de revisão ou acréscimo?

Grupos de estudo e sugestões pedagógicas

O propósito do roteiro de estudo e sugestões de atividades abaixo é ajudar pessoas que desejam usar este livro num contexto de grupos de estudo. Mais sugestões de atividades estão listadas na próxima seção.

Capítulo 1 – Uma ilustração

PERGUNTAS

1. Pense numa questão ou acontecimento sobre o qual sua opinião mudou. O que deu início a essa mudança de perspectiva? Como se começa a trocar as lentes a respeito de uma determinada questão?
2. "O processo [de justiça criminal] negligencia as vítimas e também não consegue atender ao propósito de responsabilizar os ofensores e inibir o crime." O que você pensa dessa afirmação?
3. Releia "O caso" do capítulo 1. Conversem sobre quais seriam as manchetes sobre o evento. Discutam de que modo a mídia transforma os eventos.

Capítulo 2 – A vítima

PERGUNTAS

1. Suponhamos que você chegue em casa e encontre a porta arrombada e sinais de vandalismo. Coisas valiosas, inclusive heranças de família, sumiram. Foi utilizado um machado para o arrombamento. Como você se sentiria? Como isto afetaria você? Que perguntas você se faria? Quais seriam suas necessidades?

2. Você conhece alguma vítima de crime pessoalmente? Você já foi vítima? Como reagiu? Como se sentiu?
3. Se você fosse a vítima, o que você acha que deveria ter acontecido no caso do capítulo 1?
4. Você concorda que a raiva é uma parte natural do processo de cura e que sua expressão deveria ser incentivada? Como você, pessoalmente, responde a alguém que está ferido e com raiva?
5. Charlotte Hullinger enuncia quatro tipos de ajudante (veja a nota 2 do cap. 2). Quais as vantagens e desvantagens de cada um deles? Em que tipo você se enquadra? O que você pode fazer para se tornar um "ajudante positivo"?
6. Alguns argumentam que a retribuição é uma necessidade humana inata. Estes dizem que se ela não for atendida pela ação governamental, os indivíduos passarão a administrá-la. Outros dizem que é uma necessidade aprendida. Alguns ainda sustentam que é uma necessidade melhor atendida através de outros procedimentos, como a restituição e o perdão. Como você vê essa questão?
7. Tendemos a culpar as vítimas de vários modos. Quais são esses modos? Por que fazemos isso?
8. Discuta sobre as seis questões que precisam ser respondidas para que a cura seja possível (veja em "O processo de recuperação"). O que será necessário para responder a cada uma delas?
9. No prefácio o autor expressa uma preocupação quanto à terminologia. Por que o termo vítima pode ser problemático?

ATIVIDADES

1. Num quadro negro ou *flip chart* faça uma lista com palavras relacionadas à vítima, como por exemplo:

Vítima
Roubo
Tribunal
Justiça
Promotor de Justiça
Vingança
Restituição
Repasse os itens da lista pedindo às pessoas que falem qualquer palavra que lhes venha à mente em associação com aquelas. Anote tudo. Depois de terminar a lista toda, analisem estas associações em conjunto.

2. Convide uma vítima ou profissional que preste assistência a vítimas para falar sobre sua experiência. Convide um advogado, promotor ou juiz para falar. Quais são os direitos da vítima? Qual é o papel costumeiro da vítima? Como são tratadas as vítimas, em geral? Você pode convidar uma vítima de crime para participar dessa sessão.

Capítulo 3 – O ofensor

PERGUNTAS

1. Qual a sua opinião sobre a sentença do ofensor do relato no caso ilustrativo (capítulo 1)? Se lhe pedissem para desenvolver uma proposta alternativa, o que você proporia?

2. O que o autor sugere no tocante a conceitos de valor próprio e poder pessoal no contexto da transgressão? Você concorda? (Veja também o capítulo 4).

3. Quais as sentenças não privativas de liberdade aplicadas hoje em dia? (Por exemplo, serviço comunitário, liberdade condicional, tratamento, moradia em casas que dão abrigo e facilitam a

reintegração à sociedade, restituição). Quais as vantagens e as desvantagens de cada uma delas? Qual o objetivo de cada uma delas? Em que medida são punitivas?

4. Qual o legítimo propósito e função da prisão dentro do nosso sistema penal (se é que existem)?

5. Como o autor define o termo responsabilidade? Em que medida isto coincide com o seu conceito de responsabilidade? Ela deve ser o objetivo central da justiça e, em caso positivo, como deve ser obtida?

6. É proveitoso ver o ofensor como alguém que também sofreu violações? Em que medida seu comportamento nasce de abusos sofridos em casa ou de oportunidades restritas de educação e emprego? Como isso deve afetar sua responsabilidade? Como afeta a responsabilidade da sociedade?

7. No prefácio o autor expressa sua preocupação sobre terminologia. De que modo o termo ofensor pode criar problemas?

ATIVIDADES

1. Como sugerido para o capítulo 2, enumere uma série de palavras no quadro. Peça ao grupo suas associações. Quando todos tiverem falado suas ideias, analise com eles as reações.

Palavras sugeridas:
Ofensor
Criminoso
Prisão
Juiz
Punição
Vingança
Tribunal

2. Convide um juiz ou oficial de condicional para falar sobre como são feitas as recomendações para sentenciamento.

3. Convide um terapeuta que trabalhe com ofensores para discutir as *falsas representações* e *estratégias desculpadoras*: estereótipos e racionalizações usados para justificar e racionalizar o comportamento lesivo.

Capítulo 4 – Alguns temas comuns

PERGUNTAS

1. Para você, qual o significado de arrependimento e perdão?

2. O que o autor quer dizer com "o perdão é um dom; não deve ser transformado num fardo"? Isso se encaixa com sua visão do perdão?

3. Qual o papel do arrependimento e do perdão no processo que leva da condição de vítima para a de sobrevivente? Este processo pode acontecer sem o perdão? Como?

4. O autor sustenta que certos pré-requisitos facilitam o perdão. Quais são? Você concorda? Há antecedentes bíblicos?

5. Descreva maneiras como as tradições religiosas poderiam fazer *rituais de lamentação* e *rituais de reordenação* (ou de perdão e reconciliação) com vítimas e ofensores.

6. Quais são os requisitos para que uma punição seja "justa"? E para que seja eficaz?

7. O autor sugere que o mau comportamento é resultado de autodepreciação, mais do que de amor próprio. Isso é verdade? Em caso positivo, como isso afeta nossa abordagem da cura e reabilitação?

8. O que podemos fazer para desmistificar o crime enquanto indivíduos, sociedade e membros de uma tradição religiosa?

ATIVIDADES

1. Examinem recortes de jornal com notícias tiradas da página policial. Enumerem e discutam os modos como esse tipo de cobertura jornalística fomenta medo, estereótipos e falsas atribuições sobre crime, vítimas, ofensores, autoridades e o processo judicial.

2. Convide um repórter que faça cobertura de crimes, e peça que fale à turma sobre como essas notícias são obtidas e redigidas.

Capítulo 5 – Justiça retributiva

PERGUNTAS

1. De que modo nosso sistema jurídico incentiva uma mentalidade separatista (do tipo *nós* e *eles*)? Quem são *eles* e quem somos *nós*? Quais as consequências dessa divisão?

2. Defina punição. A definição que subentende "dor infligida com intenção de causar dor" é apropriada?

3. A punição satisfaz as vítimas? E os ofensores? O que lhe diz a sua experiência pessoal com a punição?

4. De que forma os termos punição, retribuição e vingança estão relacionados?

5. Examine suas próprias tendências e experiências com amigos, cônjuge, filhos. Quando você se sente injustiçado, tem basicamente uma reação do tipo "olho por olho", do tipo "resolver o problema", ou alguma outra?

6. Examine seus próprios pressupostos sobre os atos lesivos. Você tende a defini-los em termos da lei que foi violada, ou em função de suas consequências e danos? Quais são as consequências dessas duas perspectivas?

7. Alguma vez antes você se deu conta de que o Estado, e não o indivíduo, é a vítima legal do crime? Quais seriam as implicações disso se você fosse uma vítima?

ATIVIDADES

1. Invente um caso de crime. Pergunte a diferentes profissionais do judiciário (juízes, oficiais de condicional, advogados, promotores de justiça) qual deveria ser a sentença ou resultado. Relate ao grupo e compare os resultados.
2. Peça ao grupo para opinar sobre uma série de afirmativas. Os que discordam devem ficar em pé num lado da sala, os que concordam no outro, e os indecisos no meio. A cada afirmação a pessoa escolhe a sua posição na sala. Interrompa para discutir as razões pelas quais concordam ou discordam de cada afirmação. As afirmações (crie as suas) podem ser parecidas com:
    a. A punição é natural e inerente / A punição é aprendida.
    b. A punição é parte necessária da justiça / A punição deve ser evitada.
    c. Preocupo-me mais com as vítimas / Preocupo-me mais com os ofensores.

Capítulo 6 – Justiça como paradigma

PERGUNTAS

1. O que o autor quer dizer com a palavra paradigma?
2. Por que vemos e tratamos o crime como algo diferente de outros males e atos lesivos? Será que deveríamos mudar esta visão e tratar o crime de modo diferente? Em caso afirmativo, onde você colocaria a linha divisória?
3. Em que o direito civil difere do direito penal? O que determina que uma situação seja tratada no âmbito civil ou penal?
4. Quais as formas não jurídicas que usamos para resolver conflitos e danos na vida diária e na sociedade como um todo? Dê exemplos de sua própria experiência.

5. Há sinais de que estejamos na iminência de uma mudança de paradigma jurídico? Em caso afirmativo, quais são esses sinais? (Por exemplo, quais os sinais de disfunção ou crise?)
6. Avalie as mudanças atuais do direito penal (assistência às vítimas, condicional intensiva, prisões privadas, monitoramento eletrônico, serviço comunitário). Em que medida estas reformas apontam numa nova direção? Em que medida são simplesmente remendos aplicados ao paradigma vigente?

ATIVIDADES

Suponha que duas crianças briguem na escola e uma delas acabe tirando um dente da outra com um soco. Este acontecimento pode ser tratado como um problema que exige punição, um conflito que requer resolução, ou um dano que pede restituição. Pode ser visto como uma questão a ser resolvida na escola, como crime, ou como caso de responsabilidade civil. Todas estas reações podem e de fato ocorrem em tais casos.

Discuta o que determina a reação. Quais as prováveis consequências de cada uma delas? Qual delas trará um resultado mais satisfatório e por quê? De que maneira o caminho escolhido afeta a compreensão da briga original?

Capítulo 7 – Justiça comunitária: a alternativa histórica

PERGUNTAS

1. O autor menciona a importância de "vindicação" quando acontece uma ofensa. O que isso significa? É importante? De que modo isso acontecia no passado? Como acontece hoje? Como poderia acontecer num sistema aprimorado?
2. De que modo a teologia cristã serviu para corroborar a emergente visão "retributiva" do crime?

3. De que modo as punições modernas buscam atingir a alma, como disse Michel Foucault, e não apenas o corpo?
4. Quais os pontos positivos e negativos da revolução jurídica?
5. Qual o papel simbólico da punição hoje em dia?

Capítulo 8 – Justiça da aliança: a alternativa bíblica

PERGUNTAS

1. O autor sustenta que no Antigo Testamento a lei tinha outro significado e função do que tem hoje. Quais são as diferenças? Quais as implicações disso?
2. Compare os princípios básicos de sua fé com o conceito de *shalom*. As coisas mudam se você tentar fundar seu pensamento numa visão de *shalom*?
3. Qual era a sua interpretação de "olho por olho, dente por dente" no passado? Essa interpretação mudou? Em caso positivo, como?
4. O nosso entendimento da justiça bíblica depende, em última análise, da imagem que temos de Deus. Para alguns a imagem de Deus é a de um parente amoroso. Outros o veem principalmente como um juiz severo. Que outras possibilidades existem? Qual é a imagem predominante para você?
5. Qual a relação entre a justiça de *shalom* e a justiça "olho por olho" no Antigo Testamento? O nosso conceito de "olho por olho" ou reciprocidade sofre modificações se o concebermos como fundado em *shalom*?
6. Como o conceito bíblico de justiça se encaixa com a sua visão de justiça? São válidas as comparações com a justiça moderna?
7. O que aconteceria se avaliássemos a justiça segundo seus "frutos" (por exemplo, pelo resultado, ao invés do processo)? Quais seriam os possíveis benefícios e perigos?

8. O que muda no nosso entendimento dos Dez Mandamentos e do Sermão da Montanha se os tratarmos como convites e promessas ao invés de proibições e ditames? Parece apropriado compreendê-los dessa forma?
9. Se levamos *shalom* a sério como meta e visão, será que podemos continuar a tratar a justiça penal sem cuidar de outras questões judiciais? Quais seriam as consequências de não o fazer?
10. A justiça moderna em geral é vista como uma deusa vendada que segura uma balança. Quais os significados dessa imagem? Ela é uma imagem saudável? Ela é uma imagem perigosa? Por quê? Qual seria uma imagem apropriada para a justiça restaurativa?

ATIVIDADES

1. Leia e discuta o Salmo 103. Que visão de justiça aparece ali? Como se relaciona com os outros temas mais retributivos do Antigo Testamento? (veja também Levítico 26 e Deuteronômio 4).
2. Descreva um caso que tenha saído no jornal. Examine-o à luz do conceito bíblico de justiça. Agora discuta o que poderia ter sido feito diferente no caso do jornal.

Capítulo 9 – VORP e além: práticas emergentes

PERGUNTAS

1. Quais são os possíveis benefícios da abordagem VORP/VOC? Quais são os problemas em potencial?
2. Se você fosse uma vítima (ou ofensor) prestes a decidir se participaria ou não de uma VOC ou de uma das outras práticas mencionadas aqui, que benefícios você visaria para si? Quais seriam suas preocupações? Que fatores poderiam levá-lo a participar ou não?
3. Qual deveria ser a meta fundamental e prioritária da VOC? Que outros objetivos se mostram adequados? Quais não?
4. A reconciliação deveria ser um objetivo da VOC? O que ela significa na prática? Como seria medida?

5. Você consegue imaginar outras aplicações da abordagem VOC em nossa sociedade (como, por exemplo, fora da justiça penal)?
6. Como as tradições religiosas podem e devem se envolver com a VOC? Quais são as possibilidades e responsabilidades das religiões nesse caso? Que forma teria esse envolvimento?

ATIVIDADE

Se na sua comunidade existe um programa de reconciliação vítima--ofensor, convide um dos colaboradores, mediadores voluntários, vítimas ou ofensores para falar ao grupo.

Capítulo 10 – Uma lente restaurativa

PERGUNTAS

1. Há espaço no modelo restaurativo para as metas da justiça criminal tradicional (como perda de liberdade, desestímulo ao crime e reabilitação)? Elas se encaixam no modelo restaurativo?
2. E no caso dos chamados crimes sem vítimas? Essas ofensas existem? Como podem ser tratadas de modo restaurativo?
3. Qual deveria ser o papel da comunidade? Como se pode concretizar esse papel? Quem é a comunidade?
4. O que você pensa do argumento do autor no sentido de que as necessidades da vítima deveriam ser o ponto de partida, mas que as necessidades do ofensor têm igual importância? Isto parece apropriado? Será que funciona?
5. O autor argumenta que a justiça retributiva começa com culpa e direitos, mas que o modelo restaurativo começa com necessidades e obrigações. Quais as implicações desses dois pontos de partida?
6. Um modelo de justiça que levasse a sério as necessidades de vítima e ofensor, dando a eles mais participação, teria resultados muito mais variados. As expectativas normais de uniformida-

de de resultados seriam frustradas. Quais as implicações disso? Qual a sua visão a respeito?
7. Discuta o termo vindicar. Qual o seu significado bíblico? (Veja, p.ex., o Salmo 103:6). O que significa para você? E o que pode significar para as vítimas?
8. Dadas as necessidades que foram identificadas aqui, de que modo pode a Igreja assistir na cura de vítimas e ofensores?
9. O autor argumenta que o sistema atual exagera a dimensão pública do crime e minimiza sua dimensão privada. Quais são as dimensões públicas do crime e como deveriam ser tratadas dentro da estrutura restaurativa?
10. Qual o papel da coerção no modelo restaurativo? As vítimas devem sofrer coerção para participar? E os ofensores? Quais seriam as implicações disso?
11. Pense na justiça como um sistema de comunicação projetado para enviar várias mensagens. Que mensagens o sistema atual está tentando enviar e para quem? Que mensagens chegam? Que mensagens um sistema restaurativo deveria enviar, e como faria isso?
12. Quais são os rituais necessários no processo de cura e de justiça? Quando e onde devem acontecer? Em que as tradições religiosas poderiam ajudar nesse aspecto?
13. Há um papel legítimo para a punição? Em caso positivo, quais as circunstâncias em que deveria acontecer e qual o seu propósito? Como podemos minimizar seu uso indevido?

ATIVIDADE

Tome um caso como exemplo. Projete um processo restaurativo e o desfecho do caso. Tenha em mente as "quatro dimensões do ato lesivo" e também os elementos-chave do modelo restaurativo. Ao terminar, teste seu desfecho usando os "indicadores de justiça restaurativa" da seção Ensaios (p. 259) ou crie seu próprio conjunto de indicadores.

Considere cuidadosamente por onde começar. Quais as necessidades fundamentais que precisam ser atendidas? Quem pode melhor dizer quais são essas necessidades e como devem ser atendidas? Quais as preocupações e objetivos principais a serem tratados pela sua abordagem?

Agora, pense no que normalmente aconteceria num caso como o seu. Ou, se estiver usando um caso real, examine o desfecho como aconteceu de fato.

Capítulo 11 – Implementando um sistema restaurativo

PERGUNTAS

1. Qual o papel apropriado do Estado no processo judicial? Como esse papel mudaria num modelo restaurativo?
2. Quais as dinâmicas políticas e institucionais que poderiam influenciar possibilidades de mudança no nosso paradigma de justiça? Quais são as reais possibilidades de uma mudança de paradigma?
3. Como pode a Igreja praticar justiça restaurativa internamente? Como ela poderia ser mais restaurativa?
4. O que mudará em seu modo de reagir ao crime e outros males e conflitos depois de ter lido este livro? Algo mudou?

Capítulo 12 – Reflexões 25 anos depois

PERGUNTAS

1. O conceito de justiça restaurativa tem ressonância com sua própria tradição familiar, cultural, ou religiosa?

2. A discussão sobre a vergonha lhe parece verdadeira? Como funciona a dinâmica da vergonha, humilhação, honra e respeito na sua vida pessoal e social?
3. De que grupo você participa, e como você imagina essa comunidade quando envolvida em situações difíceis? O que caracteriza uma comunidade?
4. Discuta as diferenças e similaridades entre restauração e retribuição.
5. A justiça restaurativa pode levar à justiça transformativa? Justifique sua resposta.
6. Pense nas abordagens que a sua comunidade adota para lidar com os delitos. Em que posição estariam, dentro do *continuum* da justiça restaurativa?
7. O autor lista uma série de valores que fundamentam a justiça restaurativa. Que outros valores são importantes?
8. Como seria se tentássemos tornar a justiça restaurativa um modo de vida? (Veja "Dez maneiras de viver restaurativamente" na seção Ensaios, p. 261 e s.)

ATIVIDADE

Aplique as "Perguntas balizadoras da Justiça Restaurativa" (p. 241) a um caso real ou imaginado. De que modo o processo e resultado serão diferentes daqueles obtidos quando se aplica as perguntas da justiça convencional: Que leis foram transgredidas? Quem fez isso? Que castigo merecem? Alternativamente, divida a classe em dois grupos, um aplicando as perguntas da justiça restaurativa e o outro aplicando as outras perguntas, mais convencionais.

Exercícios de grupo adicionais

Definindo a Justiça

Eric Gilman e Matthew Hartman

Objetivo: Permitir que os participantes reflitam sobre a voz e os valores que, na sua visão, definem a justiça para as vítimas, os ofensores e a comunidade.[1]

Número de participantes: 2 ou mais

Materiais:
- *Flip chart* e canetas hidrocor grossas
- Fita adesiva para pendurar as folhas do *flip chart*

Tempo: 60 a 90 minutos

Introdução: Esse exercício é mais proveitoso como ponto de partida para o estudo dos conceitos da justiça restaurativa, pois discute as reações intuitivas do próprio aluno a algumas das questões básicas que a justiça restaurativa pretende abordar.

---

1. Inúmeros graduados do Center for Justice and Peacebuilding da Eastern Mennonite University são educadores e instrutores muito talentosos, e convidei alguns deles a submeter algumas de suas atividades prediletas para inclusão nesta edição de 25º aniversário. Infelizmente, devido à limitação de espaço, não foi possível incluir todas elas.

Descrição:

1. Conte um caso de crime com uma perspectiva neutra. Escolha um que não seja violento demais nem tão leve que deixe de provocar uma reflexão séria. Dê alguns detalhes sobre o ofensor (por exemplo, se o caso for de roubo, você pode explicar que a intenção do ofensor era vender os bens para obter dinheiro para comprar drogas).

2. Diga aos alunos: "Ao ouvir esse caso, gostaria que o fizessem como se tivesse acontecido na sua comunidade. Pensem que aconteceu com pessoas que vocês conhecem ou já ouviram falar. Vocês podem entender 'comunidade' de várias formas, mas ela deve representar as pessoas, grupos e organizações com as quais vocês sentem um laço de pertencimento".

3. Depois de contar a história, dê aos participantes alguns minutos para pensar como se sentiriam, como os diferentes membros da comunidade reagiriam, qual seria o movimento por parte do sistema judicial, e quem seria impactado de alguma forma pelos fatos.

4. Apresente as perguntas a seguir como diferentes formas de articular uma mesma questão, permitindo que os participantes tenham tempo para refletir e escrever suas próprias respostas. Ouça as respostas dos participantes e escreva-as no *flip chart* sob o título "Vítima".

   Quando o sistema judicial terminar de processar esse crime, que resultado você desejaria para a vítima? O que você gostaria que acontecesse com ela? O que você está buscando? O que você gostaria que a vítima vivenciasse?

5. Use as mesmas perguntas para obter as respostas dos participantes no tocante ao ofensor, e depois à comunidade. Escreva as respostas em diferentes folhas de *flip chart* sob os títulos "ofensor" e "comunidade".

6. Facilite uma discussão de fechamento explicando ao grupo que

as perguntas que acabaram de responder são as perguntas básicas da justiça restaurativa. Em seu cerne, a justiça restaurativa quer saber: Como comunidade, de que modo queremos reagir ao crime, e quais os objetivos esperados como resultado dessas reações? Outras perguntas que poderão ser feitas para completar a reflexão:

a. O que se pode notar a partir destas listas?
b. Aquilo que colocamos aqui corresponde ao que se obtém do atual sistema judicial? Em caso negativo, por que não?
c. Acreditam que estas listas sejam diferentes das que outras pessoas da sua comunidade fariam? Por quê?

Nota: Ao discutir essas questões com os participantes, é importante lembrar que este exercício foi realizado centenas de vezes, com grupos diferentes – conservadores, liberais, jovens, velhos, de etnias diversas, etc. – sendo que as listas são praticamente idênticas, reflexo uma das outras. Daí a questão: Se isto é o que nós (ou seja, nossas comunidades) queremos, por que não correspondem à nossa realidade?

Adeus Grafitti

Catherine Bargen[2]

Objetivo: Oferecer um exemplo vivencial da abordagem punitiva e da restaurativa no contexto disciplinar da escola. O exercício também contempla a forma como cada uma dessas abordagens afeta a confiança e o potencial para fortalecer relacionamentos.

Número de participantes: 4 a 100, ou mais

Materiais: Não são necessários. Entretanto, o facilitador poderá im-

---
2. Em parceria com a Fraser Region Community Justice Initiatives Association e Langley (B.C.) School District

primir cópias do caso para aqueles que estão fazendo o papel de "aluno" e "diretor", pois alguns participantes preferem ler o caso e preparar algumas reações ao invés de receber as instruções verbalmente (veja "Informações para distribuir aos participantes" no final deste exercício).

Duração: Aproximadamente 20 a 30 minutos, incluindo a conclusão.

Introdução: Este exercício é eficaz para ajudar as pessoas a vivenciarem as abordagens punitiva e restaurativa como reação à transgressão. Ele pode ser especialmente divertido e informativo em grupos mistos de adultos e jovens, quando os jovens fazem o papel do disciplinador e os adultos fazem o papel de aluno. Mas o exercício funciona bem e é esclarecedor para qualquer tipo de grupo. É mais eficaz no início de um curso, antes que os conceitos filosóficos de justiça punitiva e justiça restaurativa tenham sido explicitados, para que os alunos tenham uma experiência vivencial na qual se apoiar.

Descrição:

1. Divida a turma em dois grupos. Decida como irá dividi-los (por exemplo, todos os adultos em um grupo, todos os jovens em outro), ou faça uma divisão aleatória. O grupo 1 será de "alunos" e o grupo 2 de "diretores de escola".
2. Peça aos "alunos" que esperem lá fora no corredor ou em alguma sala disponível e diga que falará com eles em breve.
3. Explique ao grupo dos diretores que haverá três rodadas de encenações:
    a. Rodada 1 – Abordagem Punitiva. Na primeira rodada eles usarão uma abordagem punitiva com os alunos.
    b. Rodada 2 – Abordagem Restaurativa. Na segunda rodada, cada um receberá um outro aluno e utilizará uma abordagem restaurativa.
    c. Rodada 3 – Abordagem Restaurativa. Na terceira rodada,

cada diretor receberá novamente o primeiro aluno, mas desta vez utilizará uma abordagem restaurativa.

Os dois grupos terão por base o mesmo roteiro: Um aluno pichou o muro da escola (ideias para perguntas e declarações a serem usadas em cada rodada estão nas próximas páginas. Se possível, distribua cópia delas para os diretores usarem durante a encenação. Ou então sugira algumas perguntas modelo que eles podem anotar).

4. Cada diretor deve colocar uma cadeira à sua frente para ficar de cara com o aluno.
5. Agora dirija-se ao grupo de alunos que ficou lá fora. Simplesmente explique a eles que farão o papel de um aluno que foi pego pichando o muro da escola. Eles acham que a pichação é artística e portanto não prejudica ninguém. Contudo, depois de um pouco de reflexão acabam chegando à conclusão de que talvez não tenha sido uma boa ideia pichar o muro da escola, e que talvez houvesse maneira melhor de se expressar. A encenação será do momento em que o aluno se encontra com o diretor a fim de estabelecer o que acontecerá.
6. Peça aos alunos que entrem na sala e se sentem em frente a um diretor. Se houver um número ímpar, coloque dois alunos com um diretor, ou vice-versa.
7. Diga aos grupos para começarem a Rodada 1. (Diretores assumem a liderança). Dê a eles 5 minutos.
8. Diga aos alunos que passem para o diretor à sua esquerda. Faça a Rodada 2 (novamente, os diretores assumem a liderança). Dê a eles 5 minutos.
9. Diga aos alunos para voltarem ao primeiro diretor que os recebeu. Faça a Rodada 3, os diretores na liderança. Dê a eles 5 minutos.
10. Encerre o tempo e diga a todos que voltem aos seus lugares

para finalizar com uma das seguintes questões:
a. Para os "alunos": Como se sentiu na Rodada 1? E na Rodada 2? E na Rodada 3? Que impacto teve cada uma das abordagens na sua capacidade de assumir a responsabilidade? Como foi solucionado o problema, se é que foi solucionado? O que você aprendeu fazendo o papel do aluno?
b. Para os "diretores": Como se sentiu na Rodada 1? E na Rodada 2? E na Rodada 3? Você notou algum efeito sobre o modo como os alunos conseguiram assumir a responsabilidade por suas ações? Como foi resolvido o problema, se é que foi resolvido? O que você aprendeu fazendo o papel do diretor?
c. Por que fizemos uma Rodada 3? Como isso se relaciona com a vida real e a construção de confiança mútua?
d. Como esse exercício toca a dinâmica do poder?
e. Esse exercício ajudou você a compreender a importância de construir relacionamentos saudáveis? Por quê?
f. Como esse exercício ajudou você a compreender as abordagens punitiva e restaurativa?
g. Esse exercício é realista ou não? Por quê?
h. Quais são os benefícios e desafios de cada uma dessas abordagens?
i. Será que "punitiva" e "restaurativa" são nomes adequados para essas abordagens?

INFORMAÇÕES PARA DISTRIBUIR AOS PARTICIPANTES:
Aos participantes no papel de "aluno":

Caso: Um aluno foi pego pichando o muro externo da escola. A pichação não é ofensiva em si, mas foi feita num lugar muito visível e precisa ser removida.

Aluno: Você foi pego pichando o muro da escola. Você sente que é uma pichação artística e, portanto, não ofende ninguém. Contudo, depois de pensar bem você reconhece que não foi boa ideia escolher o muro da escola, e que poderia escolher outros lugares e modos de se expressar.

Aos participantes no papel de diretor:

Caso: Um aluno foi pego pichando o muro externo da escola. A pichação não é ofensiva em si, mas foi feita num lugar muito visível e precisa ser removida.

Rodada 1: Usando uma abordagem punitiva, conduza um encontro com o aluno que foi pego pichando o muro da sua escola. Não há dizeres ofensivos na pichação e aparentemente se trata de algo "artístico". Contudo, você quer deixar claras as regras através de uma punição.

Coisas a dizer:

a. Por que você fez isso? (Não espere pela resposta, vá falando sem ouvir!)
b. Você não sabe que é errado escrever em propriedade dos outros?
c. Será mesmo que você pensa que pichação é arte?
d. Você já sabe que tenho que te dar uma suspensão, não sabe?
e. O que você acha que seus colegas vão pensar de você agora? É uma vergonha para a escola inteira!
f. Podemos notificar a polícia, você sabe.
g. Os pais já estão perguntando quem terá feito uma coisa dessas. O que vou dizer a eles?
h. Você vai ter que pagar para pintarmos de novo o muro da escola. As pichações custam à escola R$ 300 mil por ano!
i. Estamos muito desapontados com você. Esperamos mais de nossos alunos.

Rodada 2: Usando uma abordagem restaurativa, pergunte coisas que ajudarão o aluno a refletir sobre o que fez sem julgá-lo. Seja aberto e mostre disposição para escutar o seu lado da história. Deixe bem claro o impacto da pichação na escola. Estimule o aluno a pensar sobre como se responsabilizará por suas ações.

Coisas a dizer:

a. Então, me diga, o que aconteceu?

b. O que você pintou no muro da escola?

c. O que passava pela sua cabeça enquanto pichava?

d. E agora, o que pensa sobre o que fez?

e. Como isso vai afetar seus amigos e outros colegas?

f. Como sabe, nossa escola não pode manter uma pichação indesejada no muro. Portanto, o que faremos a respeito? Como você pode nos ajudar a corrigir isso?

g. Será que você pode expressar o que sente e dar vazão a seu talento de outra forma na escola?

Rodada 3: Seu primeiro aluno está de volta, mas desta vez você se desculpa pelo encontro anterior e pergunta a ele se está disposto a começar novamente para acertar as coisas. Agora você usará a abordagem restaurativa com esse aluno para ver se consegue chegar a uma solução para o problema da pichação.

Coisas a dizer: Veja a Rodada 2.

Os Mantos da Justiça Restaurativa e da Justiça Criminal

Jef From

Objetivo: Explorar as vantagens e os aspectos desafiadores do sistema de justiça criminal e da justiça restaurativa.[3]

Número de participantes: 2 a 22

Duração: 45 minutos

Materiais:

- *Flip chart* e canetas hidrocor
- Metragem de tecido (um para cada pequeno grupo, veja abaixo o passo 4)
- Opcional: Perguntas previamente preparadas para a entrevista (veja abaixo o passo 5)

Introdução: Este exercício requer algum conhecimento prévio dos sistemas da justiça restaurativa e da justiça criminal. Algumas pessoas saberão mais que outras, e isso promoverá o equilíbrio dentro dos grupos. Veja os capítulos 10 e 12 para conhecer a comparação entre os dois sistemas, mas observe que embora a comparação seja útil para esclarecer conceitos, uma dicotomia pronunciada demais pode ser prejudicial. Como este exercício tenta evidenciar, as abordagens restaurativa e criminal têm qualidades e defeitos, e qualquer busca pela justiça envolve a inclusão de aspectos de ambos os sistemas.

---

3. Adaptado do artigo "Mantles of Restorative Justice and Criminal Justice" em *Training Activities Used in Defense Initiated Victim Outreach Training* (Council for Restorative Justice, 2009), 37-38.

Descrição:

1. Divida os participantes em um número par de grupos pequenos, depois, reúna os grupos em pares. Um dos grupos da parelha deverá discutir e listar as qualidades da justiça restaurativa (JR) e o outro grupo do par deve fazer o mesmo em relação ao sistema de justiça criminal (SJC). Certifique-se de que as pessoas compreenderam que as listas de qualidades devem mostrar como a JR e o SJC recebem as necessidades das vítimas, ofensores/defensores e comunidade.

2. Peça a cada grupo para nomear um relator (que escreverá a lista de seu grupo num *flip chart*) e um orador (que apresentará a lista à turma inteira). O resto do grupo encontrará maneiras de dar apoio ao apresentador enquanto ele ou ela estiver falando (por exemplo, como uma torcida organizada, ou com cartazes, etc.). Procure criar um clima de competição lúdica.

3. Dê 25 minutos para os grupos fazerem suas listas.

4. Reúna novamente os grupos para a apresentação. Como facilitador, peça aos apresentadores de cada grupo que venham à frente e, muito cerimoniosamente (com um tom sério/cômico), cubra cada orador com um manto (um pedaço de tecido). Esses são os "mantos" da JR e do SJC.

5. Peça a um dos oradores que fale. Incentive o grupo dele a apoiar sua fala. Quando este terminar sua apresentação, faça uma entrevista com ele. As perguntas da entrevista devem evidenciar as fraquezas da apresentação. Outro participante pode entrevistar o orador adotando a perspectiva da vítima. Os membros do grupo devem continuar a apoiar o orador por toda a entrevista. Esta parte da atividade deve durar 20 minutos para cada par de grupos: 5 para cada grupo apresentar e cinco minutos para as entrevistas com cada orador.

6. Opcional: Para encerrar, faça uma exposição de todos os cartazes pelas paredes da sala. Peça aos participantes para comparar as várias listas e discuta os resultados.

Teatro de Imagens

Adaptado por Jef From

Objetivos:

- Usar escultura corporal para expressar pensamentos e sentimentos.[4]
- Ajudar os participantes a se concentrarem e focalizarem em determinado problema ou tema.

Número de participantes: 1 a 22.

Duração: 10 a 15 minutos (ou 20 a 30 caso se utilize a Parte 1 abaixo).

Introdução: Essa atividade convida os participantes a usar seus corpos para esculpir imagens em torno de um tema ou problema. As imagens produzidas permitem aos participantes vivenciar e corporificar conceitos de justiça restaurativa ou explorar mais profundamente o uso de metáforas para transgressões e conflitos. Ao expressar nossas emoções, o teatro de imagens também assinala o objetivo da justiça restaurativa de ajudar as pessoas a trabalhar suas emoções e endireitar as coisas de modo holístico no contexto de relacionamentos interconectados. Isso contrasta com o *modus operandi* da justiça criminal, que tende a separar dano e restituição em unidades estanques.

---

4. Adaptado de "Complete the Image" e "Image" em *Training Activities Used in Defense Initiated Victim Outreach Training* (Council for Restorative Justice, 2009), 32-33. Originalmente em Augusto Boal, *Teatro do Oprimido*, da edição americana *Theatre of the Oppressed*. C. McBride, trad. (New York: Urizen Books, 1979), p. 174-180.

Descrição:

Parte 1 – Complete a imagem

Se a maioria dos participantes não conhece o teatro de imagens, ou se você sente alguma resistência na participação – ou simplesmente se quer estimular a criatividade antes de ir mais fundo nos conceitos – use esta sequência como aquecimento antes de entrar na parte 2.

1. Peça aos participantes que formem pares. Um cumprimenta o outro com um aperto de mão e depois os dois congelam. Um será o ator "A" e o outro, "B".
2. Diga ao ator "B" para ficar congelado na posição do aperto de mão, enquanto "A" se solta do aperto de mão e interage de outra forma com a postura congelada de "B" (por exemplo, "A" poderá colocar sua cabeça na mão de "B").
3. Em seguida diga para "A" ficar congelado nessa nova postura enquanto "B" se movimenta e interage com "A" de outra maneira. Peça que continuem congelando e descongelado.
4. Então peça aos pares que formem grupos de quatro em que "A", "B", "C" e "D" se revezam, congelando e se movendo para interagir de vários modos.
5. Por fim você poderá reunir os participantes em grupos de 8, ou num grupo grande, em que uma pessoa por vez se move e interage.
6. Encerre com perguntas:
   a. O que você percebeu?
   b. O que mudou quando vocês deixaram de ser um par para formar um grupo de quatro, ou oito?
   c. Quais foram os temas e/ou tramas que você observou?

Parte 2 – Teatro de Imagens

1. Peça aos participantes para ficarem de pé, em roda.
2. Como facilitador, vá para o meio da roda e forme uma "imagem" (por exemplo, sente-se no chão, com os joelhos contra o peito e olhe para baixo). Então pergunte: O que vocês veem?

3. Dê tempo aos participantes para explorarem suas percepções e expressá-las (as respostas em geral são sentimentos, pensamentos, e também a observação básica: "uma pessoa sentada no chão com os joelhos contra o peito").

4. Depois de um ou dois minutos, diga aos participantes que você vai mudar ligeiramente a imagem. (Faça a mesma imagem anterior, mas em vez de olhar para o chão, olhe para cima). Novamente, pergunte aos participantes: O que vocês veem?

5. Em seguida, selecione um tema relacionado com aquilo que está sendo discutido em classe (por exemplo, a experiência vítima/ofensor, uma visão de *shalom*, de dano, de punição, restauração, necessidades e obrigações).

6. Se o grupo é pequeno, peça aos participantes para trabalharem em conjunto para formar uma imagem em torno desse tema. Se o grupo for grande, peça a eles que se dividam em grupos menores para desenvolver uma imagem que será apresentada ao grupo maior.

7. Quando as imagens forem formadas, peça aos participantes para refletirem com base nas seguintes questões:

   a. O que você vê?

   b. Se esta pessoa estivesse falando, o que estaria dizendo?

   c. Que sons poderiam estar saindo dessa imagem?

   d. O que você gostaria de mudar nessa imagem?

   e. O que você gostaria de acrescentar a essa imagem?

   f. O que você gostaria de tirar dessa imagem?

8. Como facilitador, você pode pedir a algumas pessoas que estão participando da imagem para fazer um monólogo. Ou, se cabível, peça aos espectadores para interagirem com a imagem construindo algo a partir dela.

Justiça Restaurativa: Reconstruindo a Rede de Relacionamentos

Barb Toews, com participação de Melissa Crabbe e Danny Malec

Objetivos:

- Explorar o impacto do crime sobre ofensores, vítimas, suas comunidades de cuidado e a sociedade como um todo.
- Examinar o modo como a abordagem dominante de justiça afeta os relacionamentos interpessoais e comunitários.
- Definir, de modo visual e vivencial, a justiça restaurativa.

Número de participantes: 10 a 24

Materiais:

- *Flip chart* e canetas hidrocor
- Crachás para serem preenchidos pelos participantes
- Uma caneta hidrocor de ponta fina por participante
- Três novelos de lã de cores diferentes e um novelo de lã mesclada das mesmas três cores. A lã deve ser fina para que se possa rompê-la com as mãos. Caso seja grossa, será necessário providenciar tesouras. Dependendo do peso do novelo, pode ser necessário mais de um novelo.
- Um caso de crime envolvendo a comunidade em que há um papel a ser desempenhado por participante.
- Uma manchete de notícia sobre o crime
- Documentos de apoio sobre o crime

Duração da atividade: No mínimo 90 minutos (idealmente, de 2 a 2 horas; dependendo do tamanho do grupo).

EXERCÍCIOS DE GRUPO ADICIONAIS

Introdução:

Prepare a lã: Usando os novelos de cor sem mescla, corte 8 a 10 pedaços de 30 cm a 50 cm de comprimento de cada cor para cada participante. Reúna os fios de modo que cada feixe tenha de 8 a 10 pedaços de lã de cada cor. Crie uma bola com a de lã mesclada, deixando a ponta livre para que seja fácil de achar.

Prepare a encenação: Escolha um crime que aconteceu em sua comunidade e liste todas as pessoas afetadas por ele. Crie uma situação em que todos possam participar assumindo um papel. Descreva esse papel em um ou dois parágrafos. Inclua os seguintes personagens: ofensor, membros específicos da família do ofensor e amigos, vítima(s), membros da família da vítima e amigos, vizinhos, líderes religiosos, líderes no comércio local, professores, membros da comunidade específicos, policiais, advogados, agentes governamentais. Cada um desses papéis deve ter: uma descrição da pessoa e seu relacionamento com o crime e outras pessoas afetadas; seus sentimentos em relação aos fatos; e suas ideias de como fazer justiça. Os papéis devem trazer reações e perspectivas diferentes em relação ao caso, assim como na vida real de qualquer comunidade. Sinta-se à vontade para utilizar o caso real apenas como ponto de partida. Você pode aprofundar o exercício acrescentando outros crimes ou eventos a fim de levantar questões ou evidenciar tensões. Cada papel deve ter um título (por exemplo: ofensor, vítima). Cada participante pode escolher seu nome. Imprima duas listas de papéis: uma para você e outra que você pode cortar em tiras (um papel em cada tira) – para que cada participante escolha seu papel.

Preparando a manchete sobre o crime na comunidade: A atividade começa com os participantes ouvindo a notícia sobre o crime e os desdobramentos na comunidade. A notícia identifica quem são os envolvidos e o que eles fizeram ou disseram. Pode ser proveitoso imaginar que um repórter está dando a notícia. Escreva a notícia com antecipação.

Preparando os documentos de apoio para organizar a encenação:
Se o grupo é grande, pode ficar difícil manter os papéis e seus pontos de vista organizados na sua cabeça. Crie uma tabela onde conste o papel (ex.: vítima, ofensor), o nome (ex.: Pedro, Maria). Convém saber de antemão que papéis serão ignorados caso o número de participantes mude na última hora. Dependendo da complexidade das conexões, talvez seja útil criar também um diagrama dos relacionamentos entre os papéis.

Antes de começar:

- Cada cor de lã representará a intensidade do relacionamento. Por exemplo, vermelho para relacionamentos fortes, lilás para um relacionamento fraco e azul para um relacionamento que não é nem forte nem fraco. Numa folha de *flip chart*, escreva em tinta vermelha a palavra "forte", em lilás a palavra "fraco" e em azul a palavra "moderado". Pendure num lugar onde todos possam ver.

- No *flip chart*, escreva uma lista dos papéis usando os rótulos (vítima, ofensor etc.) e espaço para colocar o nome.

- Disponha a sala de tal forma que haja espaço para as pessoas circularem e conversarem. Deve haver também um espaço onde possam se sentar em círculo.

- Dê a cada participante um crachá, uma caneta e um feixe de lã. Estes podem ficar sobre a cadeira de cada participante antes do início da atividade.

Descrição:

1. Explique aos participantes que eles agora integram uma comunidade na qual aconteceu um crime (ou crimes) e que eles assumirão os papéis de várias pessoas dessa comunidade. Apresente a lista de papéis no *flip chart*.
2. Distribua as descrições individuais dos papéis. Você pode distribuir fazendo com que cada participante pegue uma folha a esmo ou entregando em ordem a começar pela primeira folha.

EXERCÍCIOS DE GRUPO ADICIONAIS

Dê aos participantes alguns minutos para que leiam seu papel e escolham um nome para si, escrevendo-o no crachá (o nome não pode tomar todo o espaço, pois os participantes escreverão outras coisas nele).

3. Leia cada um dos papéis que constam da lista e os participantes devem levantar a mão indicando que receberam esse papel, e dar o nome escolhido. Assim todos vão conhecendo quem é quem na comunidade.

4. Leia a manchete sobre o crime. Peça que cada um levante a mão toda vez que seu personagem for mencionado na notícia, para que o grupo os reconheça. Essa é uma outra maneira de os participantes se familiarizarem com os papéis.

5. Peça aos participantes para pensarem (a partir da perspectiva de seu personagem) sobre as seguintes questões, escrevendo uma resposta breve no crachá:
   a. Descreva em uma palavra o que você sente sobre o acontecido na comunidade.
   b. Qual valor lhe é mais caro no tocante à justiça?

6. Usando o processo circular (veja p. 301-303 para maiores detalhes) convide os participantes a se apresentarem, bem como sua perspectiva e sentimentos sobre o que aconteceu, explicando qual o valor mais importante para eles. Depois de uma rodada completa, abra para que as pessoas possam fazer comentários ou perguntas umas às outras. Esta discussão aberta não deve durar mais que 5 ou 10 minutos. Se o tempo for curto, não é preciso fazer esta discussão aberta.

7. Passe as instruções abaixo para a atividade que se seguirá, que consiste na mistura e troca de fios de lã.
   a. Esclareça o significado dos fios de lã e suas respectivas cores usando a legenda que está exposta na sala. Peça aos participantes que estabeleçam, para si mesmos, o que significa "forte", "fraco" e "moderado". Mais tarde eles discutirão suas definições individuais com o grupo.

b. Explique aos participantes que eles irão conversar entre si (do ponto de vista do personagem) para trocar fios de lã com base no que sentem a respeito do relacionamento. Ao trocar os fios, cada pessoa dirá ao outro por que está dando esse fio em particular. Por exemplo, o líder religioso poderá dar ao ofensor um fio lilás/fraco porque está decepcionado com o ofensor. O ofensor talvez dê ao líder um fio vermelho/forte porque sempre gostou do modo como o líder o cumprimentava na rua. Note que ao trocar fios, os personagens não precisam concordar sobre a força do relacionamento. Como se vê no exemplo acima, as pessoas podem trocar fios de cores diferentes.

c. Os participantes devem ter um feixe de fios recebidos e um feixe de fios a serem dados em separado. Por exemplo, podem colocar os recebidos no bolso ou no ombro, e os fios a serem distribuídos na mão.

d. Eles terão cerca de 8 a 10 minutos para interagir. Depois disso, todos se reunirão para discutir o que foi aprendido.

8. Os participantes se encontram e interagem trocando fios. Marque o tempo.

9. Depois de 8 ou 10 minutos, peça aos participantes que voltem aos seus lugares e observem os fios que receberam. Facilite uma ampla discussão de grupo sobre a experiência de troca de fios. Lembre-se de perguntar especialmente sobre as experiências da vítima e do ofensor nesse caso. Podem ser perguntas simples:

a. Como você definiu relacionamentos fortes, fracos e moderados?

b. Quais foram suas reações aos fios recebidos e às pessoas que os entregaram a você?

c. Que interações e fios o surpreenderam?

10. Depois de algumas discussões, convide os participantes a se sentarem em círculo para continuarem a examinar os relacionamentos comunitários no contexto da justiça restaurativa. Como facilitador, fique no círculo como os outros participantes e tenha em mãos a bola de lã mesclada.

11. Agora dê aos participantes as instruções para a próxima fase:
    a. Os participantes irão refletir sobre o que ouviram durante as interações e a discussão que se seguiu, tendo em mente três questões:
        i. Como se sente agora, depois da interação e conversa?
        ii. Que valor você considera importante para esta comunidade?
        iii. Quem é a pessoa mais importante para você no círculo, no sentido de trabalhar o crime e os relacionamentos comunitários?
    b. Os participantes então darão suas respostas, um por um. Ao fazê-lo, jogarão a bola de lã para a pessoa que consideram mais importante. Antes de jogar a bola, cada pessoa segurará um pedaço da lã, ficando ligado à bola. A próxima pessoa a segurar a bola dará suas respostas e, por sua vez, segurará um pedaço da lã antes de jogar a bola para outra pessoa. Por exemplo, "A" responde às três questões e identifica "B" como a pessoa mais importante. "A" joga a bola de lã para "B", mas segura um pedaço da lã de modo a ficar ligado à bola. "B" responde às perguntas e, segurando o seu pedaço da lã, joga a bola para "C", que repete o processo, e assim por diante, até que todos tenham respondido às três perguntas e estejam segurando uma parte do fio.
    c. A bola de lã pode ser jogada para a mesma pessoa várias vezes. Por exemplo, a pessoa "F" joga a bola para "A", que já respondeu. A pessoa "A" não responde novamente, mas segura uma parte do fio e joga a bola para "G", pois "G" ainda não falou. Tudo bem se uma ou mais pessoas ficar com vários fios chegando e partindo de sua mão.
    d. A última pessoa a falar joga a bola para o facilitador, segurando o seu pedaço, para ficar ligado à bola.

12. Depois de dar as instruções, comece jogando a bola para um dos participantes, segurando o seu pedaço do fio. Como facilitador, instrua se necessário e observe enquanto a bola vai indo de um participante para o outro. Ao partilhar a bola de lã, emerge uma teia que liga todos os participantes entre si.

13. Peça à última pessoa a falar para jogar a bola de volta para você, o facilitador. Corte a lã de modo a separar a bola da teia, e fique com a ponta da lã que o liga a essa teia.

14. Inicie uma discussão pedindo aos participantes que reflitam sobre suas reações à teia que os liga. Os participantes poderão ficar na dúvida entre falar assumindo seu personagem ou como si mesmos – não há problema. Lembre-se de perguntar àqueles que estão segurando muitos fios (e, portanto, são importantes para muitos) como se sentem nesse papel de destaque. Pode ser relevante observar que:

    a. Os relacionamentos nos ligam uns aos outros, sejam eles fracos, fortes ou moderados, como mostram as cores mescladas da lã.

    b. Cada fio mostra a complexidade dos relacionamentos, como se vê da mistura das cores da lã.

    c. Cada fio representa diferentes necessidades que temos nos distintos relacionamentos.

15. Depois das primeiras reações, peça aos participantes que pensem na seguinte questão: O que ocorre com essa teia quando acontece um crime?

16. É provável que os participantes comecem a sugerir que a teia se rompe. Quando se inicia a discussão, deixe a sua ponta do fio com a pessoa a seu lado e, como facilitador, entre no centro da teia passando por baixo. A cada comentário, rompa um fio (ou corte com tesoura), assim separando uma pessoa da outra. Deixe as pontas dos fios caírem no chão. Continue o processo de cortar a cada comentário, até que um quarto, ou um terço da teia tenha sido rompida. Peça detalhes específicos diante de comentários gerais ou vagos e assegure-se de que vítimas e ofensores se manifestem.

17. Agora mude o rumo da discussão pedindo às pessoas que considerem as abordagens típicas do judiciário e como elas afetam a teia.

18. É provável que os participantes comecem a dizer que o judiciário costuma danificar ainda mais a teia. Portanto, continue a cortar os fios de lã. Peça explicações específicas se as respostas forem vagas ou gerais. Assegure-se de que vítimas e ofensores se manifestem. Continue o processo de cortar até que metade ou três quartos da teia estejam rompidos.

19. Novamente, mude o foco da discussão perguntando: Se quiséssemos fazer justiça de modo a reconstruir a teia, ao invés de destruí-la, como faríamos isso?

20. Os participantes provavelmente começarão a sugerir ideias como restituição, diálogo, apoio, educação, emprego e assim por diante. A cada ideia restaurativa, pegue duas pontas de lã e amarre-as com um nó. Continue amarrando as pontas soltas a cada comentário. Peça detalhes se as respostas forem vagas ou gerais. Assegure-se de que vítimas e ofensores se manifestem. Prossiga até que todos os fios tenham sido reconectados, embora através de nós bem visíveis.

21. Saia do centro da teia e peça aos participantes para refletirem sobre a teia recém-reconstruída. Envolva-se com os comentários dos participantes e faça um sumário do exercício a fim de marcar os seguintes pontos:

    a. O crime rompe a teia de relacionamentos.

    b. As experiências no âmbito do sistema judiciário dominante muitas vezes rompem as teias de relacionamento.

    c. O propósito da justiça restaurativa é reconstruir a teia.

    d. Os nós da teia reconstruída representam as necessidades dos indivíduos, que são atendidas através do processo de justiça restaurativa.

22. A atividade pode terminar com esta discussão final, ou os participantes poderão retornar aos seus lugares e continuar a discussão sobre a justiça restaurativa de modo mais concreto, não metafórico.

Desenhando/diagramando os Valores da Justiça Restaurativa

Barb Toews

Objetivos:

- Explorar o sentido dos valores da justiça restaurativa.
- Examinar as tensões entre os valores da justiça restaurativa.
- Explorar o modo como valores em tensão mútua podem coexistir, e até complementar um ao outro.
- Explorar como interesses conflitantes podem se coadunar.
- Explorar visualmente o relacionamento entre valores.

Número de participantes: 6 a 24

Materiais:

- Papel de *flip chart* (uma folha para cada grupo; veja passo 1 abaixo).
- Canetas grossas (uma para cada grupo)

Tempo: 90 minutos

Introdução: Esta atividade se baseia num exercício criado por John Paul Lederach (veja *Reconcile: Conflict Transformation for Ordinary Christians*, Herald Press, 2014). Pode-se complementar esta atividade com leituras adicionais ou vídeos relacionados às comissões da verdade e reconciliação, como *No Future without Forgiveness*, por Desmond Tutu ou *Greensboro Truth and Reconciliation Commission Report: Executive Summary*. Antes da atividade, escolha que valores você deseja que os participantes explorem e compreendam com este exercício.

Descrição:

1. Divida os participantes em pequenos grupos de aproximadamente 3 a 5 pessoas.
2. Dê a cada grupo um valor relacionado à justiça restaurativa: verdade, justiça, paz, misericórdia.
3. Dê aos grupos as instruções para a Parte A. "Imagine que o seu conceito é uma pessoa.
   a. O que é mais importante para o seu conceito/pessoa?
   b. Qual o seu relacionamento com os outros conceitos/pessoas? (por exemplo, um precisa existir para que o outro aconteça?)
   c. Qual dos outros conceitos/pessoas você teme e por quê?
   d. Qual dos outros conceitos/pessoas você considera um aliado e por quê?
   e. Que comentários ou perguntas você teria para os outros conceitos/pessoas?"

   Deixe que discutam essas questões por cerca de 20 minutos.

4. Agora passe aos grupos as instruções para a Parte B: "Desenhe uma figura/diagrama/mapa que ilustre como você vê a relação entre os conceitos". Dê aos grupos aproximadamente 20 a 30 minutos para criar esse diagrama.
5. Dê aos participantes as instruções para a Parte C. Cada grupo deve escolher um indivíduo que representará seu conceito/diagrama junto aos outros conceitos. Esse indivíduo apresentará seu conceito segundo as perguntas acima, questionará os outros e responderá ao que os outros lhe perguntarem ou comentarem.
6. Peça ao representante de cada grupo/conceito que faça uma apresentação de cinco minutos sobre seu conceito e diagrama. Depois das apresentações de todos, peça aos representantes que façam perguntas entre si e respondam. Outros membros dos grupos também podem participar da conversa.

7. Encerre a atividade fazendo a passagem da conversa para aquilo que foi aprendido com o exercício. Para discutir o aprendizado conceitual/filosófico você poderá perguntar:

   a. Em que você concorda/discorda do que os outros grupos apresentaram?

   b. O que é necessário para que todos os valores cooperem entre si?

   c. Do que chamaríamos o espaço em que os quatro conceitos funcionam conjuntamente? (Obs.: John Paul Lederach propõe que a reconciliação emerge do espaço onde verdade, misericórdia, justiça e paz cooperam entre si)

Para discutir o que se aprendeu na prática você poderá perguntar:

   a. Qual desses conceitos seria mais importante para a vítima? E para o ofensor? E para a comunidade?

   b. Você acredita que é realista e possível atender as necessidades da vítima, do ofensor e da comunidade?

   c. Com esta atividade, o que você aprendeu sobre construir comunidades fortes e saudáveis?

   d. Como poderão usar os modelos que criaram para trabalhar as situações de violência ou conflito na comunidade que encontramos todos os dias?

Processo Circular

Jef From

Objetivos:

- Oferecer uma ferramenta para praticar habilidades de escuta.[5]
- Oferecer aos participantes a oportunidade de partilhar suas vivências e impressões num espaço seguro e igualitário.

Número de participantes: 2 a 25

Tempo: No mínimo 15 minutos, podendo prosseguir enquanto houver tempo disponível.

Materiais:

- Cadeiras para todos os participantes.
- Um bastão de fala: Um objeto pequeno, que se possa segurar na mão e passar facilmente de uma pessoa para a próxima no círculo. O ideal é que esse objeto simbolize algo importante para o grupo, a atividade, ou o tópico a ser discutido. Se não houver nada simbólico disponível, qualquer objeto fácil de manipular servirá.
- Arranjo central opcional: Um símbolo visual relacionado com o tópico a ser discutido (uma figura, um objeto) que pode ser colocado no centro do círculo para ser o foco da atenção.

Introdução: Algumas vezes faz-se um círculo como método para reagir restaurativamente a um dano, um mal cometido ou um crime (veja o capítulo 9 para uma discussão sobre os círculos de sentenciamento). A estrutura dos círculos permite que os participantes pratiquem a

---

5. Adaptado a partir de "Circle and Circle Process", *Training Activities Used in Defense Initiated Victim Outreach Training* (Council for Restorative Justice, 2009), 9-10. Esta explicação do processo circular se baseia no trabalho de Kay Pranis.

escuta profunda, expressem de modo autêntico seus sentimentos e mostrem respeito por todas as perspectivas apresentadas ali. Nos casos de dano ou crime, a preparação para facilitar ou participar de um círculo pode ser bastante extensa, e recomendamos fortemente fazer uma formação para ser facilitador de círculos. No entanto, no contexto da sala de aula, os círculos podem ser usados para fechar atividades de modo respeitoso, igualitário, sem grande preparação por parte do facilitador ou participantes. Familiarize-se com os fundamentos dos processos circulares, como descritos abaixo, antes de realizar o próximo exercício, que simula um círculo de sentenciamento (Veja "Círculos para tratar de crimes envolvendo drogas", p. 304-308). Para explorar mais profundamente os processos circulares, veja Kay Pranis, *Processos Circulares de construção de paz* (Palas Athena Editora, 2017).

Descrição:

Preparação para o círculo:

1. Disponha as cadeiras em círculo, sem mesas. É importante que haja exatamente o mesmo número de cadeiras e pessoas no círculo, nem mais, nem menos. Conforme mudar o número de participantes, esteja preparado para adicionar ou remover cadeiras do círculo.
2. Prepare uma pergunta reflexiva relevante à atividade ou tópico de aula, e prepare-se para dar um tom pacífico e aberto ao círculo.

Implementando o círculo:

1. Convide os participantes a integrarem o círculo.
2. Se houver um arranjo central, comece descrevendo seu significado.
3. Explique a importância e significado do bastão de fala, se for o caso.
4. Explique as diretrizes do círculo. Quando se trata de um crime,

EXERCÍCIOS DE GRUPO ADICIONAIS

essas diretrizes são muito importantes; num ambiente acadêmico, onde os fatores em jogo são menos dramáticos, isso pode ser menos necessário. Contudo, ao respeitá-las cria-se um espaço para que todos os participantes falem e recebam a atenção e o respeito dos outros). As diretrizes mais comuns são:

   a. A pessoa que segura o bastão de fala é a única que pode falar. Se alguém quiser comentar o que o outro disse, deve aguardar a sua vez. Não deve haver conversas paralelas ou comentários.

   b. Peça que ninguém saia do círculo depois que ele começar. É bom estabelecer horários de pausa se houver outras atividades de classe no mesmo espaço a fim de evitar interrupções.

   c. Peça aos participantes que silenciem seus aparelhos eletrônicos.

   d. Explique que se alguém não se sente preparado para falar, pode "passar" a vez quando o bastão de fala chegar na sua mão.

   e. Se houver tempo para fazer uma partilha aberta no final, o bastão de fala pode ficar no chão, no meio do círculo, tendo em mente que enquanto uma pessoa fala não deve haver conversas paralelas ou comentários.

5. Como facilitador, abra o círculo pegando o bastão de fala e colocando a pergunta reflexiva preparada anteriormente. Então passe o bastão para a pessoa ao seu lado.

6. O bastão pode passar quantas vezes for necessário por todo o círculo. Se os participantes "passarem" na primeira rodada, certifique-se de que o bastão passe novamente para que aqueles que não se manifestaram tenham a oportunidade de fazê-lo.

7. Feche o círculo fazendo um resumo do que foi dito, tendo o cuidado de não interpretar erroneamente o que os outros falaram e/ou termine com um agradecimento aos participantes.

Círculos para tratar de crimes envolvendo drogas: injustiça social, econômica e racial

Barb Toews

Objetivos:

- Explorar o impacto do crime sobre ofensores, vítimas e suas comunidades de cuidado, bem como a comunidade em geral.
- Vivenciar um círculo de justiça restaurativa.
- Considerar o uso dos círculos para criar sentenças.
- Vivenciar e considerar as tensões presentes no tratamento restaurativo de crimes influenciados pela injustiça social e que envolvem a comunidade em geral.

Número de participantes: 12 a 20

Duração: 2 a 3 horas

Materiais:

- *Flip chart* e canetas hidrocor grossas
- Crachás e canetas hidrocor finas
- Descrição do processo
- Bastão de fala (veja p. 301 para uma descrição detalhada do bastão de fala).
- Um caso de crime que envolva a intersecção de questões raciais, econômicas e políticas (por exemplo, aqueles envolvendo o tráfico de drogas), com papéis para todos os participantes desempenharem.
- Roteiro para os "observadores" (veja no final do tópico "Introdução").

EXERCÍCIOS DE GRUPO ADICIONAIS

Introdução: Esta simulação de círculo serve para explorar a complexidade de implementar a justiça restaurativa nos casos em que o crime individual está ligado a injustiça sociais, econômicas e raciais, bem como nos crimes "sem vítima". Ao mesmo tempo, permite que os participantes explorem essa complexidade interpretando papéis de personagens do crime e do processo judicial a fim de vivenciar o processo.

Encenação:
Escolha um crime que tenha acontecido na comunidade e que represente uma situação na qual as questões políticas, econômicas e raciais se reúnem no contexto do crime. O caso também deve ter um impacto na comunidade. Os crimes relacionados ao tráfico de drogas são apenas um exemplo desse tipo de crime. Escreva um histórico de um ou dois parágrafos sobre o crime que apresente:

a. O crime e a comunidade na qual ocorreu, incluindo as realidades política, econômica e racial do contexto.

b. Explicação de por que e como o crime chegou a ser encaminhado para um círculo restaurativo para que um maior número de pessoas se envolva na criação de uma sentença ou outras medidas judiciais.

Em seguida, crie aproximadamente 12 a 15 papéis baseados nesse caso. A descrição dos personagens pode ser breve – apenas um ou dois parágrafos – o suficiente para dar aos participantes uma ideia de qual será seu papel e visão do caso. Possíveis personagens são: ofensor, avó do ofensor; vizinho do ofensor, policial do flagrante, esposa/esposo ou companheira/companheiro do ofensor, morador da comunidade, procurador de justiça, advogado de defesa, ativista comunitário, dono de loja da comunidade, líder religioso da comunidade, vários membros da vizinhança.

Cada personagem deve ter: uma descrição da pessoa, seu relacionamento com o crime e outras pessoas impactadas (se relevante), sua reação ao crime, sua reação quando no círculo, suas noções de

305

como fazer justiça. Esses personagens devem ter posições e reações variadas, como acontece na vida real. Cada personagem deve ter um crachá identificando quem é a pessoa (vítima, ofensor etc.). Cada personagem pode escolher seu nome. No topo de cada folha com a descrição do personagem, inclua um ou dois parágrafos descrevendo o histórico do crime. Faça duas listas de personagens. Uma para o facilitador e outra que será cortada em tiras, uma tira para cada personagem, para que os participantes possam escolher seus papéis.

Observadores:

Os participantes sem personagem específico na encenação servirão como observadores do processo e facilitarão uma discussão depois de terminada a simulação. Eles devem observar:

a. Como os participantes estão reagindo uns aos outros e qual será a causa dessa reação.
b. As palavras que as pessoas estão usando e seu objetivo ao empregá-las.
c. A comunicação não verbal e seu impacto.
d. Momentos transformadores no processo e seu impacto.
e. Coisas que o facilitador faz e coisas que ele não faz.
f. Como estão sendo aplicados os conceitos da justiça restaurativa.

É recomendável dar aos observadores também algumas perguntas mais específicas para que eles possam focalizar algumas questões pontuais depois da simulação do círculo. Por exemplo:

a. O que significa justiça restaurativa quando há somente o ofensor e nenhuma vítima direta identificável?
b. Quem participa do processo de atentar às necessidades e obrigações do ofensor?
c. Qual o papel da justiça restaurativa na mudança das políticas criminais e judiciais e das iniquidades estruturais?
d. Qual o papel e o impacto do julgamento do ofensor pela comunidade?

e. Em que medida a justiça restaurativa reúne objetivos e práticas de punição e tratamento?
f. O que significa redenção e reintegração do ofensor, e como é vivenciada?
g. A justiça restaurativa é uma alternativa à punição, ou uma forma alternativa de punição?
h. O que vem em primeiro lugar: atendimento às necessidades/obrigações/do ofensor ou necessidades/obrigações da comunidade?

Descrição

Antes de começar:

- O facilitador da atividade atuará como guardião do círculo. Antes do início da sessão, escreva uma descrição do processo que usará para que o círculo aconteça e decida qual será o bastão de fala. É recomendável que você planeje os passos do começo ao fim do círculo, quando o acordo é selado. Dependendo do tempo disponível, talvez seja necessário compactar um pouco a parte intermediária do processo.

- No *flip chart*, escreva uma lista dos personagens (por exemplo: ofensor, vizinho etc.). Quando cada participante escolher seu nome, acrescente à lista. Disponha em local onde todos podem ver.

- Arrume a sala com uma roda de cadeiras, uma para cada personagem e uma para o guardião do círculo/facilitador. Arrume um segundo círculo de cadeiras em volta do primeiro. Estas serão para os observadores.

- Dê a cada participante do círculo um crachá e uma caneta fina.

Implementação do processo circular:

1. Apresente aos participantes a ideia de que eles agora são parte de uma comunidade onde ocorreu um crime ou crimes, e que assumirão o papel de várias pessoas da comunidade. Eles partici-

parão de um processo circular para determinar como responder ao crime. Apresente os personagens lendo a lista do *flip chart*.

2. Distribua os papéis deixando que cada um retire uma das tiras a esmo ou vá pegando a tira que está por cima. Dê aos participantes alguns minutos para ler a descrição do seu papel e escolher um nome. Dessa forma, todos vão aprendendo quem é quem.

3. Leia a lista dos papéis e peça aos participantes que levantem a mão quando seu personagem for mencionado, dizendo seu nome, que será anotado no *flip chart* e no crachá. Este é outro momento para que todos se inteirem de quem é quem.

4. Peça a todos os observadores que levantem a mão. Repasse suas instruções e tire suas dúvidas.

5. Leia o histórico do caso para que todos estejam cientes. Lembre àqueles que desempenharão papéis na simulação para presumirem que já foram instruídos sobre como agir no círculo e que vieram voluntariamente.

6. Assuma o papel do guardião do círculo e facilite o processo da forma como planejou.

7. Ao alcançar um acordo (ou se for necessário terminar por falta de tempo), encerre o círculo. Para fazer a transição entre a encenação e a fase seguinte, facilite outra rodada em que os participantes tiram seus crachás e dizem uma característica sua que os diferencia de seu personagem.

8. Facilite mais uma rodada na qual cada participante diz uma coisa que o surpreendeu sobre a participação no círculo.

9. Inclua os observadores pedindo que relatem suas impressões, façam perguntas aos participantes do círculo e iniciem um diálogo geral sobre o processo circular, valendo-se das questões descritas acima.

Dando um rosto às vítimas (e/ou aos ofensores)

Barb Toews

Objetivos:

- Dar um rosto às vítimas/ofensores.
- Aprender sobre as experiências e necessidades de justiça por parte de vítimas/ofensores a partir de casos da vida real.
- Desafiar as pessoas a encararem estereótipos que tenham a respeito de vítimas e ofensores.

Número de participantes: até 24

Materiais:

- Citações de homens e mulheres que aparecem nos livros de Howard Zehr *Doing Life: Reflections of Men and Women Serving Life Sentences* e/ou *Reflections of Crime Victims*. Essas citações devem refletir temas que você deseja que os participantes considerem e discutam; por exemplo, responsabilidade, reintegração, comunidade e perdão. As citações de interesse podem ser digitadas e impressas em uma folha à parte.
- As fotos dos homens e mulheres citados. O ideal seria recortar as fotos que aparecem no livro e mandar plastificá-las para serem manipuladas à vontade. Uma alternativa é tirar uma cópia reprográfica, cuja única desvantagem é a menor qualidade da imagem.
- Fita adesiva.

Tempo: 45 minutos

Introdução: Usar o texto narrativo e os retratos que constam nesses dois livros são uma forma de trazer a voz e a presença de vítima e ofensor, ainda que simbolicamente, ao contexto educativo ao ensinar justiça restaurativa.

Descrição:

1. Antes da aula, cole a citação, com fita adesiva, ao verso do retrato da pessoa correspondente.
2. Durante a aula, espalhe as fotos sobre a mesa, rosto para cima. Se estiver usando fotos de vítimas e ofensores, misture-as bem para que vítimas e ofensores estejam juntos.
3. Apresente a atividade aos participantes (com base nas etapas descritas a seguir).
4. Chame a atenção dos participantes para as fotos e convide-os a aproximarem-se da mesa, olharem as fotos, e escolherem alguma que lhes chamou atenção. Não diga a eles quais são vítimas e quais ofensores.
5. Convide cada pessoa a selecionar uma foto e formar par com outro participante. Peça que digam ao parceiro por que escolheram aquela foto. Então, peça que leiam um para o outro a citação que está no verso.
6. Convide-os a discutirem questões como:

    a. O que essa pessoa acha importante para que haja justiça?

    b. O que é desafiador ou surpreendente sobre o que essa pessoa diz?

    c. Como você reagiu ao que essa pessoa disse?

    d. Que pergunta gostaria de fazer a essa pessoa?

    e. Vocês têm perspectivas semelhantes ou divergentes?

    f. O que se pode aprender sobre a justiça com essa pessoa?

    g. Na fala dessa pessoa, o que poderá movê-la em direção a considerar uma resposta de justiça restaurativa ou, ao contrário, afastá-la dessa resposta restaurativa ao crime que vivenciaram (ou cometeram).

    h. O que se pode aprender sobre a prática da abordagem restaurativa a partir daquilo que essa pessoa disse?

7. Peça aos participantes que retornem ao círculo grande, sentando-se próximo ao seu par. Faça uma rodada pedindo às duplas que:

EXERCÍCIOS DE GRUPO ADICIONAIS

a. Apresentem as pessoas na foto pelo nome.

b. Digam se a pessoa da foto é uma vítima ou ofensor.

c. Digam por que escolheram essa foto.

d. Discutam brevemente o que aprenderam com aquela pessoa e a citação.

8. Como facilitador, conduza uma discussão grupal, revisitando certos temas, questões, e aprendizados que emergiram da partilha dos participantes.

Variações:

1. Coloque uma etiqueta no verso de cada foto identificando cada pessoa como vítima ou ofensor. Por exemplo, uma etiqueta vermelha para as vítimas e uma azul para os ofensores. Convide os participantes a selecionar uma foto e se sentarem no círculo grande. Faça uma rodada convidando cada participante a apresentar a pessoa da foto pelo nome e dizer por que escolheu aquela pessoa. Depois que todos partilharem, peça que virem a foto explicando o que a cor da etiqueta significa. Estimule os participantes a responderem perguntas como:

   a. Qual foi sua reação ao saber sobre as experiências dessa pessoa?

   b. O que contribuiu para essa reação?

   c. O que é surpreendente ou desafiador em saber sobre a experiência dessa pessoa?

   A seguir os participantes podem formar duplas para ler e discutir a citação.

2. Dê aos participantes uma cópia da entrevista completa (uma que seja curta) e o retrato correspondente. Em pares ou trios, peça que leiam a entrevista e reflitam sobre o retrato. Juntos, podem discutir perguntas semelhantes às apresentadas acima. Em seguida, podem voltar ao círculo grande e prosseguir como acima.

311

Projetando um Espaço de Justiça Restaurativa

Barb Toews e Deanna Van Buren

Objetivos:

- Explorar as características dos espaços que facilitam os valores e resultados da justiça restaurativa.
- Refletir sobre o relacionamento entre a teoria da justiça restaurativa e a arquitetura e design dos espaços nos quais a justiça restaurativa é implementada.
- Visualizar conceitos, ideias ou experiências pessoais

Número de participantes: 1 a 24

Materiais:

- Revistas (para recortar) e/ou figuras já cortadas ou fotos (impressas em papel comum). As revistas devem versar sobre arquitetura, arte e fotografia, estilo de vida, viagens, cultura e natureza. Providencie para que as revistas e imagens representem diferentes grupos populacionais em termos socioeconômicos, de gênero, raciais e culturais, especialmente aquele ao qual pertencem as pessoas com quem você estará trabalhando.
- Papéis (craft, coloridos, estampados, e papel-toalha) e objetos (como folhas, o papel alumínio das embalagens de cigarro, pequenas embalagens coloridas etc.).
- Canetas hidrocor, lápis, bastão de cera ou tinta.
- Bastões de cola
- Tesouras
- Folhas de papel de *flip chart* ou quadros de cortiça de tamanho semelhante, ou cartolina, que servirão de base para que os participantes criem colagens. Deve haver uma base (cerca de 35 cm x

43 cm até 46 cm x 60 cm) para cada participante. Esse tamanho de base permite organizar imagens grandes tiradas de uma revista de tamanho padrão. Se optar por um tamanho menor, será necessário limitar o tamanho das imagens disponíveis.

Tempo: 1 – 1½ hora

Introdução: A colagem – reunir imagens e organizá-las a fim de formar uma composição única – é um modo simples de explorar ideias concretas para organizar um espaço ou para explorar sentimentos como amor e perdão e como se relacionam com o design de espaços de justiça. Quando as imagens são vistas juntas evidencia-se o relacionamento entre elas e é possível descobrir novas associações e significados mais complexos do que quando são vistas isoladamente. A colagem é útil quando os participantes não se sentem à vontade para desenhar ou projetar, e o uso de fotografias pode ajudar a transmitir emoções mais complexas, intenções, sistemas e ideias. No caso da justiça restaurativa, a colagem é também uma ferramenta útil para representar espaços que podem remontar a experiências passadas e visões de espaços novos.

Mais informações sobre o relacionamento entre a justiça restaurativa e o design, bem como as ferramentas para facilitar diálogos sobre esse relacionamento podem ser encontradas em *Designing Justice+designing spaces toolkit*, disponível em http://www.designingjustice.org.

Descrição:

1. Antes do início da atividade, disponha todos os materiais sobre as mesas.
2. Explique a atividade aos participantes, descrevendo o método da colagem e mostrando quais são os materiais. Dê a cada participante uma base sobre a qual fazer a colagem.

3. Ofereça aos participantes o seguinte estímulo:
   "Imaginem que precisam fazer uma destas coisas:
   a. Encarar alguém com quem tiveram um grande conflito
   b. Lidar com a pior coisa que já fez na vida
   c. Lidar com a pior coisa que já vivenciou na vida.
   Em que tipo de espaço gostariam de estar para fazê-las?".

4. Dê aos participantes cerca de 30 a 45 minutos para criarem sua colagem.

5. Quando todos terminarem, peça a eles que se reúnam em círculo para apresentarem as colagens, salientando o significado das imagens que escolheram.

6. Depois que todos partilharam, facilite uma discussão com o grupo todo sobre as conclusões que podem ser tiradas dessas colagens. Sugerimos algumas perguntas:
   a. De que modo sua colagem representa os valores da justiça restaurativa? Que valores?
   b. Que semelhança têm entre si as colagens feitas pela turma?
   c. Quais as diferenças mais óbvias?
   d. Quais as diferenças entre culturas? Gêneros? Idade?
   e. O que você aprendeu sobre justiça restaurativa ao longo desse processo?
   f. O que você aprendeu sobre o design dos espaços em que a justiça acontece?
   g. Qual seria o aspecto dessas colagens se você tivesse selecionado imagens que representam o atual sistema judiciário?

Ensaio bibliográfico

Howard Zehr e Gerry Johnstone

Vinte e cinco anos depois de lançada a primeira edição de *Trocando as lentes* em inglês, a literatura sobre justiça restaurativa e assuntos correlatos cresceu exponencialmente.[1] Essa bibliografia não pretende ser completa. Ao contrário, é uma seleção de livros que podem ser interessantes para leitores relativamente novos no campo da justiça restaurativa ou aqueles que desejam explorar aspectos específicos em maior profundidade. Embora contenha algumas obras bastante acadêmicas, o objetivo é sugerir também as obras acessíveis aos leitores em geral, além de acadêmicos e pesquisadores. As fontes específicas que foram especialmente úteis no desenvolvimento do conceito exposto em *Trocando as lentes* estão elencadas nas notas de rodapé do texto.

Acadêmicos e pesquisadores devem notar que este ensaio bibliográfico não inclui artigos científicos. Para leitores que desejam se manter atualizados no tocante às pesquisas e trabalhos sobre justiça restaurativa, há hoje uma publicação revisada por seus pares lançada em 2013 que apresenta a produção acadêmica e resultado de pesquisas sobre práticas, políticas e informações correlatas sobre a justiça restaurativa no mundo todo. Os títulos dos artigos dessa publicação estão relacionados em https://www.iirp.edu/news/2320--restorative-justice-an-international-journal-publishes-issue-two.

....
1. Este ensaio bibliográfico foi preparado por Gerry Johnstone com base naquele que escrevi para a terceira edição. Não tem a pretensão de ser completo. Sugere alguns dos livros que Gerry e eu consideramos úteis e que talvez o leitor também ache. Gerry Johnstone é professor de Direito na University of Hull no Reino Unido.

Para obter mais referências sugiro o excelente *site* da Prison Fellowship International, www.restorativejustice.org, que tem a maior bibliografia comentada sobre justiça restaurativa da internet e oferece *links* úteis para outros *sites*.

Capítulo 2 – A vítima

O livro pioneiro de Judith Lewis Herman, *Trauma and Recovery* (New York: BasicBooks, 1997) é leitura essencial nas áreas de vitimização e trauma. O livro de Sandra Bloom, *Creating Sanctuary: Toward the Evolution of Sane Societies* (New York: Routledge, 1997), fornece importantes insights com sua compreensão do trauma e dos relacionamentos entre trauma e estrutura social.

A sinopse de Howard Zehr sobre a experiência da vítima, combinada com as vozes das vítimas, está em *Transcending: Reflections of Crime Victims* (Intercourse, PA: Good Books, 2001).

Embora publicado há mais de uma década, o livro *Understanding Victims and Restorative Justice* de James Dignan (New York: Open University Press, 2005) continua sendo uma das melhores introduções àquilo que a justiça restaurativa pode significar para vítimas de crime. Escrito com grande clareza, o livro de Dignan é uma introdução bastante acessível à literatura sobre a vitimização e seus efeitos, que explica como as políticas para vítimas de crime surgiram e evoluíram, em seguida examinando de perto as abordagens restaurativas para atender às necessidades das vítimas. Há um ótimo capítulo sobre a avaliação da justiça restaurativa na perspectiva das vítimas. O livro de Heather Strang, *Repair or Revenge: Victims and Restorative Justice* (Oxford: Oxford University Press, 2002) continua sendo uma das obras de ponta sobre esse assunto. Baseada em pesquisa empírica detalhada, Strang oferece um relato em profundidade das necessidades das vítimas e de como elas podem ser atendidas pela justiça restaurativa, incluindo um ótimo relato sobre "restauração emocional". Para uma introdução mais breve, o capítulo 4 do livro

Restorative Justice: Ideas, Values, Debates, 2ª ed. (London: Routledge, 2011), de Gerry Johnstone examina a abordagem restaurativa de levar justiça e cura às vítimas, no contexto de mudanças mais amplas nas políticas e atitudes sociais, em relação às vítimas de crime. Um importante livro sobre essa questão que de alguma forma complementa a análise apresentada em *Trocando as lentes* é o livro de Susan Herman, *Parallel Justice for Victims of Crime* (Washington, DC: National Center for Victims of Crime, 2010).

Para leitores interessados no que a justiça restaurativa pode oferecer a vítimas de determinados tipos de ofensa, e para tipos específicos de vítimas, há vários trabalhos especializados das possíveis abordagens. (Mais aparecerão no futuro, já que esta é uma área de interesse crescente.) Textos já existentes incluem: *Restorative Justice for Domestic Violence Victims,* de Marilyn Fernandez (Lanham, MD: Lexington Books, 2010); *Child Victims and Restorative Justice,* de Tali Gal (New York: Oxford University Press, 2011); e *Victims of Violence and Restorative Practices,* de Tinneke van Camp (London: Routledge, 2014).

Capítulo 3 – O ofensor

Muitas obras escritas por ou sobre prisioneiros continuam a ser lançadas. Dentre essas coletâneas estão: Bell Gale Chevigny (ed.), *Doing Time: 25 Years of Prison Writing* (New York: Arcade Publishing, 2011); Robert Johnson e Hans Toch (eds.), *Crime and Punishment: Inside Views* (Los Angeles: Roxbury Publishing Co., 1999); e Lori B. Girshick, *No Safe Haven: Stories of Women in Prison* (Boston: Northeastern University Press, 2000) e Judith Scheffler, ed. *Wall Tappings: An International Anthology of Women's Prison Writings 200 to the Present* (New York: Feminist Press CUNY, 2003). O livro *Too Much Time* (London: Phaidon Press, 2000) de Jane Evelyn Atwood inclui fotos e escritos de mulheres na prisão. O livro de Howard Zehr – *Doing Life: Reflections of Men and Women Serving Life Sentences* (Intercourse, PA: Good Books, 1996) – oferece retratos e depoimentos de homens e mulheres cumprindo prisão perpétua.

O ramo prisional é examinado em vários livros. Para o leitor em geral, uma introdução curta e útil é o capítulo 4 do livro de Nils Christie, *A Suitable Amount of Crime* (New York: Routledge, 2004). Christie explorou esse tópico em maior detalhe num livro anterior, *Crime Control as Industry* (New York: Routledge, 1993. Outras obras úteis incluem Joel Dyer, *The Perpetual Prisoner Machine: How America Profits from Crime* (Boulder, CO: Westview Press, 2000) e Daniel Burton-Rose, Dan Pens e Paul Wright, *The Celling of America: An Inside Look at the U.S. Prison Industry* (Monroe, ME: Common Courage Press, 2002). De Jerome Miller, *Search and Destroy: African-American Males in the Criminal Justice System* (Cambridge: Cambridge University Press, 1996), explora a questão racial no sistema de justiça criminal. Os efeitos disso são examinados no livro de Michelle Alexander, *The New Jim Crow: Mass Incarceration in the Age of Colorblindness* (New York: New Press, 2012). Um livro essencial para compreender as forças sociais que produziram o encarceramento em massa e que transformaram amplamente as políticas legais e policiais foi escrito por David Garland, *The Culture of Control* (New York: Oxford University Press, 2001).

Para compreender as necessidades e perspectivas do ofensor, são indispensáveis os livros de Shadd Maruna, *Making Good: How Ex-Convicts Reform and Rebuild Their Lives* (Washington, DC: American Psychological Association Books, 2001) e de James Gilligan, *Violence: Reflections of a National Epidemic* (New York: Vintage Books, 1996). O processo de desistência do crime é explorado na obra de Stephen Farrel e Adam Caverley, *Understanding Desistance from Crime: Emerging Theorical Directions in Resettlement and Rehabilitation* (Maidenhead: Open University Press, 2006). Um recente estudo sobre o processo de reintegração na sociedade é o livro de Daniel Mears e Joshua Cochran, *Prisoner Reentry in the Era of Mass Incarceration* (Thousand Oaks, CA: Sage, 2015).

O livro de David Cayley, *The Expanding Prison: The Crisis in Crime and Punishment and the Search for Alternatives* (Toronto: House of

Anansi Press, 1998) surgiu de uma série de entrevistas concedidas à rádio Canadian Broadcast Corporation e constitui leitura importante quanto à teoria da punição e sua prática, bem como muitos dos assuntos a seguir.

Capítulo 4 – Alguns temas comuns

A questão do perdão vem se tornando popular nos últimos anos e a literatura é substancial. O livro de Cynthia Ransley e Terri Spy, *Forgiveness and the Healing Process: A Central Therapeutic Concern* (Hove, UK: Brunner-Routledge, 2004), oferece uma rica gama de perspectivas. Wilma L. Derksen, mãe de uma menina assassinada, refletiu profundamente sobre o perdão; seus livros incluem *Confronting the Horror: The Aftermath of Violence* (Winnipeg, MB: Amity Publishers, 2002) e *This Mortal Coil* (Winnipeg, MB: Amity, 2014). Uma leitura bastante agradável é o livro de Ellis Cose intitulado *Bone to Pick: Of Forgiveness, Reconciliation, Reparation, and Revenge* (New York: Atria Books, 2004), que examina o fenômeno do perdão e da restauração em vários contextos internacionais. Donald W. Shriver Jr. escreveu *An Ethic for Enemies: Forgiveness in Politics* (New York: Oxford University Press, 1995), onde se debruça sobre o perdão como fenômeno político.

On Apology (New York: Oxford University Press, 2004), escrito por Aaron Lazare, é um estudo esclarecedor e de leitura agradável sobre os pedidos de desculpas e seu potencial para curar relacionamentos rompidos. O livro de Jeffrie Murphy, *Getting Even: Forgiveness and Its Limits* (New York: Oxford University Press, 2003) é uma análise da questão do perdão que é a um só tempo filosoficamente profunda e muito acessível ao público em geral. De Linda Radzik, *Making Amends: Atonement in Morality, Law and Politics* (New York: Oxford University Press, 2009) é um excelente estudo filosófico sobre o assunto mais amplo do papel desempenhado pelo pedido de desculpas, o arrependimento, a reparação e a autopunição na correção dos males que fazemos uns aos outros.

A questão da vergonha tornou-se importante (e muito debatida) dentro da justiça restaurativa desde a publicação do livro de John Braithwaite: *Crime, Shame and Reintegration* (Cambridge: Cambridge University Press, 1989). Críticos da ideia de que a vergonha desempenha um papel na justiça restaurativa incluem Gabrielle Maxwell e Allison Morris (veja seu capítulo em *Critical Issues in Restorative Justice*, Zehr e Toews, eds. (Monsey, NY: Criminal Justice Press, 2004). Em *Violence: Reflection of a National Epidemic* (New York: Vintage Books, 1997), Gilligan argumenta que a vergonha é a motivação primária da violência. Em "Journey to Belonging" (*Restorative Justice: Theoretical Foundations*, Elmar G. M. Weitekamp e Hans-Juergen Kerner, eds., Devon, UK: Willan Publishing, 2002) Howard Zehr defende que a vergonha atua tanto na vida de vítimas como na de ofensores.

A vergonha agora é objeto de um complexo e amplo conjunto de obras. Para os leigos, uma excelente forma de abordar o assunto está no livro *In Defense of Shame: The Faces of an Emotion*, de Julien A. Deonna, Raffaele Rodogno e Fabrice Teroni (New York: Oxford University Press, 2012). Deonna *et al.* oferecem um relato acessível sobre a sua natureza e examinam os dogmas a respeito antes de explorar o assunto da vergonha, do crime e da punição, incluindo também uma discussão da justiça restaurativa.

Para uma discussão preciosa, envolvente e acessível sobre o significado do crime, o livro de Nils Christie, *A Suitable Amount of Crime* (New York: Routledge, 2004) é recomendado.

Capítulo 5 e 6 – Justiça retributiva; Justiça como paradigma

Law and Crime por Gerry Johnstone e Tony Ward (London: Sage, 2010) inclui um relato – escrito para não especialistas – da emergência histórica, pressupostos fundamentais, qualidades e limitações da instituição da justiça criminal criticada no capítulo 5. O ensaio de Declan Roche "Retribution and Restorative Justice" em *Handbook of Restorative Justice*, editado por Gerry Johnstone e Daniel Van Ness (Cullompton: Willan, 2007) oferece uma discussão introdutória ao complexo assunto da justiça retributiva e como ela se compara à justiça restaurativa.

O capítulo "Restorative Justice and the Philosophical Theories of Criminal Punishment" escrito por Conrad G. Brunk em *The Spiritual Roots of Restorative Justice*, Hadley (ed.), (Albany, NY: State University of New York Press, 2001), influenciou Howard Zehr a repensar o relacionamento entre retribuição e restauração. Em *Crime, Punishment and Restorative Justice: From the Margins to the Mainstream*, Ross London descreve o surgimento da justiça restaurativa como um novo paradigma de justiça. Um excerto relevante está reproduzido em *A Restorative Justice Reader*, 2ª ed., editado por Gerry Johnstone (London: Routledge, 2013). Nesse livro London argumenta que justiça retributiva e restaurativa são duas abordagens ao crime mais compatíveis do que conflitantes (e portanto vai contra a ideia da justiça restaurativa como um paradigma distinto). Ele esboça e defende a ideia de um sistema de justiça criminal abrangente organizado em torno da ideia de restaurar a confiança depois de um crime. Para aqueles que desejam ir mais fundo nesse assunto, há uma importante coleção de artigos que exploram as tensões e áreas de intersecção entre justiça retributiva e restaurativa, editados por Andreas von Hirsch, Julian Roberts, Anthony Bottoms, Kent Roach e Mara Schiff: *Restorative Justice and Criminal Justice: Competing or Reconcilable Paradigms* (Portland, OR e Oxford: Hart, 2003).

Capítulo 7 – Justiça comunitária: a alternativa histórica

O livro *The Expanding Prison: The Crisis in Crime and Punishment and the Search for Alternatives*, de David Cayley, (acima) traz uma discussão histórica elucidativa. Há três livros que exploram em maior profundidade o modo como o desenvolvimento do sistema legal ocidental e da teologia cristã influenciaram-se mutuamente, por sua vez fortalecendo a natureza punitiva da cultura ocidental: Timothy Gorringe, *God's Just Vengeance* (New York: Cambridge University Press, 1996), que examina essa questão no catolicismo do período medieval e posterior; T. Richard Snyder persegue o tema dentro da tradição protestante em *The Protestant Ethic and the Spirit of Punishment* (Grand Rapids, MI: Wm. B. Eerdmans, 2001); e Gil Bailie, em *Violence Unveiled: Humanity at the Crossroads* (New York: Crossroad, 1995), aplica o arcabouço de Rene Girard a essa história.

Em seu livro fascinante e muito gostoso de ler, *Returning to the Teachings* (New York: Penguin Books, 1996), Rupert Ross explora as diferenças entre a visão de mundo indígena da Europa e dos Estados Unidos. Seu livro é parte de uma literatura crescente que examina as contribuições indígenas ao campo da justiça restaurativa. Um artigo que dá uma amostra dessa literatura é o ensaio "Navajo Restorative Justice: The Law of Equality and Justice" de Robert Yazzie e James W. Zion. Um trecho deste ensaio está disponível em *A Restorative Justice Reader*, 2ª ed., editado por Gerry Johnstone (London: Routledge, 2013). Em *The Ethic of Traditional Communities and the Spirit of Healing Justice: Studies from Hollow Water, the Iona Community and Plum Village* (London: Jessica Kingsley, 2009), Jarem Sawatsky apresenta uma análise do sentido da justiça curativa e das condições que a sustentam, com amplo fundamento em pesquisas, porém muito agradável de ler. *Justice as Healing: Indigenous Ways*, editado por Wanda McCaslin (Saskatoon: Living Justice Press, 2011), é uma coleção de ensaios que explora o conceito e a prática da justiça como cura no pensamento e na sociedade aborígene.

O capítulo 2 de *Law and Crime* escrito por Gerry Johnstone e Tony Ward (London: Sage, 2010) oferece um relato – escrito para leigos – das antigas tradições de punição, vingança e compensação – enfatizando o contexto comunitário – e a formação da moderna justiça criminal.

Capítulo 8 – A justiça da aliança: a alternativa bíblica

Embora muitos artigos e capítulos de livros abordem as raízes bíblicas da justiça restaurativa, dois livros de Christopher Marshall são leitura obrigatória: *Compassionate Justice: An Interdisciplinary Dialogue with Two Gospel Parables on Law, Crime and Restorative Justice* (Eugene, OR: Cascade Books, 2012), e seu livro anterior *Beyond Retribution: A New Testament Vision for Justice, Crime, and Punishment* (Grand Rapids, MI: Wm. B. Eerdmans Publishing, 2001). O foco em *Trocando as lentes* é principalmente o Antigo Testamento, mas Marshall lança um novo olhar sobre os temas restaurativos do Novo Testamento. Uma versão mais sucinta de sua perspectiva pode ser encontrada em Christopher Marshall, *The Little Book of Biblical Justice* (Intercourse, PA: Good Books, 2005). *Justice Rising: The Emerging Biblical Vision*, de John Heagle (Maryknoll, NY: Orbis Books, 2010) elucida e afirma o poder da visão bíblica de justiça, argumentando, em especial, a favor da necessidade de abraçá-la como alternativa à guerra ao terrorismo. Michael Hadley editou *The Spiritual Roots of Restorative Justice* (Albany: State University of New York Press, 2001), cujos articulistas exploram elementos restaurativos de muitas outras tradições espirituais.

Capítulo 9 – VORP e além: práticas emergentes

Na maioria das comunidades a mediação ou conferência entre vítima e ofensor não tem mais o nome de VORP, ou Programa de Reconciliação Vítima-Ofensor. Essa metodologia se disseminou e sofisticou. Um dos pesquisadores que segue de perto esse movimento é Mark Umbreit; veja, em particular *Restorative Justice Dialogue: An Essential Guide for Research and Practice* (New York: Springer, 2011), de Mark Umbreit e Marilyn Armour. A metodologia vem sendo cada vez mais aplicada em casos de violência grave. Mark Umbreit, Betty Vos, Robert B. Coates e Katherine A. Brown descrevem e estudam esse fenômeno em *Facing Violence: The Path of Restorative Justice and Dialogue* (Monsey,

NY: Criminal Justice Press, 2003). Em *After the Crime: The Power of Restorative Justice dialogues between Victims and Violent Offenders* (New York: New York University Press, 2011), Susan Miller oferece um relato a partir de pesquisas em profundidade sobre uma estratégia que busca atender as necessidades de vítimas de crimes violentos através de diálogo restaurativo com ofensores, com a mediação de facilitadores. Mark Yantzi, um dos facilitadores no projeto pioneiro de Elmira, Ontário, examina uma área de aplicação especialmente difícil em *Sexual Offending and Restoration* (Scottdale, PA: Herald Press, 1998).

Surgiram muitas outras aplicações para a justiça restaurativa. O artigo de Paul McCold, "The Recent History of Restorative Justice: Mediation, Circles and Conferencing" (em Dennis Sulivan e Larry Tift, eds., *Handbook of Restorative Justice: A Global Perspective*, (New York: Routledge, 2008), oferece um resumo bastante útil. Além da mediação vítima-ofensor, as práticas mais desenvolvidas são as conferências e os processos circulares. As conferências se originaram nas conferências de grupos familiares da Nova Zelândia, que foram discutidas e explicadas em *The Little Book of Family Group Conferences: New Zealand Style* por Allan McRae e Howard Zehr (Intercourse, PA: Good Books, 2004). A literatura explicando, discutindo e avaliando as conferências já é enorme. Seria útil começar pela coleção editada por Estelle Zinsstag e Inge Vanfraechem, *Conferencing and Restorative Justice: International Practices and Perspectives* (New York: Oxford University Press, 2012). Para uma introdução mais curta, o capítulo "Conferencing and Restorative Justice" escrito por Gabrielle Maxwell, Allison Morris e Hennesey Hayes (em Dennis Sullivan e Larry Tift, eds., *Handbook of Restorative Justice: A Global Perspective*, New York: Routledge, 2008) é bastante útil.

Os círculos estão sendo cada vez mais utilizados para tratar de problemas e conflitos, mesmo nos casos em que não há procedimentos disciplinares ou judiciais envolvidos. Escrito por Kay Pranis, Barry Stuart e Mark Wedge, *Peacemaking Circles: From Crime to Community* (St. Paul, MN: Living Justice Press, 2003) descreve essa metodologia de modo detalhado. Uma breve introdução está

ENSAIO BIBLIOGRÁFICO

disponível na obra de Kay Pranis, *Processos circulares de construção de paz* (São Paulo: Palas Athena Editora, 2017). *Peacemaking Justice and Urban Youth: Bringing Justice Home*, de Carolyn Boyes-Watson (St. Paul, MN: Living Justice Press, 2008) é um relato sociológico fascinante sobre o potencial e o poder dos círculos de construção de paz, baseado em sua utilização num projeto urbano para promover relacionamentos positivos e trazer justiça a jovens marginalizados.

Também vale a pena mencionar os esforços para aplicar justiça restaurativa no contexto de projetos de construção de paz, reconciliação e justiça depois de conflitos violentos e em grande escala envolvendo flagrante desrespeito aos direitos humanos. Um trabalho chave nesse campo é o de Pat Howley: *Breaking Spears and Mending Hearts: Peacemakers and Restorative Justice in Bougainville* (Annandale, NSW: Federation Press, 2002). *Restorative Justice, Reconciliation and Peacebuilding* (New York: Oxford University Press, 2014) editado por Jennifer Llewellyn e Daniel Philpott, oferece uma ótima perspectiva geral desse campo.

Capítulo 10 – Uma lente restaurativa

Daniel W. Van Ness e Karen Heetderks Strong, em *Restoring Justice*, 5ª ed. (Cincinnati: Anderson Publishing Company, 2014), oferecem uma visão geral da filosofia e prática da justiça restaurativa. Assim também Gerry Johnstone em *Restorative Justice: Ideas, Values, Debates*, 2ª ed. (London: Routledge, 2011). Mas Johnstone também identifica problemas e questões polêmicas nesse campo, sugerindo formas de tratá-las. *A Restorative Justice Reader*, 2ª ed. (London: Routledge, 2013) oferece em um único volume uma seleção de algumas das fontes mais importantes no campo da justiça restaurativa. A compreensão de Howard Zehr da teoria e prática da justiça restaurativa está resumida no livro *Justiça Restaurativa* (São Paulo: Palas Athena Editora, 2017).

Há hoje inúmeros livros que explicam, examinam e discutem a justiça restaurativa. Correndo o risco de deixar muito do que é importante e interessante de fora, as obras a seguir, podem ser úteis àqueles que estão começando a estudar o tema: *The Mystic Heart of Justice: Restoring Wholeness in a Broken World* de Denis Breton e Stephen Lehman (West Chester, PA: Chrysalis Books, 2001); *Developing Restorative Justice Jurisprudence: Rethinking Responses to Criminal Wrongdoing*, de Tony Foley (Farnham and Burlington, VT: Ashgate, 2014); *Debating Restorative Justice*, de Carolyn Hoyle e Chris Cunneen (Oxford: Hart, 2010); *Restorative Justice and Civil Society*, editado por Heather Strang e John Braithwaite (Cambridge: Cambridge University Press, 2001); *Restorative Justice: Healing the Foundations of Our Everyday Lives*, 2ª ed., de Dennis Sullivan e Larry Tifft (Lynne Rienner Publishers, 2005); *Moral Repair: Reconstructing Moral Relations after Wrongdoing*, de Margaret Urban Walker (Cambridge: Cambridge University Press, 2006); *Restorative Justice, Self-Interest and Responsible Citizenship*, de Lode Walgrave (Cullompton, UK: Willan, 2008).

Capítulos 11 e 12 – Implementando um Sistema Restaurativo; Reflexões 25 anos depois

A questão "E agora, qual o caminho a seguir?" é tratada em boa parte da literatura mencionada no item acima. Em *Critical Issues in Restorative Justice* (Money, NY: Criminal Justice Press, 2004), Howard Zehr e Barb Toews (eds.) convidaram autores de todo o mundo a contemplar os perigos e problemas que surgirão à medida que a justiça restaurativa se dissemina e torna mais popular. Um importante livro que faz um balanço da justiça restaurativa e mapeia o caminho daqui para frente é *Restorative Justice and Responsive Regulation*, de John Braithwaite (New York: Oxford University Press, 2002).

A questão de se e como poderá ser institucionalizada a justiça restaurativa, e os problemas que isto suscitará, é tratada em *Institutionalizing Restorative Justice*, editado por Ivo Aertsen, Tom Daems e Luc Robert (New York: Routledge, 2012). *Civilizing Criminal Justice: An International Restorative Agenda for Penal Reform*, editado por David Cornwell, John Blad e Martin Wright (Hampshire: Waterside

Press, 2013) examina e argumenta a favor de uma nova agenda restaurativa para a reforma penal. *Restorative Justice in Practice: Evaluating What Works for Victims and Offenders* de Joanna Shapland, Gwen Robinson e Angela Sorsby (New York: Routledge, 2011), é uma tentativa de avaliar com rigor as iniciativas de justiça restaurativa e daí oferecer evidências confiáveis como base para o desenvolvimento futuro. *Reconstructing Restorative Justice Philosophy*, editado por Theo Gavrielides e Vasso Artinopoulou (Burlington, VT: Ashgate, 2013), é uma coleção de artigos apresentados num importante simpósio, e que reexaminam os fundamentos filosóficos e sociais da justiça restaurativa. Em *Responsive Regulation: Transcending the Deregulation Debate* (New York: Oxford University Press, 1992), John Braithwaite vislumbra como seria um sistema orientado para a restauração.

Como argumentado no capítulo 11 e em "Salvaguarda da visão da justiça restaurativa", é importante pensar criteriosamente sobre todas as implicações das reformas restaurativas na justiça, bem como aprender com os esforços feitos anteriormente para operar mudanças na área da lei e da justiça e que deram errado. Nesse contexto, alguns textos críticos relevantes sobre a justiça restaurativa são: *Compulsory Compassion: A Critique of Restorative Justice*, de Annalise Acorn (Vancouver, BC: University of British Columbia Press, 2005); *Governing Paradoxes of Restorative Justice*, de George Pavlich (London: Glasshouse Press, 2005); *The Politics of Restorative Justice: A Critical Introduction*, de Andrew Woolford (Winnipeg, MB: Fernwood Publishing, 2010); *Restorative Justice: Ideals and Realities*, de Margarita Zernova (Burlington, VT: Ashgate, 2010).

Agradecimentos

Este livro nasceu da experiência, de leituras e discussões que se sucederam ao longo dos anos. Como mencionei antes, foi mais um trabalho de síntese do que de criação. Em consequência, baseia-se nas ideias e experiências de muitos. Devo minha apreciação a muito mais pessoas do que conseguiria mencionar, mas ao menos quero expressar meu agradecimento a:

Meu colega canadense Dave Worth, que me incentivou e convenceu a terminar este livro e também ofereceu muitas ideias e sugestões.

Martin Wright, Millard Lind, Alan Kreider e W. H. Allchin, que leu o manuscrito original, me incentivou a continuar e deu muitas sugestões úteis.

Aqueles cujas contribuições procurei reconhecer no texto do livro. Aos muitos que contribuíram de formas que não sou capaz de mencionar especificamente. Especialmente Nils Christie e Herman Bianchi, cujos textos e argumentações me ajudaram a apontar o caminho.

Participantes das conferências, seminários e colóquios nos Estados Unidos, Canadá e Reino Unido que escutaram e testaram essas ideias ao longo dos anos.

Centenas de pessoas envolvidas no movimento de justiça restaurativa e cuja determinação e exemplo me deram coragem e suporte na vida real.

O Mennonite Central Committee U.S., que me deu incentivo e espaço para desenvolver minhas ideais e consigná-las no papel. Em especial H. A. Penner, ex-diretor do programa do MCC U.S., que me animou a perseverar.

AGRADECIMENTOS

John Harding e o Hampshire Probation Service, que me convidaram a visitar a Inglaterra, me acolheram e me deram uma casa para retrabalhar o manuscrito original.

Doris Rupe, que me ofereceu um local tranquilo para escrever, longe do meu escritório.

Judah Oudshoorn e Jennifer Larson Sawin por suas sugestões úteis para esta terceira edição.

A preparação desta edição de 25° aniversário me fez lembrar aqueles primeiros tempos. Lembro-me de uma conversa com Dave Worth e Melita Rempel sobre possíveis títulos; eles me incentivaram a usar o título que por fim acabei escolhendo. Discussões com Dan Van Ness, Wayne Northey e tantas outras pessoas e conversas me ajudaram a dar forma a esta obra. Quero agradecer de modo especial pela contribuição de minha colega de muitos anos, Lorraine Stutzman Amstutz, ao longo dos muitos anos que trabalhamos juntos.

Sou grato a Amy Gingerich e Valerie Weaver-Zercher da Herald Press, que me convenceram a fazer esta edição. Emily Hershberger ofereceu ajuda preciosa, tanto com o material quanto por seu incentivo ao longo do processo. Sou grato a Gerry Johnstone por sua disposição de atualizar a bibliografia – não sei de ninguém que conheça tanta literatura de justiça restaurativa quanto ele. Sou grato a sujatha baliga, que em meio a uma agenda lotada concordou em oferecer um contexto contemporâneo a esta edição – muito obrigado, muito obrigado!

Olhando ainda mais para trás no passado, quero agradecer a dois mentores que impactaram a direção da minha vida. Quando conheci o Dr. Vincent Harding no início dos anos 1960, ele era colega do Dr. Martin Luther King Jr. na luta pelos direitos civis. O Dr. Harding esteve em casa nos visitando muitas vezes nesse período. Relembrando, creio que foi sua paciente discussão dos temas relacionados à justiça, jantando à mesa com este ingênuo jovem branco, que me inspirou a buscar a justiça. Meu mentor no

AGRADECIMENTOS

Morehouse College, professor de história, Dr. Melvin Kennedy, me ajudou a tomar decisões que orientaram minha carreira. Também gostaria de agradecer a meu colega no Talladega College, Bernard ("Bernie") Bray, que foi importantíssimo pois me apresentou ao mundo real da justiça criminal enquanto eu lecionava ali nos anos 1970.

Por fim, quero agradecer à minha esposa, Ruby Friesen Zehr, não apenas por seu apoio, mas também por sua crítica – ela me ajuda a ficar aterrado e responsável. Depois de quase meio século de casamento, ainda aprendo com ela.

Obras da Palas Athena Editora complementares à temática abordada neste livro:

Justiça restaurativa

Howard Zehr

A Justiça Restaurativa firmou-se nas últimas décadas como prática inovadora. Vê o crime como violação de pessoas e suas relações humanas, que acarretam a obrigação de reparar os danos e males que afetam não apenas vítima, ofensor e seus grupos de pertença, mas toda a sociedade – pois com o rompimento do tecido social, o enfraquecimento dos laços comunitários engendra as violações futuras. O livro traz um belíssimo resumo da compreensão de Howard Zehr a respeito da teoria e prática da justiça restaurativa.

Processos circulares de construção de paz

Kay Pranis

Experiências bem-sucedidas, que combinam tradições humanas ancestrais com modos inovadores de transformar conflitos e criar acordos com base nas necessidades dos envolvidos – frutos da escuta qualificada e empoderamento – tornaram-se extraordinários instrumentos de mudança na percepção das diferentes maneiras de reagir nas situações, aumentando o senso de interdependência e humanidade partilhada, evitando mal-entendidos e a escalada de conflitos.

Disciplina restaurativa para escolas

Lorraine Stutzman Amstutz e Judy H. Mullet

De onde nos veio a noção de que o sofrimento corrige o mau comportamento? Como resolver problemas disciplinares de modo a fortalecer a comunidade escolar e os laços de coleguismo e cuidado mútuo? Estas e outras questões são abordadas nesta obra de grande aplicação prática e clareza conceitual. O universo da escola dos nossos dias sofre a pressão de violências estruturais manifestadas nos mais diversos sintomas: *bullying* ou assédio moral escolar, baixo rendimento acadêmico, absentismo, vandalismo e conflitos de toda ordem. É nesse contexto que as autoras nos oferecem o arcabouço conceitual da Justiça Restaurativa e as experiências bem-sucedidas das Escolas Pacificadoras e outras metodologias aplicadas em várias partes do mundo.

Transformação de conflitos

John Paul Lederach

Sem deixar-se levar por idealismos que não podem ser aplicados no mundo real, esta proposta descortina as possibilidades da transformação de conflitos que vão além da resolução de uma situação pontual ou o mero gerenciamento para evitar seus efeitos indesejados. Pontua a necessidade de lidar com a crise imediata, mas também de encaminhar uma solução de longo prazo adotando as práticas que viabilizam as oportunidades de mudança.

A imaginação moral: arte e alma da construção da paz

John Paul Lederach

A construção da paz é uma habilidade aprendida e uma arte. Para sermos artistas é preciso uma mudança de cosmovisão. Os profissionais da resolução de conflitos devem ver seu ofício como um ato criativo que brota das duras realidades das questões humanas e se liga a elas. Precisam ter um pé onde as coisas estão, e outro mais além.

Transcender e transformar: uma introdução ao trabalho de conflitos
Johan Galtung

Manual prático de transformação de conflitos – pessoais e domésticos, até dissensões internacionais por motivos econômicos ou religiosos, passando por confrontos originados em questões de etnia, classe e gênero. Traz à luz a interligação entre o conflito, a cultura profunda e os estratos sociais, mostrando que uma grande variedade de soluções está disponível para nós ao explorá-las com empatia, criatividade e não violência.

O caminho é a meta – Gandhi hoje
Johan Galtung

Gandhi era um homem prático e um líder, cuja percepção integradora da realidade o fez recusar-se a vê-la segundo modelos simplificadores. Foi capaz de transformar essa visão ampliada em ações no plano social, mostrando que os conflitos não devem ser adiados, nem institucionalizados ou eliminados – mas trabalhados na busca de soluções novas, jamais envolvendo a violência. Galtung, mediador experiente em transformação de conflitos, desde a dimensão micro até a macro, oferece aqui as estratégias, os mapas e os princípios para essas transformações, a partir de seus estudos de uma vida inteira sobre a cultura profunda e a construção da paz.

O princípio da não violência: uma trajetória filosófica
Jean-Marie Muller

Fundamenta as formas eficazes de agir para superar a violência. Visa esgotá-la na fonte, com a mudança de atitude: ética e consistente, discutida aqui em detalhes. Convida a nos tornarmos cidadãos de uma civilização não violenta, possível de ser construída em conjunto. De Platão a Simone Weil, de Confúcio a Maquiavel, aprofundando-se em Éric Weil e nas ações de Gandhi, esclarece conceitos nebulosos e aponta as razões filosóficas para a recusa da ideologia da violência necessária, legítima e honrosa.

Para obter informações sobre estas e outras obras publicadas pela **Palas Athena Editora** sugerimos consultar o nosso site: **www.palasathena.org.br**

FSC
www.fsc.org
MISTO
Papel produzido
a partir de
fontes responsáveis
FSC® C133282

Esta obra foi composta na fonte Berkeley Oldstyle.
Impresso em papel Offset 75g pela **Grafica Paym**